박물관이란

무엇인가?

이론과 실제

김기섭 지음

박물관이란

이론과 실제

무엇인가?

김기섭 지음

박물관 건립 체험기 서울시 한성백제박물관

부록 박물관 및 미술관 진흥법과 시행령

주류성

책을
펴내며

좋은 학교란 좋은 선생이 많은 학교이다. 학교 시설이 아무리 훌륭할지라도 좋은 선생이 없다면 훌륭한 학생을 길러내기 어렵다. 학생은 시설에게서 배우는 것이 아니라 선생에게서 배우기 때문이다. 우리 사회에는 이 단순한 사실을 종종 잊고 지내는 사람이 적지 않다.

좋은 박물관이란 어떤 박물관인가? 박물관 건립작업에 참여하면서 여러 사람에게, 그리고 나 자신에게 수도 없이 던진 물음이다. 그리고 스스로 짧은 답을 찾아낸 뒤 버릇처럼 되뇌었다. "좋은 학예직원이 많은 박물관이다."

한국에서는 박물관이 문화시설로 분류된다. 공연, 전시, 문화보급, 문화전수 등 문화예술 활동에 쓰이는 시설이라고 보는 것이다. 그래서 박물관을 레저산업, 관광산업과 연계해 보기도 한다. 그러나 가만히 따져보면 박물관은 레저기능보다 교육기능이 훨씬 더 많은 곳이다. 오늘날 모든 도시, 모든 나라가 자신들의 역사·문화 정체성을 널리 알리고 공감을 얻기 위해 박물관을 짓고 경영한다. 박물관마다 어린이·청소년·직장인·여성·가족·노인·교사 등 맞춤형 교육프로그램과 학교 연계 프로그램을 운영한다. 오늘날 박물관은 대표적인 사회교육기관, 평생교육기관이다.

경험 많은 선생을 반드시 좋은 선생이라 할 수 없듯이 경험은 좋은 학예직원을 고르는 기준이 될 수 없다. 박물관은 가치 있는 자료를 조사·연구·

관리·전시·교육하는 곳이므로, 학예직원은 그것을 잘 수행할 수 있는 전문성과 성실성을 갖추어야 한다. 그리고 개인의 만족보다 사회의 이익을 우선시한다는 자부심과 사명감을 가져야 한다. 결코 쉽지 않은 일이다.

나는 박사학위를 받을 때까지 박물관에서 일하는 자신을 상상해본 적이 없다. 우연히 취직해서 일하던 중 내가 대단히 운 좋았으며 대단히 중요한 일을 하고 있다고 뒤늦게 깨달은 사람이다. 비온 뒤 죽순 싹 자라듯 요즘 한국의 각지에서 새로 문을 연 박물관이 점점 늘고 있다. 당연하고 반가운 상황이지만, 내용을 들여다보노라면 걱정스러운 측면도 있다. 박물관이 왜 필요한지, 어떤 박물관이 좋은 박물관인지에 대한 깊은 고민 없이 그저 예산만 있으면 된다는 태도로 박물관을 건립하기도 한다. 위험한 일이다. 세상에는 차라리 없는 편이 좋을 나쁜 박물관도 있다.

좋은 박물관이 많아지길 바라는 마음으로 책을 썼다. 박물관 입문서라고 할 수 있는데, 앞으로 박물관 전시연출, 교육운영 등 개별 분야에 대해 더 자세히 정리해보고 싶다. 이 책에 실린 내용과 자료는 모두 내가 서울시 및 서울역사박물관·한성백제박물관에서 일하는 동안 함께한 동료들의 노움을 받아 얻은 것이나. 그 소중한 인연들을 일일이 밝히며 고마움을 표할 수 없음을 애석하게 생각한다. 그동안 함께 해준 박물관인과 주류성출판사 관계자들께 감사드린다.

2017. 11. 김기섭

I

박물관이란
무엇인가?

1 박물관이란?

1) 박물관의 어원과 유래

박물관博物館은 역사 유물이나 각종 자료를 조사·수집·보관하고 전시·교육하는 시설을 가리키는 말로서, 영어 뮤지엄Museum을 번역한 것이다. 프랑스어 뮤제Musée, 이탈리아어 뮤제오Museo를 번역한 말이기도 하다. 1861년 유럽을 방문한 일본 사절단이 영국의 브리티시 뮤지엄British Museum을 박물관으로 처음 번역하였으며, 1872년 일본의 문부성 박물국이 일본 최초의 박람회를 개최할 때 문부성박물관이라는 이름을 처음 사용한 것으로 알려진다.

뮤지엄은 고대 그리스에서 학문·예술의 신으로 추앙받은 뮤즈Muse를 받드는 신전 뮤제이온Mouseion에서 나온 말이라고 한다. 뮤제이온에서는 해마다 학문·예술적 성과를 뮤즈 여신에게 바치는 의례를 행했으며, 의례에 쓰인 회화·조각 등의 각종 예술품을 여러 창고에 나누어 보관했다.

기원전 3세기초에는 이집트 왕 프톨레마이오스Ptolemaeos 1세305~282BCE가 알렉산드리아의 궁전 일부 건물에 연구소를 세우고 뮤제이온이라고 불렀다. 그는 주로 과학과 문학 분야 학자들을 초빙해 뮤제이온에서 연구·교육하게 하고 각종 서적과 기기, 조각상 등 다양한 수집품을 모았다. 뒤를 이어 즉위한 프톨레마이오스 2세285~246BCE는 뮤제이온을 더 크게 확장시켜 헬레니즘 시대 학문예술의 중심지로 만들었다. 알렉산드리아의 뮤제이온은 도서관, 천문대, 해부실, 동물원, 식물원 등 다양한 시설을 갖추었으며 4세기경까지 수백년간 존속한 것으로 알려지는데, 지금의 박물관·미술관·도서관의 공동 기원에 해당한다. 오늘날 이탈리아와 스페인에서 박물관학이 도서관학과 깊은 연관성을 지니며 상대적으로 학구적인 경향을 나타내는 것도 이러한 전통의 영향일 수 있다.

2) 서양의 박물관 역사

로마시대에는 귀족·부호들을 중심으로 회화·조각 미술품과 보석·무기 등 진귀한 물건을 수집해서 저택 안 특정 장소에 진열하고 손님들에게 과시하는 문화가 유행하였다. 그러나 로마가 멸망하고 중세에 들어서자 유럽은 그리스도교의 영향으로 우상숭배에 해당하는 물건을 기피하였으며, 다만 교회·수도원에서 연구 목적으로 수집하는 정도였다. 11세기말부터 13세기까지는 그리스도 교도들의 십자군원정을 통해 약탈한 각종 예술품을 교회·수도원이 보관하다가 공개하기도 하였다.

14~16세기 문예부흥Renaissance기에는 이탈리아 피렌체와 같은 도시공화국의 귀족·부호들이 각종 미술품을 수집해놓고 학자·예술가들에게 공개하였다. 독일에서는 분더캄머Wunderkammer(놀라운 보물실)라는 방을 만들어 여러 가지 동·식물 표본과 과학기기 등을 수집해놓고 다른 사람에게 보여주는 문화가 유행하였다.

1. 영국 영국박물관

　영국에서는 17세기 말에 엘라스 애쉬몰Elas Ashmole이 존 트래드스칸트John Tradescant 부자에게서 넘겨받은 수집품과 자신이 수집한 자료들을 모두 옥스퍼드대학에 기증하여 박물관을 만들었다. 이것이 바로 1683년에 설립된 옥스퍼드대학 부속 애쉬몰리안박물관인데, 영국 최초의 과학박물관이자 세계 최초의 공공박물관이라고 한다. 18세기 중엽에는 한스 스론Hans Sloan의 수집품을 의회 승인 하에 국가가 사들인 뒤 1759년 국립박물관The British Museum을 설립하였다.

2. 프랑스 루브르박물관

　프랑스에서는 왕실이 수집한 물건 일부를 룩셈부르 궁전에서 잠시 공개하는 행사가 종종 있었는데, 1789년 프랑스혁명이 일어난 뒤에는 국립미술관Musée du Louvre을 설립해서 왕실 수집품을 일반인에게 공개하였다. 미국에서는 1773년 1월 미국 최초의 박물관인 찰스톤박물관Charleston Museum이 사우스 캐롤라이나주에서 개관했는데, 시민들이 소장한 자연사 관련 자료를 수년간 모은 뒤 개관한 공립박물관이다. 이후 각지에 주립대학들이 설립될 때 박물관도 함께 만들어졌으며, 1848년에는 영국인 과학자 제임스 스미슨James Smithson의 기부금으로 만든 스미소니언 박물관이 개관하였다.

3. 미국 스미소니언 항공우주박물관 로비

　1851년 영국 런던에서 개최된 제1회 만국박람회가 성공하여 막대한 수익금을 거두게 되자 영국정부는 이듬해부터 출품작을 사들여 전시하는 박물관을 만들었다. 이는 이후 공예박물관, 과학박물관, 자연사박물관 등 전문박물관을 설립하는 계기가 되었다. 이 무렵, 그동안 제국주의 침탈로 훼손된 유적을 보존하려는 움직임이 활발해져서 이집트 카이로 교외에 작은 박물관을 세우고 유물을 관리하게 되었으며, 1891년에는 스웨덴 스톡홀름에서 각종 건축물로 구성된 야외박물관이 처음으로 개관하였다. 이후 북유럽 각지에는 야외박물관을 기반으로 한 민족·민속박물관이 많이 세워졌다.

3) 아시아와 한국의 박물관 역사

아시아에서는 한국, 중국, 일본 모두 일찍부터 왕궁에 특별한 시설을 갖추고 진귀한 동물·식물을 키우거나 서적·회화·자기·보석 등의 귀중품을 수집해 관리했다는 기록이 있지만, 오늘날의 박물관 개념과는 다소 차이가 있다. 서양의 근대 박물관을 가장 먼저 본뜬 곳은 일본인데, 에도江戸시대에 유럽을 소개하는 책을 통하거나 미국에 파견되었던 사절단의 견문을 통해 박물관의 효용성을 이해하였으며, 1872년 문부성이 도쿄 유시마湯島성당에서 개최한 박람회에서 문부성박물관이라는 이름을 처음 사용하였다. 1875년에는 내무성박물관을 설립하였는데, 이후 토쇼료圖書寮부속박물관, 테이코쿠帝國박물관 등 몇차례 이름을 바꾼 뒤 1952년 도쿄東京국립박물관으로 바꾸었다.

중국은 1911년 신해혁명으로 청淸 왕조가 무너진 뒤 왕실 소유의 각종 귀중품들을 한데 모아 베이징에 북경고물진열소北京古物陳列所를 만들었으며, 1925년에는 소장품을 개방 전시하는 고궁박물원故宮博物院을 설립하였다. 이후 일본과 전쟁 중이던 1933년 난징南京에 국립중앙박물원南京博物院을 세웠다가 전쟁이 격화되자 박물원을 폐쇄하였으며, 1948년 중국공산당이 내전에서 승리하자 국민당 정부가 베이징의 고궁박물원, 난징의 국립중앙도서관, 국립중앙연구원 역사어언연구소歷史語言研究所, 국립중앙박물원 등의 소장품 중 상당수를 타이완으로 옮겨 오늘날의 고궁박물원을 세웠다.

한국의 근대 박물관은 인도, 인도네시아, 필리핀 등 다른 아시아 국가들과 마찬가지로 식민지 역사와 관련이 깊다. 일본이 대한제국에 통감부를 설치한 뒤인 1909년 창경궁에 동물원·식물원과 함께 박물관도 만들어 각종 회화, 도자기, 공예품 등을 전시하였다. 이 박물관은 대한제국이 멸망한 뒤인 1912년 창덕궁의 새로 지은 건물에서 이왕가박물관이라는 이름으로 재개관하였으

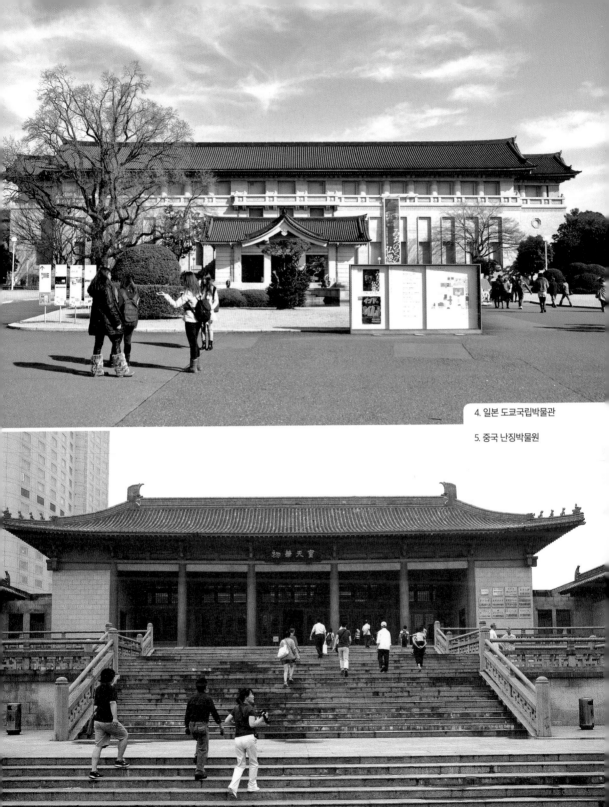

4. 일본 도쿄국립박물관

5. 중국 난징박물원

6. 타이완 고궁박물원

며, 1938년 덕수궁 내에 건물을 새로 짓고 이관하면서 이왕가미술관으로 이름이 바뀌었다가 광복한 후 덕수궁미술관이 되었다.

조선총독부는 1915년 경복궁에 2층 건물을 짓고 식민지정치 5년을 기념하는 조선물산공진회朝鮮物産共進會를 개최한 뒤 조선총독부박물관을 개관하였다. 그리고 이듬해 고적古蹟 및 유물 보존규칙을 제정하고 조선총독부 내에 고적조사위원회를 설치하였는데, 이는 유적 발굴조사 및 박물관 소장품 확보와 깊이 연관된 조치였다. 조선총독부박물관은 1926년에 경주분관, 1939년에 부여분관을 설치하였으며, 이와 별도로 1931년 개성부립박물관, 1933년 평양부립박물관, 1940년 공주읍박물관 설립에 관여하였다. 1936년에는 문화재 수집가 전형필이 최초의 사립미술관인 보화각保華閣을 세웠다. 지금의 간송미술관이다.

1945년, 광복한 뒤 조선총독부박물관은 국립박물관으로 바뀌었다. 경주

7. 국립중앙박물관

분관과 부여분관도 공주읍박물관과 함께 국립박물관의 분관으로 개편되었
으며, 이듬해에는 개성부립박물관이 국립박물관 개성분관으로 편입되었다.
1972년, 서울의 국립박물관이 경복궁 내 새 건물로 이전하면서 국립중앙박물
관으로 이름을 바꾸었고, 각 도에 모두 국립박물관을 설립한다는 정책에 따
라 1978년 국립광주박물관 건립부터 2013년 국립나주박물관 건립 및 2015
년 국립미륵사지유물전시관 개편까지 꾸준히 지방 국립박물관 증설을 추진
하였다. 그리하여 2017년 현재 국립중앙박물관은 산하에 13개의 분관을 두고
있다. 공립박물관은 1946년 인천시립박물관이 처음으로 개관하였으며, 1978
년 부산박물관, 1996년 경기도박물관, 2002년 서울역사박물관 등 지방자치
단체가 설립한 박물관들이 차례로 문을 열었다.

8. 부산박물관

4) ICOM국제박물관협의회

　1946년 11월, 국제박물관협의회International Council Of Museums가 프랑스 파리에서 출범하였다. 국제연합UN 유네스코United Nations Educational, Scientific and Cultural Organization의 협력기구로서, 다양한 분야의 박물관이 교류·협력을 통해 대중교육 및 문화유산 보존에 기여하도록 협의하는 비정부간 단체이다. 2017년 현재 119개의 회원국에 지역 위원회를 두고 있는데, ICOM한국위원회는 1976년 10월에 설립되었다.

　1951년 7월, ICOM은 박물관이란 「공공의 이익을 위해 다양한 방법으로 예술품, 역사유물, 과학유물이나 기술유물, 식물원이나 동물원, 수족관 등을 보존하고 연구하여 가치 있게 하며, 대중의 교육과 여가를 위해 그 문화적 가

9. 서울역사박물관

치를 전시할 의무를 갖는 모든 상설기관」이라고 정의하였다. 이후 1974년에
「박물관이란 사회와 사회발전을 위해 대중에게 개방되는 비영리 상설기관
으로서 학술, 교육 및 여가활동을 목적으로 인간과 환경의 물질적 기록들을
연구·수집·보존·공유하고 이를 전시할 의무를 지닌다」고 다시 정의하였다.
1986년에는 ICOM 규정에 「박물관은 소장품 전시와 전시회를 통해 타당하
고 객관적인 정보를 전달하며 미신이나 고정관념을 답습하지 않도록 노력할
의무를 지닌다」는 직업윤리를 추가하였다.

그리고 2007년 8월, 오스트리아 비엔나 회의에서 「박물관이란 사회와 사
회발전을 위해 대중에게 개방되는 비영리 상설기관으로서 학술, 교육 및 여
가활동을 목적으로 인간과 환경에 대한 유형·무형의 유산을 수집·보존·연
구·공유·전시한다」고 다시 결정하였다. 이러한 ICOM의 박물관 정의Museum

Definition에서 요점을 되짚으면 다음과 같다. 첫째, 박물관은 비영리기관이다. 둘째, 박물관은 사회와 사회발전을 위해 대중에게 개방한다. 셋째, 인간과 환경에 대한 각종 유산을 종합적으로 다루며 교육한다.

ICOM은 2004년에 다음과 같은 박물관 윤리강령을 채택하였다. ①박물관은 인류의 자연유산과 문화유산을 보존, 해석, 장려한다. ②소장품을 관리하는 박물관은 사회의 공익과 발전을 위해 이를 보관한다. ③박물관은 지식을 확립하고 증진시키는 주요 증거들을 보유한다. ④박물관은 자연유산과 문화유산을 올바르게 인식, 이해, 관리하기 위한 기회를 제공한다. ⑤박물관은 공공 서비스와 공익을 위한 기회를 제공하는 자원을 보유한다. ⑥박물관은 그들이 봉사하는 지역사회뿐 아니라 박물관 소장품이 유래한 지역사회와도 긴밀히 협력하며 활동한다. ⑦박물관은 합법적으로 운영되어야 한다. ⑧박물관은 전문적으로 운영되어야 한다. (부록의 국제박물관협의회(ICOM) 윤리강령 참조)

5) 박물관의 기능과 역할

박물관은 사회구성원들이 함께 기억할만한 가치가 있는 유형·무형의 자산을 조사·연구·수집·보존·전시·교육하는 비영리 상설기관이다. 사회구성원이 '함께 기억할만한 가치'란 기본적으로 과거 사실의 기반 위에 서있는 것이므로 박물관이 다루는 유형·무형의 자산은 어느 사회의 역사와 깊이 연관된 것이다. 그런 점에서 박물관은 그 사회가 중시하는 가치관 및 역사를 가르치고 배우는 곳이라고 할 수 있다.

역사는 인류 사회의 변화에 영향을 준 의미 있는 과거 사실에 대한 기억(기록) 또는 인식이라고 정의할 수 있다. 모든 인류사회는 과거 사실에 대한 기억과 인식을 사회구성원이 체계적으로 공유함으로써 그 사회의 현재 가치관을 정립하고 미래 지향점을 추구하는 동력으로 삼아왔다. 그런 점에서 역사 교육은 그 사회의 지나간 일을 객관적으로 관찰하고 평가함으로써 거시적 통찰력, 미시적 분석력 등 사회적 안목을 기르는 교육이라고 할 수 있다. 그리고 그 역사 교육의 매개자 역할을 오늘날 각종 학교와 박물관이 수행하고 있다. 다만, 박물관의 역사 교육은 비단 학문분야로서의 역사학 내용에 한정하지 않고 인류 사회의 보편 가치 및 모든 분야의 과거 사실에 대한 기억 및 인식을 주로 다루어야 한다.

유형·무형의 인류 자산을 조사·연구·수집·보존·전시·교육한다는 박물관의 사명에 비추어 보면 박물관의 종류는 무궁무진하다. 학문계통을 기준으로 나눈다면 인문계열, 자연계열, 예술계열, 체육계열, 실업계열 등 다양하게 분류하며, 운영주체를 기준으로 하면 국립박물관, 공립박물관, 사립박물관 등으로 나눈다. 이용자 기준으로는 일반박물관, 학교박물관, 어린이박물관, 장애인박물관 등으로 나누며, 전시주제에 따라서는 종합박물관과 전문박물관, 장소 기준으로는 실내박물관과 야외박물관으로 나눌 수 있다. 박물관 명칭은 전시·교육 내용과 시설 규모 등의 사정을 감안하여 다르게 부르는 경우도 있다. 미술관, 기념관, 전시관, 자료관, 향토관, 과학관, 수족관, 표본실 등은 모두 박물관을 달리 부른 예에 속한다. 현재 한국에서는 역사박물관이 압도적으로 많은 수를 차지하고, 미술박물관이 그 다음으로 많은 편이며, 과학박물관은 적은 편이다.

한국은 일제강점기 일본의 영향으로 미술박물관을 미술관美術館이라고 따로 부른 뒤부터 박물관과 미술관을 서로 다른 영역의 문화교육시설로 취급하고 있으나, 미술관Art Museum은 박물관Museum의 한가지 유형일 뿐이다. 오늘날 한국·중국·일본에서 즐겨 사용하는 미술관이라는 명칭은 기존 대다수의 박물관을 역사박물관Historical Museum으로 인식하게 하는 데에도 영향을 미쳤다.

한국에서 미술관(미술박물관)과 역사박물관은 사회적 기능 및 역할을 나누어 담당하고 있다. 미술관은 미술작품을 통해 관람객 개인의 감성과 영감을 계발하려는 곳이므로 주관적 감상을 매우 중시한다. 그렇기에 전시품은 대개 작가의 의도가 직접 발현되는 진품 중심으로만 진열하며, 전시방식도 관람객이 작가의 의도를 정확히 파악하고 직관력을 높일 수 있는 방식을 선호한다. 즉, 미술관은 관람객 개인의 능력 향상과 감성 자극에 초점을 맞춘 미술박물관인 것이다.

반면, 역사박물관은 유물을 통해 역사 흐름과 사회변화상을 이해하는 곳이므로 객관적 사실 및 관람객의 공감대 형성을 매우 중시한다. 전시품은 역사적 맥락을 쉽게 이해할 수 있다면 굳이 진품만 고집할 필요가 없으며, 전시방식도 관람객이 과거 사실에 대해 분석적, 논리적, 종합적으로 이해할 수 있는 방식을 선호한다. 즉, 역사박물관은 개인의 통찰력 배양을 통해 그 사회의 정체성을 잘 이해하고 가치관을 공유하도록 유도하는 역할을 한다. 그러므로 역사박물관에서는 단순한 직관적 감상보다 유적의 지형변화, 유물의 형태 변화 등 시·공간적 제약을 넘어설 수 있는 역사적 상상력과 논리적 이해가 우선한다. 역사적 상상력은 통찰력, 분석적 판단력의 자양분이자 사회적 인격 성장의 토대가 되기 때문이다.

미술관(미술박물관)은 대체로 아이템 중심으로 전시하는 경향이 있다. 아이템의 진정성에 집중하고 그것을 통해 주제의식을 일깨운다. 그래서 대개의 경우 아이템 사이의 스토리텔링은 그다지 중요하지 않을 수 있다. 반면, 역사박물관은 아이템 그 자체보다 아이템의 배경과 아이템들 사이의 연결고리를 더 중시한다. 아이템을 사회·문화의 산물이라고 보기 때문이다. 간혹 역사박물관이 미술박물관처럼 아이템에 집중한 전시를 개최하는 경우도 있는데, 그런 경우 필연적으로 아이템의 가치와 의미를 과장하게 된다. 역사박물관의 아이템 과장은 역사 왜곡으로 이어질 수 있다. 역사박물관의 미술관식 전시·교육 및 조직 운영은 축구·야구·농구·배구와 같은 단체경기를 씨름·육상·수영과 같은 개인경기처럼 운영하는 것과 같다.

2 한국의 박물관 운영 현황

1) 법률 「박물관 및 미술관 진흥법」

박물관법은 1845년 영국이 처음 제정하였다. 박물관이 단순한 보물창고가 아니라 대중교육기관이라는 점을 명시한 법이었다. 일본은 1951년에 박물관법을 처음 공포하였다. 이후 두 차례 개정하였는데, 박물관 설치 목적을 국민교육과 문화 발전에 기여하는 것이라고 명시하였으며, 박물관을 공립과 사립으로 나누고 등록박물관, 박물관 상당시설, 박물관 유사시설 등의 명칭으로 구분하고 있다.

한국은 1984년 12월 31일 처음으로 박물관법을 제정하고 1985년 7월부터 시행하였다. 1991년 11월에는 「박물관 및 미술관 진흥법」(약칭: 박물관미술관법)이라는 이름으로 개정하였으며, 이후 2016년 5월까지 20여 차례나 개정하였다. 현행 박물관 및 미술관 진흥법에 따르면, 박물관은 "문화·예술·학문의 발전과 일반 공중의 문화향유 및 평생교육 증진에 이바지하기 위하여 역사·

고고考古·인류·민속·예술·동물·식물·광물·과학·기술·산업 등에 관한 자료를 수집·관리·보존·조사·연구·전시·교육하는 시설"을 말하며, 미술관은 "문화·예술의 발전과 일반 공중의 문화향유 및 평생교육 증진에 이바지하기 위하여 박물관 중에서 특히 서화·조각·공예·건축·사진 등 미술에 관한 자료를 수집·관리·보존·조사·연구·전시·교육하는 시설"을 말한다. 법률 이름에 박물관과 미술관을 나란히 거론한 사례는 한국이 유일하다. 이는 마치 '의학 및 치과의학' 또는 '자동차 및 버스'처럼 '전체'와 '부분'을 나란히 적어놓은 것과 같다.

「박물관 및 미술관 진흥법」에 따라 대통령이 정한 명령인 「박물관 및 미술관 진흥법 시행령」과 문화체육관광부가 정한 세부규칙인 「박물관 및 미술관 진흥법 시행규칙」은 모두 1992년 6월부터 시행되었다. 시행령은 주로 학예사 자격요건, 준학예사 시험, 박물관·미술관 운영위원회, 수증심의위원회의, 기증유물감정평가위원회의, 등록신청, 변경등록, 박물관 및 미술관의 평가인증 등 조건·기준에 대한 규정이며, 시행규칙은 각종 신청서 양식 및 절차에 대한 규정이다. 현행 시행령에 따르면, 박물관 또는 미술관 등록은 자료, 학예사, 시설 규모 등에 따라 제1종과 제2종으로 구분해 등록하는데, 제1종은 소장자료 100점 또는 100종 이상, 소속 학예사 1명이상 기관으로서 종합박물관, 전문박물관, 미술관, 동물원, 식물원, 수족관 등으로 구분하며, 제2종은 소장자료 60점 이상, 소속 학예사 1명 이상인 자료관·사료관·유물관·전시장·전시관·향토관·교육관·문서관·기념관·보존소·민속관·민속촌·문화관 및 예술관이거나 도서·비디오테이프 및 CD 각 300점 이상을 소장한 문화의집이 해당한다.

2) 박물관 현황

2016년 1월 기준 한국의 박물관 수는 모두 1,045개소이다. 미술관까지 포함한 것이다. 대한민국 인구 5,152만여명에 대비하면 박물관은 인구 10만명당 2개소인 셈이다. 이는 미국의 2014년 기준 35,000여개소, 일본의 2015년 기준 6,051개소와 큰 차이를 보인다. 같은 해 미국 인구 31,800여만명에 대비하면 미국은 인구 10만명당 박물관 11개소, 일본 인구 12,670만여명에 대비하면 일본은 인구 10만명당 박물관 4.7개소인 셈이 되기 때문이다.

한국 박물관의 학예직원은 모두 1,964명으로 조사되었다. 박물관 1개소 당 학예사 1.87명이 근무하는 셈이다. 박물관 관람객은 2015년도에 약 1억1천만명이었다. 일본은 박물관 수 5,747개소이던 2011년에 학예원 7,293명이었던 것으로 알려진다. 연 관람객은 미국이 2000년도에 약 7억명, 일본은 2015년도에 약 1억5천만명이었다고 한다.

한국의 박물관 수는 OECD 가입국들의 평균 박물관 수와 거의 비슷하다. 그러나 내용에서는 다소 차이가 있다. 우선, 한국에는 국가를 대표하는 자연사박물관이 없다. 미국의 스미소니안·미국자연사박물관·필드자연사박물관·덴버자연과학박물관, 영국의 런던자연사박물관, 프랑스의 국립자연사박물관, 독일의 젠켄베르크자연사박물관, 덴마크의 오르후스자연사박물관, 네덜란드의 바이오크론자연사박물관, 스위스의 스위스자연사박물관, 캐나다의 로열티렐박물관·UBC자연사박물관, 남아프리카공화국의 오리진센터, 일본의 국립자연과학박물관, 중국의 북경자연사박물관·상해자연사박물관, 대만의 국립자연과학박물관, 몽골의 몽골국립자연사박물관 등 세계 거의 모든 나라들이 대규모의 자연사박물관을 설립·운영한다는 사실에 비추어보면 한국에 국립자연사박물관이 없는 점은 매우 이상하다. 우리는 자연사박물관을 통

10. 프랑스 국립자연사박물관

해 지구의 자연환경 변화, 다른 동·식물의 특징 등을 더 깊이 이해하고, 그럼으로써 인간이 자연의 일부라는 사실과 자연유산 및 과학의 중요성을 더욱 깊이 객관적으로 인식할 수 있다.

한국에는 아직 국가를 대표하는 인류학박물관도 없다. 1975년 한국민속박물관이 개관하고, 1992년 국립민속박물관으로 개편하여 오늘날 연간 270만명이 이용하는 세계적인 박물관으로 성장하였으나, 다양한 인류문화를 다룬 민족지박물관이 아니라 한국민속만 다룬 박물관이어서 인류문화의 다양성과 보편적 특징을 이해하기는 어렵다. 미국의 펜실베니아대학교 고고학·인류학박물관, 프랑스의 인류박물관, 캐나다의 밴쿠버 인류학박물관, 멕시코의 국립인류학박물관, 러시아의 인류학·민족지학박물관 등 다른 나라의 사례를 참고해 하루바삐 건립할 필요가 있다.

(표1) 한국의 박물관 수 (2016.1.1. 문화체육관광부)

시도	합계(개소)	박물관				미술관			
		계	국공립	사립	대학	계	국공립	사립	대학
계	1,045	826	379	351	96	219	55	150	14
서울	157	120	26	70	24	37	4	28	5
부산	25	19	7	6	6	6	1	3	2
대구	20	16	7	6	3	4	2		2
인천	34	30	14	15	1	4	2	2	
광주	19	10	5	2	3	9	2	6	1
대전	21	16	4	5	7	5	2	3	
울산	9	9	7	1	1				
세종	6	6	3	3					
경기	188	139	56	72	11	49	10	36	3
강원	107	96	47	44	5	11	3	8	
충북	53	45	28	11	6	8	3	5	
충남	55	46	28	15	3	9	2	7	
전북	53	40	26	9	5	13	2	11	
전남	71	46	31	12	3	25	7	18	
경북	76	65	37	17	11	11	5	5	1
경남	69	60	38	16	6	9	4	5	
제주	82	63	15	47	1	19	6	13	

(표2) 한국의 박물관 수_연도별 (문화체육관광부)

연도	합계(개소)	박물관	미술관
2016	1,045	826	219
2015	1,011	809	202
2014	944	754	190
2013	911	740	171
2012	848	694	154
2011	800	655	145
2010	771	630	141
2009	707	579	128

(표3) 인구 1백만명당 박물관 수 (2016.1월. 문화체육관광부)

지역	인구 수(명)	합계(개소)	박물관	미술관
총계	51,529,338	20.28	16.03	4.25
서울	10,022,181	15.66	11.97	3.69
부산	3,513,777	7.12	5.41	1.71
대구	2,487,829	8.04	6.43	1.61
인천	2,925,815	11.62	10.25	1.37
광주	1,472,199	12.90	6.79	6.11
대전	1,518,775	13.82	10.53	3.29
울산	1,173,534	7.67	7.67	-
세종	210,884	28.45	28.45	-
경기	12,522,606	15.01	11.10	3.91
강원	1,549,507	69.06	61.96	7.10
충북	1,583,952	33.46	28.41	5.05
충남	2,077,649	26.47	22.14	4.33
전북	1,869,711	28.34	21.39	6.95
전남	1,908,996	37.20	24.10	13.10
경북	2,702,826	28.12	24.05	4.07
경남	3,364,702	20.50	17.83	2.67
제주	624,395	131.33	100.90	30.43

(표4) 한국의 박물관 보유자원 및 이용현황 (2016.1월. 문화체육관광부)

지역	박물관	직원	학예직원	소장자료	연관람인원
총계	826	8,584	1,575	11,019,209	94,975,288
서울	120	2,290	519	2,525,706	25,368,410
부산	19	226	70	199,139	2,298,732
대구	16	148	25	1,647,653	1,060,485
인천	30	229	58	186,228	2,174,082
광주	10	110	25	55,021	960,689
대전	16	113	22	432,518	1,732,488
울산	9	86	13	29,604	1,208,528
세종	6	28	11	220,283	76,239
경기	139	1,168	255	912,659	9,466,798
강원	96	497	57	456,867	6,573,562
충북	45	237	45	254,481	2,123,025
충남	46	569	90	651,679	6,888,889
전북	40	323	58	400,069	4,370,551
전남	46	477	86	263,115	5,160,921
경북	65	516	89	1,215,609	4,755,591
경남	60	425	73	586,521	6,417,154
제주	63	1,142	79	982,057	14,339,144

지역	미술관	직원	학예직원	소장자료	연관람인원
총계	219	1,812	389	199,016	15,866,338
서울	37	482	110	54,645	4,713,864
부산	6	93	15	3,672	637,358
대구	4	42	7	2,560	712,284
인천	4	18	3	10,196	78,768
광주	9	114	23	7,702	219,812
대전	5	39	9	3,436	300,719
울산	-	-	-	-	-
세종	-	-	-	-	-
경기	49	307	83	23,153	3,302491
강원	11	88	17	8,220	383,954
충북	8	43	11	6,433	564,505
충남	9	49	10	5,857	969,915
전북	13	76	16	3,120	269,458
전남	25	97	28	19,464	406,939
경북	11	67	15	28,698	411,694
경남	9	117	20	15,290	394,946
제주	19	180	22	6,570	2,499,631

3) 박물관 운영

(1) 운영목표 및 평가

박물관은 사회와 사회발전을 위해 대중에게 개방하는 비영리 상설기관이므로 설립 목적과 목표, 미래 전망과 전략이 매우 중요하다. 대개 설립 목적과 미래 전망vision은 박물관의 사명과 임무를 결정하고, 그 임무에 맞춰 장·단기 목표를 설정한다. 박물관의 비전 및 목표를 설정할 때에는 학예직원을 비롯한 박물관 구성원들의 의견을 수렴해서 결정하는 것이 바람직하며, 경영계획을 수립할 때에도 비전공유를 위한 직원토론회 개최, 외부전문가의 자문 청취, 비전·목표 공개 및 관계자 의견 청취 등 다양한 노력을 기울여야 한다. 그래야 박물관의 사회적 책임을 끊임없이 확인할 수 있으며, 목표 달성 및 경영 성공 가능성도 높아진다.

박물관 운영목표는 평가를 염두에 두고 설정해야 한다. 평가지표가 없는 운영목표는 헛된 구호에 머물 수도 있기 때문이다. 평가지표는 세부 실행계획을 논리적이고 구체적으로 설정하는 데 도움을 준다. 그리고 실현 가능성을 높여주며, 향후에 발생할 수 있는 갈등 요소를 줄여준다. 다만, 평가지표를 설정할 때 특별히 주의할 사항은 창의성을 어떤 방법으로 최대한 존중할 것인가 하는 점이다.

박물관 평가 지표는 박물관의 사명, 곧 조사·연구·수집·보존·전시·교육에 철저히 맞추어야 한다. 유형·무형의 자산을 조사·발굴·수집하는 일, 연구·보존하는 일, 전시·교육하는 일이 모두 박물관의 설립 이유이기 때문이다.

• 조사調査: 전시, 연구, 보존 가치가 있는 자료를 조사하고 관련사항을 정리해놓는 일이다. 박물관에서 전시·교육에 앞선 가장 기초적인 업무이며,

박물관이 전문성을 지닌 학술기관임을 상징하는 업무이다. 원문데이터 조사, 기초자료 조사, 학계 연구동향 조사, 사회·민속학적 현지조사, 여론 동향 조사 등 업무 범위가 매우 넓으며 박물관의 전문성에 따라 분야 차이가 크다.

• **발굴發掘**: 조사의 한 방법으로서, 고고학적 매장문화재 발굴을 가리킨다. 주로 고고학박물관, 인류학박물관, 자연사박물관 등에서 시행하며, 전시물을 수집하는 한가지 방법이기도 하다. 한국에서는 문화재청 기준 전문인력 및 시설 확보 조건을 갖추어야 하며, 유물 보존처리 및 수장 기능과 밀접히 연관된 전문분야 업무이다.

• **수집蒐集**: 박물관 소장품을 확보하는 일이다. 구입·기증·위탁·기탁·위임·이관 등 방법이 다양하며, 대여·복제 등 일시적인 대안도 있다. 수집한 자료가 도난품이 아님을 확인하기 위해 문화재청 및 지방자치단체에 신고해야 한다. 자료를 수집하면 반드시 정리해야 하므로 그에 따른 인력·시간·예산을 수반한다.

• **연구研究**: 박물관은 기초자료 소장기관이므로 자료정리는 곧 기초연구에 해당한다. 학예직원은 소장 자료를 정리하면서 자연스럽게 검토·분석·연구에 참여하게 되며, 이를 통해 외부 전문가와 교류할 수 있다. 소장자료를 적극적으로 공개함으로써 학계 연구 분위기를 진작시킬 수 있으며, 박물관 시설에서 학술회의를 개최함으로써 소속 학예직원의 연구 역량을 향상시킬 수 있다.

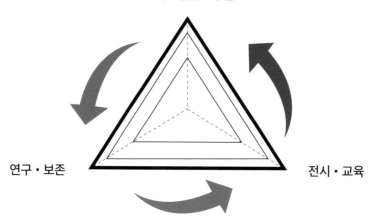

조사 · 발굴 · 수집

연구 · 보존

전시 · 교육

- **보존保存**: 박물관은 확보한 자료를 안전하게 보존할 책임과 의무가 있다. 소장품을 안전하고 쾌적한 상태로 관리하며, 필요한 경우에는 오염·훼손된 부분을 자연과학적 방법으로 수리·복원함으로써 자료 가치를 높이거나 유지한다. 보존과학자는 종이류, 옷감·가죽류, 토도류, 석기류, 금속류 등 전문분야가 다양하며, 분석·처치 등 사용하는 기기도 분야별로 다양하다. 보존과학 담당자는 보존과학업무뿐 아니라 수장고환경과 전시환경에 대해서도 일정한 책임이 있으므로 그에 관한 전문지식을 가져야 한다.

- **전시展示**: 박물관의 가장 기본적이고 전통적인 임무로서, 상설전시와 특별전시로 구분한다. 상설전시는 그 박물관의 정체성을 드러내는 연출 결과이므로 박물관의 대표적인 자료를 상시 진열하며, 일정 시간이 지나면 부분적으로 전시자료·연출방식 등을 바꾼다. 특별전시는 일정 기간에만 특별한 주제와 내용으로 개최하며 평소 잘 공개하지 못한 자료 또는 외

부기관으로부터 빌린 자료를 많이 포함한다. 다른 기관과 협력하여 공동 개최하거나 장소를 옮겨 똑같이 전시하는 순회전시 형태로 운영하기도 한다.

• **교육敎育**: 현대 박물관학에서 가장 중시하는 기능으로서 자료전시의 기술적 한계를 보완할 뿐 아니라 추상적 맥락과 미래상까지도 구체적으로 전달하고 일깨우는 역할을 한다. 대상자에 따라 평생교육, 특수교육, 청소년교육, 어린이교육, 유아교육, 학교연계교육, 연수교육, 가족교육, 방문교육, 순회교육 등 다양한 방식과 프로그램으로 시행하고 있다. 박물관 내에서 교육업무의 위상과 비중이 점점 더 커지고 있다.

박물관 평가지표는 대개 숫자계산식으로 나타낼 수 있는 정량지표(계량지표)와 내용 만족도처럼 품질 평가를 기반으로 하는 정성지표(비계량지표)로 나눌 수 있다. 정량지표는 흔히 목표 달성도 및 목표 난이도를 점수화해서 계산하는 방식으로 이루어지며, 정성지표는 지표 적합성, 활동내용 적절성 및 충실성 등을 등급화하는 방식이 보통이다. 가령 박물관의 연구역량을 평가할 경우, 소속 학예직원의 논저가 몇 개인지를 숫자로 계산해서 '몇 개 이상은 몇 점'하는 방식으로 점수를 매기는 것이 정량지표이며, 논문 내용의 수준을 평가하여 논문을 게재한 학술잡지의 수준 또는 논문 주제의 난이도에 따라 점수를 달리 매기는 방식이 정성지표이다.

박물관의 평가지표 항목에는 흔히 관람객 수, 특별전시회 개최 수, 교육프로그램 수, 확보한 자료 수, 정리한 자료 수, 조사한 자료 수, 학예직원의 논저 수, 예산 절감액 비율, 재정자립도 비율, 고객만족도 비율, 홍보실적 등이 포함된다. 그리고 조직·인사관리 및 내부직원의 평가, 사회적 책임 이행실적,

사업목표 및 사업계획·운영의 적정성 등이 반영되기도 한다. 그런데 관람객 수는 방문 이유, 시설운영시간 등과 깊이 연관되며, 전시회 및 교육프로그램 운영 횟수는 직원 수와도 관련이 깊다. 조사 및 정리한 자료 수는 자료의 종류·상태·재질·시대·취급난이도 등 특성에 따라 큰 차이를 보인다. 전시회 및 교육프로그램은 내용의 수준, 관람객 및 이용자의 평가, 프로그램의 계속성 및 지속성 등이 개최·운영 횟수보다 더 중요한 가치이다. 이처럼 박물관 운영 목표 및 평가지표는 적절하게 설정하기도 어렵고, 객관적으로 정확하게 평가하기도 어렵다.

(2) 조직 구성 및 관리

박물관의 내부 조직구성 및 인력 배치·관리는 그 박물관의 미션, 운영방침, 시설·재정 규모 등에 따라 달라지므로 일률적으로 말하기 어렵다. 다만, 박물관의 주요 기능을 모두 수행한다고 가정했을 때 반드시 갖추어야 하는 직무·부서를 상정해보면 다음과 같다.

• 관장館長 director: 관장은 박물관이 수행하는 모든 업무의 최종 책임자이자 모든 박물관 활동의 대표자이다. 박물관 운영재원 및 인력 확보, 재정집행 및 인력운영·평가, 장단기 운영목표 설정, 부서간 업무 조정, 외부기관 및 전문가들과의 협력, 운영위원회 관리, 박물관 운영성과 및 인지도 제고 등 거의 모든 분야에 깊이 관여해야 하므로 전문가의 리더십이 필요한 직위이다. 규모가 작은 박물관은 인력에 비해 다양한 업무를 동시에 수행해야 하므로 관장의 성향과 전문성이 더욱 효력을 발휘하며, 규모가 크고 직무를 세밀히 구분한 박물관은 전문직 구성원들의 도움을 받을 수 있으므로 관장의 전문성보다 경영능력이 오히려 더 중요해지기도 한다.

관장의 전문성이 낮으면 박물관의 기능에서 연구활동이 차지하는 비중과 가치를 잘 이해하지 못해 연구활동을 부정적으로 보거나 비판적으로 보기 쉽다. 그래서 박물관 내부 학예직원의 연구 역량을 약화시켜 박물관을 속 빈 강정 또는 빛 좋은 개살구처럼 만들게 된다. 그렇지 않으려면 관장은 학예직원과의 목표를 공유하고 끊임없이 소통해야 하며, 박물관 운영자문위원회를 비롯한 외부 전문가 그룹과 자주 협의해야 한다.

• 학예실學藝室 faculty of arts and sciences: 박물관은 크게 보아 행정실과 학예실로 나뉜다. 행정실은 도서관·학교·병원 등 모든 전문기관이 공통적으로 수행해야 하는 일반적인 행정사무를 관리하며, 학예실은 박물관의 정체성 및 설립이유를 뒷받침하는 고유 전문분야의 각종 사업을 시행한다. 그러므로 좋은 박물관이란 시설이 훌륭한 박물관이 아니라 좋은 학예직원이 많은 박물관이라고 할 수 있다. 학예실 분장업무는 대개 전시·교육·자료관리가 기본이고, 보존처리, 발굴조사, 연구·학술활동, 문화행사·홍보 등이 조직 규모에 따라 덧붙여진다. 학술회의 개최, 학술자료집 발간 등의 업무는 고유영역에 속한다. 규모가 큰 박물관은 분장업무별로 과課 또는 팀을 설치하여 업무 추진력을 높인다. 박물관 운영구조와 기능을 잘 이해하지 못하는 운영자들은 종종 전시·교육·자료관리 인력보다 그 결과를 홍보·보급하는 인력을 더 많이 배치하고 그 외형적 성과에 집착하기도 하는데, 이는 박물관의 내실을 급격히 떨어뜨려 마치 병에 걸린 사람이 치료보다 화장에 더 신경 쓰는 것과 같은 위험한 태도이다.

• 학예직원學藝職員 curator : 박물관의 가장 핵심적인 구성원이다. 일본에서는 흔히 학예원學藝員이라고 부르며, 한국에서는 학예사學藝士 또는 학예연구

사學藝硏究士라고 부르는데, 학예연구라는 말은 의미 중복에 가깝다. 전시기획·연출을 비롯해 자료관리, 교육활동 등 박물관의 다양하고 전문적인 업무를 모두 수행하지만, 전문영역별로 학예업무를 세분할 경우, 전시실을 구성·운영하는 전문직 직원을 큐레이터라고 부른다. 큐레이터는 전시기획, 전시디자인, 색채·조명관리, 전시설명문 작성, 전시도록 및 리플릿 간행, 전시물 관리, 전시해설사 교육 등 박물관의 핵심업무를 담당하므로 그에 걸맞는 전문성과 안목을 갖추어야 한다. 전문성을 평가하는 핵심 기준은 연구 수행 능력이다. 특히, 그 박물관이 소장한 자료에 대해 상당한 지식과 권위를 가질 수 있어야 한다. 소장자료에 대한 연구수행능력이 없는 학예직원은 자료의 특징과 가치를 충분히 찾아내지 못하므로 깊이 있는 내용으로 적절하게 전시·교육할 수 없으며, 그저 남의 힘을 빌려 겉모습만 흉내 낸 전시·교육에 머물게 된다.

• **교육담당敎育擔當 educator**: 최근 박물관에서 역할 비중이 점점 커지고 있는 분야의 구성원으로서, 한국에서는 학예연구사와 구분하지 않는 곳이 많다. 교육프로그램 구성·운영, 교육시설 관리, 교재 및 교구 개발·제작·관리, 교육강사 섭외·운영, 교육·문화행사 기획·운영 등 교육관련 다양한 일을 수행한다. 교육프로그램은 성인·전문가·가족·청소년·어린이 등 세대·계층·수준별로 나누어 개발·운영하는데, 강연·강좌, 박물관대학, 박물관대학원, 교사직무연수, 박물관 실무연수, 방학교실, 체험교실, 학교연계교육, 청소년박물관인턴, 청소년자원봉사, 가족교육, 문화유산탐방, 다문화교육, 외국인교육, 찾아가는 박물관, 스마트교실 등 종류가 매우 다양하다. 그래서 최근에는 인력 부족 등을 이유로 교육담당자가 프로그램을 개발한 뒤 강의 운영은 외부 교육강사에게 맡기고 자신은 감독·평

가 업무만 수행하기도 한다. 박물관 교육은 학교 교육과 달라서 주제 집중도가 매우 높고 학습지도보다는 감성 자극 또는 상상력 계발에 초점을 두는 경향이 있다. 그래서 학교수업과 연계한 실습교육, 현장교육 수요가 급증하고 있는데, 단순한 교과서 단원학습의 보충교육이 아니라 사회구성원으로서의 어린이·청소년 교육으로 운영하는 것이 바람직하다.

- **자료관리담당**資料管理擔當 registrar: 미국에서는 자료를 수집하고 자료를 물리적으로 관리하는 소장품관리자collection manager와 자료를 문서화하고 기록을 보관하며 위험요소를 관리하는 등록담당registrar의 역할이 나뉘지만, 한국에서는 두 업무를 분명히 나누지 않고 통합해서 수행하는 것이 보통이다. 미국에서 소장품관리자는 자료수집, 자료관리, 자료점검, 전시지원, 데이터베이스관리, 환경관리, 자료관리정책 보완 등을 수행하고, 등록담당은 인수, 대출, 전시지원, 보관, 포장·운송, 보험 등의 업무를 수행하는 것으로 알려져 있다. 한국에서 자료관리담당은 보통 박물관의 자료 소장정책에 따라 수장고 관리, 자료수집(구입·기증·기탁·위임·위탁), 자료 평가회의 구성·운영, 자료 등록 및 관리, 자료 해제 및 명세서 작성, 사진촬영 및 관련시설 운영, 자료출납, 대여 및 운송, 대여자료 점검, 자료 열람 및 촬영 허가사항 관리, 자료목록집 발간, 기증자료특별전 개최 등 다양한 업무를 수행하기도 한다. 학예연구사와 구분 없이 통칭하는 경우가 많다.

- **보존처리담당**保存處理擔當 conservator: 박물관자료를 자연과학적으로 분석·조사하고 수리·복원하며, 자료가 훼손되지 않도록 박물관환경을 점검·관리하는 전문직 구성원이다. 분석·조사업무와 수리·복원업무는 서로 다른 분야에 속하므로 선진적인 박물관 시스템에서는 엄격히 구분하기

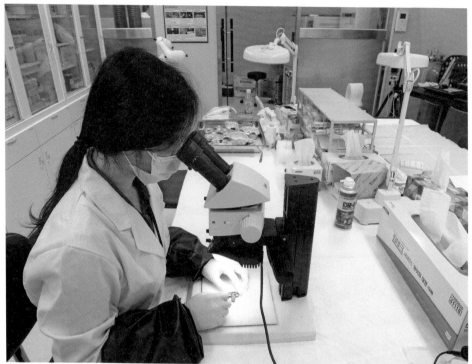

11. 보존처리_금속자료 이물질제거

12. 보존처리 토기(복원전)

13. 보존처리 토기(복원후)

도 한다. 박물관자료는 전시준비 등의 이동과정에 훼손되거나 공기오염·해충 등의 영향으로 오염·손상되는 경우가 많은데, 이를 보존과학자 또는 수리기술자가 각종 장비와 약품을 이용해 훼손 원인을 파악하고 기술적으로 수리·복원하는 것이다. 보존처리담당은 마치 병원에서 환자를 치료하는 의사와 같으므로, 자연과학계의 기술동향을 정확히 이해하기 위해 끊임없이 노력해야 하며, 자료를 다룰 때에는 윤리강령 및 보존처리 매뉴얼을 철저히 준수해야 한다. 보존처리담당 및 부서의 주요업무는 보존과학실 운영, 보존과학 장비 및 약품 구입·관리, 자료 분석 및 보존처리, 자료 소독, 전시실 소독, 전시실 및 수장고 환경관리 등이다,

• 발굴조사담당發掘調査擔當 excavator: 고고학의 조사방법에 따라 유적을 현지 조사하고 수습한 자료를 정리해 역사적 의미를 드러내는 일을 한다. 한국의 박물관은 일제강점기부터 매장문화재 발굴조사를 통해 유적 가치를 확인하고 전시품·소장품을 확보해왔는데, 20세기말엽 매장문화재 발굴조사 전문기관이 많이 설립되고 문화재청의 발굴허가 기준이 강화된 뒤에는 발굴조사 부서 및 인력을 운영하는 박물관이 크게 줄었다. 그러나 고고학 비중이 큰 전문박물관은 박물관의 조사·연구 역량 제고, 전시·교육자료 확보(국가귀속문화재 위임), 문화재 보호·관리 등 유적발굴조사의 순기능이 많다. 고고학 발굴조사 및 자료분석은 지질학, 기후학, 물리학, 화학, 생물학 등 자연과학방법에 기반한 것이므로 관련지식을 충분히 습득한 전문가가 시행해야 하며, 그렇지 않으면 오히려 유적을 파괴하고 역사정보를 훼손하게 된다. 발굴조사담당 및 부서의 주요업무는 유적 발굴조사 및 현장관리, 발굴유물 관리, 조사보고서 발간, 발굴자문회의 및 현장설명회 개최 등이다.

• 전시디자이너exhibition designer: 전시공간에서 전시물 배치, 관람동선, 색채·조명 구성, 패널·라벨 디자인 등 시각적 효과를 중심으로 전시를 기획·구성·연출하는 전문직 구성원이다. 한국에서는 주로 산업디자인·실내디자인·시각디자인 전공자가 담당하며, 학예직원과 함께 팀을 이뤄 전시를 준비하는 경우가 많다. 규모가 큰 박물관은 전시디자이너를 정규직원으로 채용해 전시준비단계부터 함께 참여하게 하지만, 대다수 박물관은 학예직원이 단기계약한 전시전문업체의 소속 디자이너로부터 기술적 도움만 받아 전시를 준비하므로 전시연출 수준이 안정적이지 못한 문제점이 있다. 전시디자이너는 전시설계, 전시연출관리, 전시도록 및 리플릿 구성·편집, 포스터 디자인, 홍보물 개발 등 다양한 일을 한다.

• 시설관리담당施設管理擔當 facility staff: 박물관의 각종 시설물을 유지·관리·보수하는 일을 맡은 직원을 가리킨다. 박물관 시설관리는 건축물 유지관리, 설비 운영관리, 실내 환경 관리, 수방·제설 대책 수립, 주차시설 운영관리, 전기·조명·영상시설 관리, 청소·경비·시설 관리, 조경·녹지시설 관리, 정보통신망 운영, 보안관제센터 운영 등 업무내용이 다양하다. 그래서 박물관 시설을 잘 관리하려면 많은 분야의 기술자들이 협업해야 하는데, 대개 건축물 유지·보수업무를 수행하는 건축담당, 냉·난방기를 비롯한 기계설비를 관리하는 기계담당, 전기·조명시설을 관리하는 전기담당, 통신·보안설비를 관리하는 통신담당, 각종 영상물과 기기를 관리하는 영상담당 등의 기술분야 담당자가 필요하다. 그리고 경비 및 질서 유지를 위한 안전관리원과 안내요원, 청소를 담당하는 미화원 등이 반드시 필요하다.

• 행정서무담당行政庶務擔當 administrative staff: 박물관은 다양한 직종의 직원들이 많이 모여 일하는 곳이므로 행정서무를 신속 원활하게 처리하는 전담 직원이 필요하다. 대개 행정직원은 주요 업무계획 수립, 인사·조직·법령관련 업무, 예산·결산, 임금·수당관련 업무, 직인관리, 정례회의, 차량관리, 일상경비출납, 계약 및 수입·지출, 재산 및 물품 구입·관리, 시설물 대관, 홈페이지 운영관리, 민원관리, 자원봉사자 관련업무 등을 담당한다.

• 자원봉사자自願奉仕者 volunteer: 모든 박물관에는 자원봉사자가 있다. 학예사가 없는 박물관이라 해도 자원봉사자는 있다. 그런 점에서 자원봉사자는 그 박물관의 인상을 좌우하는 얼굴이라고 할 수 있다. 박물관에서 자원봉사자의 활동 영역에는 한계가 없다. 인력과 예산이 부족한 박물관에서는 시설안내 및 질서유지, 전시해설, 도서정리, 자료정리, 자료복원, 교육지원, 통역·번역 등 간단한 업무 보조에서부터 전문적인 영역까지 자원봉사자의 능력과 경륜을 다양한 방식으로 활용할 수 있다. 자원봉사자는 업무 외의 시간 및 분야에서 그 박물관의 인지도를 높이는 데에도 기여한다. 다만, 자원봉사자는 직원이 아니므로 활동업무에 대한 책임과 권한이 다를 수밖에 없다는 점을 유념해야 한다.

(3) 위원회

모든 박물관에는 위원회가 있다. 관장을 비롯한 박물관 구성원들이 정책을 바람직한 방향으로 설정하고 박물관을 합리적이고 미래지향적으로 운영하도록 외부 전문가집단의 자문을 받게 하려는 것이다. 위원회의 종류와 명칭은 박물관마다 달라서 일률적으로 말하기 어려우며, 위원들의 전문분야를 감안하여 소위원회를 두기도 한다. 위원회의 안건은 전시주제 기획, 자료 확보·관리, 주요사업 추진방향, 조사·연구·교육 분야 및 방식, 인력·예산 운영 등 매우 다양하다. 그러므로 박물관 운영위원회의 위원은 다양한 분야, 다양한 연령의 전문가들로 구성하는 것이 좋다.

재단 형태의 사립박물관에서는 이사회에서 많은 사항을 결정한다. 보통 상임이사 가운데 1인이 박물관장을 맡게 되며, 기업경영·재정·법률·교육·예술 문화 분야의 전문가들로 이사진을 구성한다. 그런데 박물관의 특성과 박물관 운영으로 발생하는 사회적 이익에 대해 깊이 이해하지 못하는 인물이 많이 참여한 경우에는 박물관의 사회적 책임을 소홀히 할 수도 있다.

II

박물관 전시와
디자인

1   전시展示란?

1) 전시의 의의와 범위

'전시'는 펼쳐서展 보인다示는 뜻이다. 영어 exhibition과 같은 말이다. 공개된 장소에 어떤 사물을 놓아 연출함으로써 사람들이 시각·청각·후각·미각·촉각 등 오감으로 느끼거나 상호작용을 통해 그 의미를 파악하게 하는 의사소통 방법을 가리킨다.

'보여준다' 또는 '의사소통'이라는 말뜻을 기준으로 삼으면, 전시는 아주 오래전 선사시대부터 있었다고 말할 수 있다. 스페인 알타미라동굴 벽에 그려진 들소·사슴·멧돼지 그림과 프랑스 라스코동굴 벽에 그려진 들소·사슴·말·염소 그림은 이미 1만5천년 전에 인류(크로마뇽인)가 자신들의 경험과 희망사항을 그림으로 나타내 보여주고 전해주었음을 알려준다. 청동기시대의 거석문화를 상징하는 선돌과 인천 강화도, 전북 고창, 전남 화순 등지에 떼를 이뤄 분포한 고인돌들도 크게 보면 어떤 의미를 나타낸 전시행위라고 할 수 있다.

14. 강화도 부근리 고인돌무덤

15. 고창 고인돌무덤떼 원경

현대사회에서는 옛 집이나 시설, 옛 마을을 그대로 보존해서 일반 대중에게 공개하는 방식의 민속촌, 야외박물관 전시도 흔하지만, 어느 한 도시의 건축물 규모·위치·조형미 등을 설계하고 통제하는 도시계획이라든지 간판·광고시설, 포스터·현수막, 상점의 쇼윈도와 상품진열 등 도시 미관, 도시 풍경도 넓은 의미의 전시에 포함될 수 있다. 아프리카 탄자니아의 세렝게티 국립공원Serengeti National Park은 14,800㎢에 달하는 초원의 동식물을 자연 그대로 전시하는 야외전시장이다.

　박물관 전시는 사물을 불특정 다수인 대중에게 보여준다는 점에서 매스 미디어mass media와 기능이 같은 부분이 있지만, 매스 미디어는 대개 정보 흐름이 한 방향으로 일어나며 정보수용자의 선택과 적극적 참여가 많이 제한된다는 점에서 약간의 차이가 있다. 전시회 관람객은 전시 아이템을 현장에서 선택적으로 관람하고 몸을 움직여 자세히 관찰하거나 촉각을 활용하는 등 전시의도와의 소통 또는 쌍방향 대화를 시도한다. 전시는 물건 진열과 달라서 정보전달자의 의도와 정보수용자의 생각이 얽히고설키며 공간 속에서 의미를 재구성, 재생산하게 된다. 따라서 전시는 매개체인 전시품(자료)과 모형, 영상, 언어, 문자, 그림, 색채, 조명, 소리, 퍼포먼스 등을 모두 포함한 공간 디자인 형태로 이루어진다.

　전시는 인간의 오감 중에서 시각에 많이 의존한다. 현대문화의 상징과도 같은 다양한 형태의 미디어와 디자인이 기본적으로 시가 위주로 발달해왔으므로, 온갖 미디어와 디자인을 적극 활용하는 전시회는 시각중심 기술산업 구현공간이라고 표현해도 이상하지 않을 정도이다. 그럼에도 불구하고 전시는 오감 모두를 활용해 의사소통할 수 있어야 하며, 그런 점에서 종합적 커뮤니케이션 미디어를 지향한다. 박물관 전시에서 음향과 체험 비중이 점점 높아지고 있는 현상이 이를 방증한다.

박물관 전시에서 학예직원이 명심해야 하는 것은 전시가 사회의 보편적 가치관을 존중하고 사회 발전과 편익을 도모하는 공공재라는 사실이다. 그러므로 전시를 준비하는 학예직원은 자신의 가치관과 학설을 고집해서는 안되며, 사회 다수, 학계 다수의 인정을 받을 수 있는 내용으로 전시내용을 구성하고 패널, 도록 등을 제작해야 한다. 학예직원이 연구 역량을 갖추어야 한다는 말은 자기 학설을 세우라는 뜻이 아니다. 연구동향의 문제점과 한계를 정확히 파악하고 전시내용을 객관적으로 구성해야 한다는 뜻이다. 학예직원이 전시를 통해 자신의 이름을 내세우려 해서도 안된다. 전시는 그 특성상 많은 사람이 함께 준비하고 연출할 수밖에 없으며, 그래야만 좋은 전시를 개최할 수 있다. 만약 전시기획자 또는 진행자의 이름이 크게 부각된 전시회가 있다면, 그것은 대개 충분히 준비하지 못한 전시회이거나 전시진행자 한사람이 지나치게 적극적으로 행동함으로써 함께 준비한 다른 사람들의 기여를 잘 드러내지 못한 것이라고 할 수 있다. 모든 공공 전시회는 '내'가 개최하는 것이 아니라 '우리'가 개최하는 것이기 때문이다.

2) 전시의 종류와 방법

기본적으로 전시는 일시적인 것이다. 그것은 박물관전시가 박람회 또는 국제박람회Expo에서 출발했다는 역사 사실을 통해서도 충분히 짐작할 수 있다. 처음에는 일정 기간에 특정 장소에서만 전시회를 열고 닫았다가 점차 여러 장소를 이용하거나 한 장소에서 오랫동안 여는 방식이 나타났으며, 같은 내용의 전시를 여러 장소로 옮겨가며 여는 순회전시에 이르기까지 전시방식이 다양해졌다. 인터넷이 발달한 뒤에는 온라인 전시회도 생겨났다.

(1) 상설전시常設展示

같은 장소에서 같은 주제, 같은 구성, 같은 내용, 같은 자료를 장기간 유지하는 전시를 가리킨다. 여기서 말하는 장기간의 기준은 따로 정해져 있지 않고 경우마다 다르지만, 처음 전시를 구성·연출한 때로부터 3년 또는 5년 이상 구성·내용을 크게 바꾸지 않았다면 상설전시라고 할 만하다.

상설전시는 그 박물관의 정체성과 설립이유를 상시적으로 나타내는 역할을 한다. 그 박물관이 소장한 자료를 중심으로 그 박물관의 설립 목적과 기능에 부합하는 전시품들을 관람객이 언제든지 찾아가서 볼 수 있게 전시하기 때문이다. 그렇다고 상설전시 내용이 전혀 바뀌지 않는 것은 아니다. 전시 주제 일부를 조정하거나 전시 자료 및 내용을 바꿈으로써 학계의 연구 동향 및 성과를 반영하며 일반 관람객의 관심·수요에 부응하게 된다. 대개 5~10년마다 전시자료를 비롯해 설명패널, 그래픽, 모형, 영상 등 전시물과 전시시설을 전체적으로 손질하거나 교체하게 된다. 그것은 세월이 흐름에 따라 전시물이 낡아지거나 빛이 바래지는 탓도 있지만, 그보다 학계의 연구성과 축적, 사회 가치관 및 관점의 미묘한 변화, 디자인 감각 및 유행의 변화 등을 반영해야 하기 때문이다. 그러므로 5년 전, 10년 전의 설명패널, 그래픽 디자인을 그대로 다시 출력해서 낡은 것과 바꾸어 달기만 해서는 안된다.

전시회를 오랜 기간 유지하려면 우선 진열장을 비롯한 전시시설물이 안정적이어야 한다. 어떤 상황에서도 전시물과 관람객이 모두 안전할 수 있도록 견고해야 하는 것이다. 박물관은 다양한 연령, 다양한 성향의 사람들이 방문하는 곳이므로 돌발상황이 자주 일어난다. 갑자기 많은 사람들이 단체로 전시실에 몰려들어 관람하면서 진열장 유리에 기대거나 전시품을 만지려 하는 경우도 있다. 그럴 때 전시시설이 전시품을 안전하게 보호하고 동시에 관람객의 안전도 지킬 수 있어야 한다.

전시물과 전시물 사이의 거리를 충분히 띄우고 관람 공간에 여유를 두어서 관람객이 서로 부딪히거나 장애를 느끼지 않도록 구성해야 한다. 대체로 전시실에서 전시물이 차지하는 공간 비중은 30%가 적정하다. 전시물 공간 비중이 35%를 넘게 되면 관람환경은 매우 열악해진다. 공간구성에 제약이 많을 경우에는 섹션별로 전시 수준을 다르게 설정하여 관람객 층을 다양화하고 관람 동선이 분산될 수 있도록 유도할 필요가 있다. 이는 좁은 공간을 넓게 쓴다는 장점이 있지만, 그 박물관이 지닌 전문성을 나타내는 데에도 유리하다.

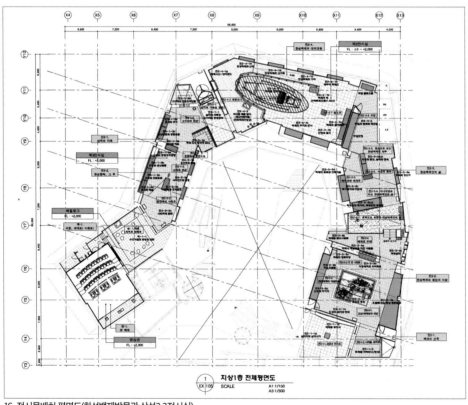

16. 전시물배치 평면도(한성백제박물관 상설2.3전시실)

전시 내용을 쉽게 이해할 수 있도록 설명하는 것도 박물관의 인상을 좌우하는 중요한 기준이다. 어려운 내용도 관람객이 쉽게 이해할 수 있게 하려면 전시주제가 간명하고 사례가 적절해야 한다. 전시품은 전시의 출발점이기도 하다. 전시내용을 입증하는 가장 생생하고 구체적인 사례이므로 전시품 수량이 충분할수록 신뢰도가 높아진다. 설명패널·레이블·모형·영상은 전시내용을 직접적으로 해설하는 보조 전시물이지만, 종종 전시의 핵심요소가 되기도 한다. 설명패널은 용어와 문구, 설명방식이 교과서처럼 정확하고 조리 정연해야 한다. 설명 수준은 극히 전문적인 부분을 제외하면 대체로 초등학교 고학년, 중학교 저학년이 잘 이해할 수 있는 정도가 적당하다.

설명패널의 글자체와 글자 크기도 내용을 이해하는 데 영향을 준다. 대개 제목은 고딕체 계열, 설명문은 명조체 계열을 많이 사용하는데, 읽는 사람의 연령대에 따라, 경험내용에 따라, 취향에 따라, 장소에 따라 평가가 다를 수 있기 때문에 무엇이 더 좋은지는 단언하기 어렵다. 글자 크기는 진열장 안쪽에 적힌 설명문이냐, 아니면 진열장 바깥 시설물에 적힌 설명문이냐 등 글자의 위치에 따라 다를 수 있다. 관람객과 설명문 사이의 거리를 1m 정도로 가정했을 때, 글자 높이가 2cm이상이면 대체로 조금 크다는 인상을 주고, 1.4cm이하면 작다는 인상을 준다. 최근 한국이 고령사회에 진입할 정도로 노인 인구가 많아지면서 박물관의 내부 조명과 사인물이 더 밝아지고 글자 크기도 점차 커지고 있다. 그래서 예전에는 제목 정도에만 적용하던 글자 높이 2cm 크기를 최근에는 설명문에 적용하는 사례가 늘고 있으며, 심지어 2.2cm를 넘는 경우도 적지 않다.

박물관의 그래픽디자인 비중이 높을수록 문자 설명은 최소화되는 경향이 있다. 그림·그래픽은 관람객이 전시 주제와 내용을 직감적으로 이해하게 만드는 장점이 있으며, 시각적 효과에 크게 의존하는 근래의 홍보방식 및 문화

경향과도 부합한다. 다만, 박물관이 그림·그래픽을 효율적으로 활용하려면 주제에 대한 명확한 분석과 내용에 대한 통찰이 전제되어야 한다. 전시내용 관련 연구성과에 기반하지 않은 그래픽디자인은 오히려 전시의 궁극적 의미를 왜곡해서 전달할 수 있으며, 관람객의 이해 폭을 좁힐 수도 있다.

　최근 관람객이 전시내용을 쉽게 이해할 수 있게 전시물을 직접 만지거나 감각을 통해 느끼는 체험전시가 늘고 있다. 어린이박물관은 물론이고 거의 모든 박물관이 체험코너를 운영할 정도로 이제 체험전시는 피할 수 없는 대세이다. 관람객이 시각뿐 아니라 청각, 후각, 촉각까지 사용하는 경험을 통해 더 강렬한 인상을 갖게 되고 결과적으로 오래 기억하도록 신체를 자극하는 것이다. 여건상 체험전시가 불가능하다면 전시물의 입체감을 최대한 살리는 것도 대안이 될 수 있다. 전시물과 관람객의 거리감을 좁히고 유리와 같은 차단장치를 최소화하는 것이다. 다만, 그것이 전시물을 보호하고 관리하는 데 장애가 되어서는 안된다.

　전시공간은 전체적으로 깔끔한 인상을 주도록 구성·관리해야 한다. 깨끗하고 매끈하다는 인상은 주관적 느낌이므로 사람마다 평가가 다를 수 있지만, 지저분하고 투박한 환경은 관람객에게 전시내용의 수준마저 의심케 한다. 장애물을 최소화하고, 불가피한 경우에는 안전하고 보기 좋도록 신경 써 꾸밀 필요가 있으며, 전시내용에 맞춰 조명 밝기를 적절히 조절해서 관람시선이 산만해지지 않도록 관리하는 것도 중요하다.

　지금까지 거론한 것은 모두 전시공간의 시설·환경 및 디자인을 구성·연출하는 기술적 방법에 대한 내용인데, 가장 근본적이며 절대적으로 중요한 것은 전시 주제·내용·아이템이라는 사실을 잊어서는 안된다. 왜 이런 전시가 필요한지, 이 전시가 우리 생활과 사회 발전에 어떤 도움을 주는지 등 추상적인 질문에 대해 정확하고 분명하게 대답할 수 있어야 한다. 목적과 개념이 분명치 않은 전시는 아무리 화려해도 관람객의 공감을 얻을 수 없으며, 결과적으로 좋은 평가를 받기 어렵다. 박물관은 기본적으로 실체가 분명한 전시품을 진열하는 곳이기에 관람객이 시각을 사로잡는 구상具象에 집착하기 쉽다. 그러므로 학예직원이 전시품에 담긴 의미를 충분히 파악, 설명하지 못하면 전시품의 가치도 그만큼 떨어지는 것이다.

상설전시를 기준으로 하면, 어린이전시관을 별도로 운영하는 것이 바람직하다. 사회교육의 필요성이 점점 더 커지고 있는 만큼이나 어린이교육, 체험교육의 중요성도 더욱 부각되고 있다. 현재 한국의 어느 박물관이든 관람객의 절대 다수는 어린이라는 사실이 이를 방증한다. 따라서 어린이의 눈높이에 맞춘 박물관 전시, 박물관 교육이 필요하다. 어린이 관람객이 다른 연령대 관람객의 유물 감상을 방해하는 경우도 있다.

(2) 특별전시特別展示

특정 주제와 내용으로 일정 기간에만 개최, 운영하는 전시회이다. 전시기획 의도·주체·자료를 강조하기 위해 기획전시라는 이름을 쓰기도 하는데, 특별전시와 기획전시를 내용상 구별하기는 어렵다. 특별전시 기간은 대개 1~6개월이며, 간혹 1년을 넘는 경우도 있다. 특별전시는 상설전시와 달리 전시주제 선정에 제약이 적고 내용 구성도 상대적으로 자유로운 편이다. 그래서 가볍고 재미있는 전시주제도 있으며, 자료 및 전시물 종류도 다양하다. 전시자료는 대개 소장품보다 다른 기관에서 빌려온 자료의 비중이 높으며, 전시시설은 임시시설의 비중이 매우 높다.

전시를 열고 닫기까지 학예직원이 반드시 진행해야 하는 절차와 준비해야 하는 사항은 매우 많다. 그것을 크게 3단계로 정리하면, ①전시기획단계, ②전시준비단계, ③전시운영·마감단계로 나눌 수 있다.

먼저, 전시기획단계는 국공립박물관의 경우 전시기획안 작성, 전시대상자료 선정, 전시자료 확보를 위한 협의, 전시자료 선정, 전시계획 수립, 도록 원고를 비롯한 설명문 작성, 전시연출용역 공고, 제안서 접수 및 평가, 전시연출용역 기술협상 및 계약 등의 업무를 수행한다. 처음 전시기획안을 작성한 때로부터 전시연출용역을 수행할 업체와 계약할 때까지 짧게는 3~4개월, 길게는 1~2년 소요되는데, 표면적으로 드러난 성과는 전혀 없는 기간이지만, 향후 전시의 성패를 좌우할 정도로 중요한 때이다.

전시기획단계의 절차

전시기획안 작성 ┄┄┄ 전시대상자료 선정 ┄┄┄ 전시자료 확보를 위한 기관협의

전시자료 선정(최종) ┄┄┄ 전시계획 수립 ┄┄┄ 도록 및 설명패널 원고 작성

전시연출용역 공고 ┄┄┄ 제안서 접수 및 평가 ┄┄┄ 전시연출용역 기술협상 및 계약

17. 대여자료 포장(석기류)

18. 대여자료 포장상태 사진촬영

19. 대여자료를 운송하기 위해 컨테이너에 싣기

전시준비단계는 전시 기본설계 및 실시
설계, 대여자료 포장·운송 및 임시보관, 도
록원고 검토, 전시자료 사진촬영, 전시자료
받침대 및 보조대 제작, 포스터 및 초청장
제작, 도록 및 리플릿 제작, 전시물 및 전시
시설 제작·시공, 홍보 및 내빈 연락, 기념품
제작, 전시해설사 교육, 진시개막행사 등의

20. 대여자료를 실은 컨테이너 외관 사진촬영

업무를 수행한다. 외부기관 소장품을 빌려와 보관하며 사진 찍고 전시연출업
체, 도록제작업체를 비롯한 외부 전문가 그룹과 협업해야 하는 등 매우 까다
로운 일을 보통 1~2개월 정도의 짧은 기간에 신속히 처리해야 하기 때문에
학예직원 1~2명으로는 감당하기 어렵다. 그러므로 질 좋은 전시를 개최하려
면 학예실 및 행정실의 분업·협업체계가 잘 되어야 한다. 작가 및 연구보조

원들은 각종 목록·원고·레이블 작성 등의 업무를 수행하고, 전시디자이너·그래픽디자이너는 전시공간 설계, 전시물 구성 및 연출, 책·홍보물 편집 등의 업무를 수행한다. 학예사(큐레이터)는 아이템 선정과 원고 작성·검토 및 전시 업무 전반을 감독하는 역할을 한다.

전시준비단계의 절차

전시설계	·······›	대여자료 포장·운송	·······›	도록원고 검토
전시자료 사진촬영	·······›	전시자료 받침대 및 보조대 제작	·······›	포스터 및 초청장 제작
도록 및 리플릿 제작	·······›	전시물 및 전시시설 제작·시공	·······›	홍보 및 내빈 연락
기념품 제작	·······›	전시해설사 교육	·······›	전시개막 행사

21. 전시준비작업(사진촬영)

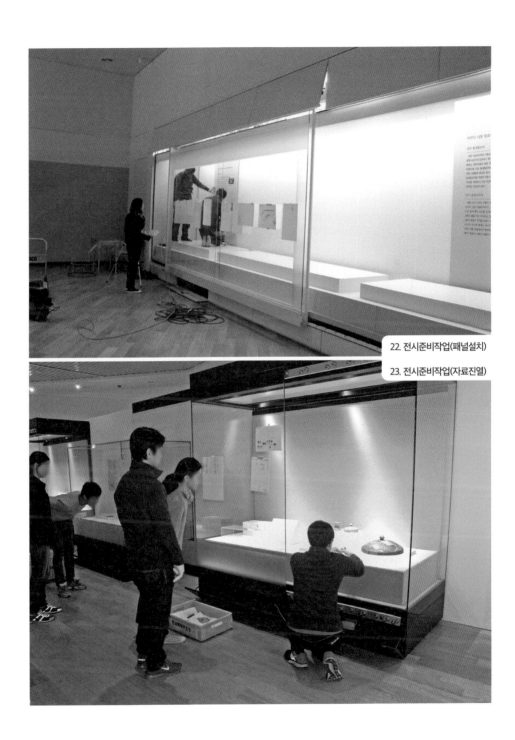

22. 전시준비작업(패널설치)

23. 전시준비작업(자료진열)

전시운영·마감단계는 특별전시를 개막한 이후의 모든 일들이 해당된다. 보통 계약업체관련 행정업무 처리, 전시장 관리, 전시해설, 체험행사 운영, 도록 등 간행물 우송, 전시물 및 시설 보완, 초청강연 및 학술회의 개최, 전시만족도 조사, 전시물철거, 자료반환운송, 전시결과보고 등이 주요 업무이다.

전시운영·마감단계의 절차

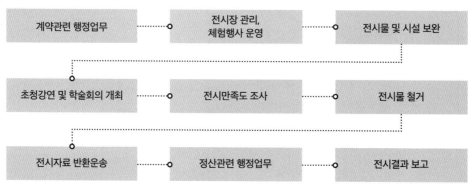

2 상품진열과 문화재전시

1) 상점의 상품진열

박물관의 자료전시기법은 상점의 상품진열기법과 닮은 점이 많다. 현대사회에서 상점의 상품진열은 쇼윈도show window와 쇼케이스showcase로 상징된다. 쇼윈도는 길을 지나는 사람들이 상점 안에 진열된 상품을 볼 수 있도록 만든 칸막이 유리창이고, 쇼케이스는 상품을 넣어둔 유리진열장이다. 둘 다 유리를 적극 이용했다는 공통점이 있으며, 18~19세기에 유리공업이 급속히 근대화하고 대량생산체계를 갖추게 된 이후에 생긴 용어이다.

1851년 세계 최초의 엑스포Expo행사인 영국의 런던 만국바람회에서 수정궁이라는 이름의 주행사장 건물이 사람들의 이목을 끌었다. 철강과 유리로 만든 건물이었다. 이듬해인 1852년에는 프랑스 파리에서 세계 최초의 현대식 백화점인 봉마르셰Bon Marche백화점이 문을 열었는데, 오페라극장을 방불케 하는 우아하고 깔끔한 장식들과 쇼윈도를 활용한 화려한 상품전시가 기존의 상점과 크게 달라서 화제를 낳았다고 한다. 1897년에는 미국에서 『The Show

Window』라는 월간 잡지가 창간되었는데, 상인과 전문가들을 위한 것이었다. 일본에서는 1903년 미츠코시三越백화점이 문을 열면서 쇼윈도를 처음 설치하였고, 1906년 미츠코시백화점이 서울에 지점을 만들면서 한반도에도 쇼윈도가 소개된 것으로 알려진다.

쇼윈도는 행인을 상점 안으로 들어오게 하는 유인기능이 있다. 18세기말 런던에서 양복점을 운영한 사회개혁운동가 프란시스 플레이스Francis Place는 회고록에서 처음으로 상점 입구에 유리창을 설치해 행인들이 안을 들여다볼 수 있게 하자 비난하는 사람들이 많았으나 상품 판매량이 급증했다고 회고하였다. 상점 전면의 유리창이 행인들의 눈길을 끌어 흥미와 구매욕구를 자극한 것이다. 이른바 윈도우쇼핑은 상점이 문을 닫은 뒤에도 미래의 구매욕구를 자극하는 것으로 알려져 있다. 쇼윈도는 구매욕구를 가진 사람만 상점에 들어오게 하는 기능도 있다. 그래서 상점 내부의 분위기가 혼잡해지는 것을 예방하며, 결과적으로 구매자에게 쾌적한 환경을 제공하는 역할을 한다. 구매욕구를 가진 사람에게는 쇼윈도가 상품을 시각적으로 설명하는 역할도 한다.

쇼윈도는 상점과 상품의 특징과 장점을 홍보하는 기능이 있다. 시각적 효과를 극대화하는 상품진열을 통해 상점의 기술·문화 수준을 드러내고 상품의 가치를 드높이는 것이다. 현대사회에서 길거리의 쇼윈도는 화려한 조명과 함께 도시경관을 조성하는 역할을 하며, 사람들을 모여들게 함으로써 도시와 거리에 활기를 불어넣기도 한다.

쇼윈도는 상품을 다른 사람들에게 잘 보여주기 위한 것이다. 당연히 빛이 필요하다. 조명은 전반조명, 국부조명, 장식조명 등으로 구분해서 적용한다. 전반조명은 공간 전체에 거의 같은 양의 빛을 비추도록 설계한 조명으로서 확산성이 높은 광원을 사용한다. 그리고 색채를 정확히 보여주어야 하므로 연색성이 높은, 곧 자연광에 가까운 조명을 선호한다. 예전에는 색온도가 낮은 붉은색 광원을 많이 사용하였으나, LED가 개발된 뒤에는 휘도가 높은 푸른색·흰색 광원을 많이 사용하고 있다. 국부조명은 보여주고 싶은 것을 특별히 강조하는 역할을 한다. 상품의 특징·가치를 부각시키고 빛과 그림자, 밝은 곳과 어두운 곳을 한눈에 들게 함으로써 대상 물체를 입체화하고 그 공간을 활성화하는 효과가 있다. 장식조명은 대상물체에 극적인 효과를 더하거나 눈길을 끌기 위해 덧붙여 비추는 조명을 가리킨다. 전반조명과 국부조명 때문에 생기는 그림자를 최소화하기 위해 아래쪽에서 비추는 하부조명foot lighting, 물체를 직접 비추지 않는 배경조명background lighting, 일정 간격으로 빛이 켜지고 꺼지는 점멸등, 카메라 플래시처럼 필요한 순간에만 빛이 켜지는 플래시flash; stroboscope lighting 등이 모두 포함된다.

1852년 문을 연 세계 최초의 백화점 봉마르셰는 당시 혁신적인 전략을 세웠는데, ①상품가격을 낮게 책정하고 많이 팔아서 이윤을 남기는 박리다매薄利多賣정책, ②상품가격 정찰제에 따른 소비자 평등 원칙, ③누구나 상점에 들어와서 상품을 볼 수 있는 자유열람제, ④현금판매 및 반품요청시 현금반환제, ⑤쇼윈도와 쇼케이스를 활용한 화려한 상품진열 등이었다. 이러한 전략은 이후 다른 상점에 영향을 주었으며, 특히 상품진열 방식의 중요성을 일깨우는 계기가 되었다. 백화점의 상품 배치방식은 크게 보아 개방형(노출형)과 폐쇄형(밀폐형) 두 가지로 나눌 수 있다. 개방형은 상품을 부문별로 모아놓되 중간벽이 없고 시설·집기를 눈높이보다 낮게 하여 시야가 개방되는 배치방식이며, 폐쇄형은 상품을 부문별로 모아놓고 중간벽을 만든 뒤 상품 특징에 맞춰 디자인하고 진열하는 배치방식이다. 개방형은 좁은 공간을 넓게 사용하는 장점이 있고, 폐쇄형은 전문성이나 특별함을 부각하는 장점이 있어서 한 공간에 함께 적용하기도 한다.

2) 박물관의 문화재전시

박람회가 백화점과 박물관 탄생에 큰 영향을 주었다는 사실에서 알 수 있 듯이, 박물관 전시는 백화점의 상품진열과 닮은 점이 많다. 그러나 그렇다고 해서 기준이나 방법이 똑같은 것은 아니다. 전시·진열의 목적과 연출자의 경 험·환경이 다르기 때문에 구현방식이 결코 같을 수 없다.

상품진열은 지금 그것을 보고 있는 사람의 관심과 구매욕구를 최대한 불러 일으키는 것을 목적으로 삼는다. 목표인 실제 구매행위는 가까운 미래에 일 어날 일이지만, 관람객의 눈을 전시품의 현재 가치에 집중하도록 만들기 위 해 상품을 화려하게 진열 전시하는 것이다. 그래서 상품진열은 지금 상품이 지닌 구체적 가치를 돋보이게 하는 데에 집중한다. 이것이 박물관 전시와 다 른 점이다.

24. 전시준비작업(자료진열)

25. 전시준비작업(자료진열)　　　　26. 자료진열 완료

　　박물관 전시는 전시품의 미래 가치와 추상적 가치에 더 집중한다. 전시품은 상점의 상품과 달리 앞으로도 팔려나갈 일이 없고 박물관이 존재하는 한 영원히 소장해야할 영구적인 자료이므로 지금 화려하게 보이는 일보다 안전하게 현재 상태를 유지하도록 하는 일이 상대적으로 훨씬 더 중요하다. 박물관 자료를 활용보다 유지·전달해야 할 대상으로 인식한 상태에서 전시하는 것이다. 그리고 전시품을 화려하게 돋보이도록 전시하기보다 자료가 지닌 특징, 보편성과 특수성을 정확하게 드러내는 데에 집중한다. 그래서 학예직원은 대체로 화려한 전시보다 은근하고 담담한 전시를 더 선호하는 경향이 있다. 화려한 전시는 자칫 자료가 지닌 역사적·사회적·문화적 가치를 가리거나 잘못 일려줄 수도 있기 때문이다.

　　박물관 전시는 기획이 그 무엇보다 중요하다. 상점의 상품 전시는 특정 아이템을 돋보이게 하는 데에 온갖 노력을 집중하지만, 박물관의 문화재 전시는 특정 아이템보다 그것이 포함된 역사적 맥락, 스토리라인을 더 중시하는 경향이 있다. 전시물에 맞춰 스토리라인을 구성하는 것이 아니라 스토리라인에 맞춰 전시물을 결정하는 것이다. 특정 아이템(전시물)에 맞춰 전시를 구성하면 스토리라인이 부실해지기 마련이다. 박물관 전시의 스토리라인이 부실

27. 전시자료 진열(자료가 패널 내용을 가리지 않도록 신경써야 한다)

28. 전시자료 진열

하다는 것은 전시내용이 어렵다는 말과 거의 같은 뜻인데, 이는 전시 목적과 목표가 불분명하거나 전체 내용의 맥락을 쉽게 풀어내지 못했을 때 생기는 현상이다. 학예직원이 피해야 할 전시방법은 스토리텔링에 의지하지 않고 개별 전시물 중심으로 전시내용을 설명하는 것이다. 전시물에만 집중하는 전시 설명은 전시물의 가치를 과장하기 쉽다. 그리고 그것은 결국 전시 목적을 훼손하는 결과를 낳는다.

박물관 전시에서 학예직원과 전시디자이너의 오래된 고민거리 가운데 하나는 관람동선을 어떻게 구성할 것인가 하는 문제이다. 관람동선은 크게 보아 두 가지 방식이 있는데, 입구와 출구 사이에 구획해놓은 전시공간을 관람객이 모두 지나가게 만드는 강제동선방식과 일부 공간만 선택해서 관람할 수 있게 하는 선택동선방식이다. 전시공간이 좁은 경우에는 강제동선을 선호하고, 넓은 경우에는 선택동선을 선호하는 경향이 있지만, 반드시 그런 것은 아니다. 사실 관람동선은 전시공간의 입구와 출구가 같은 곳인가 다른 곳

29. 자료진열과 레이블(개별설명)

30. 자료진열과 레이블(통합설명)

인가, 전시공간의 평면 형태가 사각형인가 아닌가, 전시공간의 천장이 높은 가 낮은가, 전시공간에 특수시설이 있는가 없는가, 전시 주제·내용이 어떠한 가 등 다양한 요소의 영향을 받기 때문에 몇가지 유형으로 단순하게 정리하 기 어렵다.

전시자료 진열대의 바닥 높이와 설명패널 높이를 누구의 눈높이에 맞출 것인지도 학예직원과 전시디자이너의 오랜 고민거리 중 하나이다. 과거에는 키높이 160cm 안팎의 성인을 기준으로 진열장 자료진열대의 바닥 높이를 정하는 경우가 많았다. 그래서 자료진열대의 바닥은 성인이 똑바로 섰을 때 허리춤에서 가까운 곳 약 70~80cm 높이에 맞추어졌다. 그러나 근래 박물관에 어린이 이용자가 급증하면서 진열장의 유리와 진열대 바닥 높이가 30~40cm 정도로 크게 낮아진 경우가 많다. 다만, 설명패널은 아직 예전 기준을 그대로 적용하여 제목이 전시실 바닥 기준으로 약 160~180cm 높이에 해당하도록 조정하는 것이 보통이다. 전시자료는 관람객의 눈높이와 각도에 따라 같은 것이 달리 보이는 경우가 많지만, 설명패널은 글자 크기를 조정하는 것만으로도 그 부담을 줄일 수 있기 때문이다.

　　박물관의 전시 담당자와 부서가 유의할 사항 중 하나는 전쟁을 비롯한 국가비상사태가 발생했을 때 전시자료를 안전한 곳으로 신속히 옮길 수 있도록 대비책을 마련해두어야 한다는 점이다. 대형 수장고를 지닌 박물관은 대개 자료관리 부서를 중심으로 비상사태별 자료이동계획을 세워놓는데, 상설전시자료는 학예직원 A와 B, 특별전시자료는 학예직원 C와 D가 각각 포장과 수장고 격납을 진행하며 시설직원 E와 F는 시설점검 및 경계를 담당하고, 행정직원 G와 H는 연락 및 이동수단 확보를 담당한다는 식으로 구체적인 계획이어야 한다. 자체 수장고가 부실한 박물관은 인근 대형박물관의 수장시설로 자료를 포장·운송하는 계획을 세워놓는다. 또, 전시담당부서는 시설담당부서와 함께 비상사태시 관람객 대피계획도 세워놓아야 하는데, 관람동선을 감안하여 직원들이 배치되어야 하는 곳을 정확히 표시하고 근무자 이름까지 구체적으로 표시해둔다.

Ⅲ

박물관
전시연출

1. 전시매체

1) 진열장 陳列欌 showcase

  박물관의 전시용 진열장은 박물관 자료를 안전한 상태로 전시하기 위해 사용하는 유리 진열장이다. 박물관 자료 중에는 대개 빛에 민감하게 반응하는 자료, 습도에 약한 자료, 열기에 민감한 자료, 충격에 약한 자료 등이 많이 포함되어 있어서 전시하는 동안 손상되지 않도록 잘 관리해야 한다. 따라서 박물관 진열장은 단열성斷熱性, 내구성耐久性, 내후성耐朽性, 밀폐성密閉性, 내습성耐濕性 등이 필요하며, 전시장소의 환경에 맞춰 형태·구조·크기·기능이 조화를 이루어야 한다.

(1) 전시 진열장의 주요 기능
  ①전시기능: 진열장은 전시연출에 필요한 구성요소 중 하나이므로 전시공

간 환경과 디자인에 어울려야 한다. 전시물의 형상·구조·크기·재질이 바뀌어도 수용할 수 있도록 구성요소를 최대한 조립식으로 기획하고, 전시물 보조받침대, 설명판·전시선반 트랙, 조명, 조습제 사용 등의 기능관련 요소를 디자인에 적절히 반영해야 한다.

②보안기능: 귀중한 전시자료를 안전하게 보관해야 하므로 보안성이 뛰어난 잠금장치를 사용해야 한다. 잠금장치의 보안성을 높이려면 한가지 방식을 사용하기보다 아날로그방식과 전기작동시스템방식을 함께 사용하는 것이 좋다. 특별히 도난방지장치가 필요한 경우에는 개폐감지기, 유리진동감지기, 파쇄음감지기 등과 같은 감지센서를 설치할 수 있다.

③밀폐기능: 전시물을 안전하게 보존하기 위해서는 공기 유동량을 최소화하는 구조로 제작해야 한다. 외부 유해요소들이 침입하지 못하도록 모든 틈새는 실리콘과 같은 기밀유지부재로 밀폐시켜야 한다. 특히 진열장을 열고 닫는 유리개폐부와 조명장치 연결부의 밀폐에 주의해야 한다.

④열화방지기능: 진열장을 밀폐시켰다고 해서 내부 온습도가 올라가 전시물에 영향을 미치는 일이 없어야 한다. 진열장 내부는 조습제를 사용할 수 있도록 공간을 확보하고, 조명장치의 열원을 전시물 진열공간과 분리해야 한다. 전시물에 화학적 열화를 일으키지 않는 접착제를 사용하고, 퇴색방지용 형광등과 광섬유LED국부조명 등을 사용해 전시물 변색·퇴색을 방지한다.

(2) 진열장의 종류

①벽부형 진열장

전시실 내부 벽 시설의 일부이거나 벽을 따라 설치한 붙박이 진열장으로서, 경제성과 안전성이 높아서 가장 많이 쓰이는 진열장 형식이다. 유리창을 기준으로 1면형, 2면형, 3면형, 4면형, 5면형 등으로 구분하는데, 형태와 사용방식을 전시실 환경에 맞춰 결정하므로 일률적으로 규격화하기 어렵다. 1면 벽부형 진열장은 진열장의 앞면을 제외한 모든 면을 벽 속에 매입한 구조로서, 관람객이 있는 쪽 앞면이 모두 유리이고 옆면·뒷면·바닥은 직물과 같은 패브릭으로 감싸 마감한 진열장이다. 출입구 배치는 옆면 또는 뒷면에 1~2개의 여닫이문을 설치해 수동으로 열고 닫도록 제작한 전통방식과 앞면 유리창을 움직여 출입하는 유리인출방식에 따라 달라진다. 근래 많이 사용하는 유리인출방식은 대개 전기작동시스템을 갖춘 것인데, 자동과 반자동 시스템으로 다시 나뉜다. 특별한 기계장치가 없는 전통방식 출입은 전시실 벽에 문을 열고 닫을 수 있는 여유공간을 두어야 하며, 출입문과 잠금장치가 미관을 해치지 않도록 디자인하는 일이 중요하다. 또, 진열장 유리 위 천장에서 가까운 벽면에는 형광등·광섬유등을 비롯한 조명장치를 설치하고 수시로 점검·수리·통제할 수 있도록 점검구를 만들어두어야 한다.

2면 벽부형 진열장은 앞면과 뒷면만 유리이거나 옆면 중 1개와 앞면만 유리로 된 진열장이며, 3면 벽부형 진열장은 앞면과 옆면이 모두 유리로 구성되어 벽에서 유리장이 앞으로 약간 툭 튀어나온 모습의 붙박이 진열장이다. 4면 벽부형 진열장은 앞면·옆면·뒷면이 모두 유리이거나 앞면·옆면·윗면이 유리인 진열장이고, 5면 벽부형 진열장은 뒷면과 윗면까지 모두 유리인 붙박이 진열장이다.

벽부형 진열장 가운데 전시대 바닥시설이 전시실 바닥과 연결되어 있지 않고 앞면 유리를 최소화해서 유리부가 마치 감실 덮개처럼 생긴 진열장을 따로 감실장이라고 부른다. 또, 옆면과 바닥면이 유리이고 전시실 천장과 연결된 윗면에 조명시설이 달린 이른바 기둥형 진열장 방식도 있다.

31. 벽부형진열장 설치작업

32. 벽부형진열장 설치작업

33. 벽부형진열장 설치작업

34. 벽부형진열장

②독립형 진열장

고정시설에 의존하지 않고 독립적으로 완성되어 있어서 위치를 옮길 수 있는 이동식 진열장이다. 바닥 아래쪽에 이동할 때 쓰는 바퀴와 고정장치가 달려 있으며, 유리창으로 감싼 전시진열대를 기준으로 상부에는 조명시설, 하부에는 잠금장치를 설치하여 진열장 전체 높이가 대개 2m를 웃돈다. 유리창을 기준으로 3면형, 4면형, 5면형 등으로 구분하며, 책·문서·그림 등 바닥에 펼쳐놓는 자료를 전시하기 위한 내려다보는 방식의 조감장도 여기에 포함시

35. 독립형진열장   36. 독립형진열장

킨다. 5면형 독립진열장과 조감장은 윗면에 조명장치부를 따로 만들지 않은
경우도 있다.

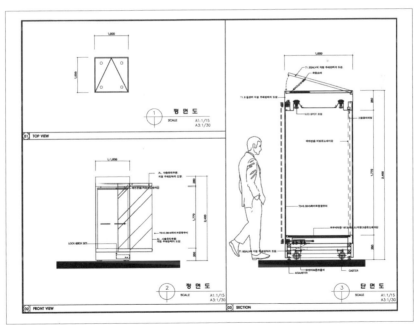

37. 독립형진열장(4면장) 제작도면

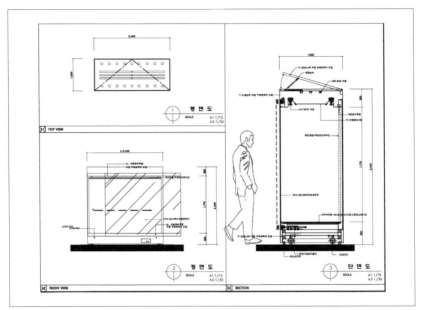

38. 독립형진열장(4면장) 제작도면

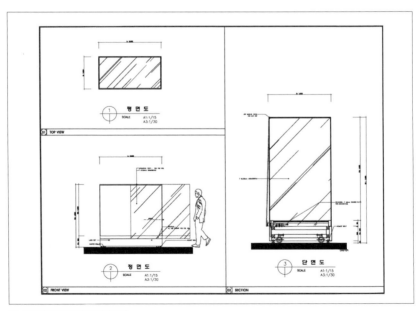

39. 독립형진열장(5면장) 제작도면

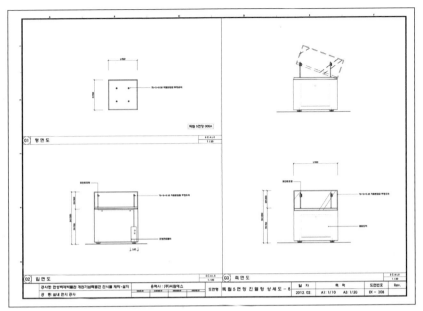

40. 조감장 제작도면

　　3면 독립형 진열장은 뒷면을 강철판 등으로 제작하여 상부 조명장치부의
무게를 더 잘 감당하면서도 설명판을 설치하기 쉽게 구성한 것인데, 유리제
작기술과 밀폐기술이 크게 발달하고 조명장치부 아래에 트랙을 설치해 설명
판을 뗐다 붙였다 할 수 있는 방식이 고안된 뒤로는 점차 사라져가고 있으며,
최근에는 뒷면까지 모두 유리인 4면형이 각광을 받고 있다. 독립형 진열장의
높이를 정할 때에는 박물관과 전시실의 문 높이를 반드시 고려해야 한다.

(3) 주요시설·부품

①조명장치

　　모든 조명장치는 자외선과 열선을 방출하므로 이를 차단해 전시자료와 진
열장 부품의 변색, 변질, 박리와 같은 열화현상을 막는 일이 중요하다. 그래서

조명장치와 진열공간을 분리해 조명 열기가 진열공간에 전달되지 않는 구조로 제작해야 한다. 조명장치는 대개 형광등과 광섬유램프를 함께 사용하는데, 형광등은 전반조명용, 광섬유램프는 국부조명용으로 사용한다. 형광등은 자외선방출량을 최대한 억제한 퇴색방지용 형광램프를 사용해야 하며, 관람객의 눈부심을 유발하지 않는 위치와 구조로 설치해야 한다. 요즘은 형광램프와 광섬유램프 모두 반도체 장치인 발광다이오드LED를 많이 사용하므로 발열이 크게 낮아지고 교체 주기는 크게 늦어졌다.

광섬유램프의 광원은 열을 적게 발생시키고 색온도를 적절하게 유지하여야 하며, 조도를 조절하는 기능이 매우 중요하다. 조명장치에서 발생한 열기가 외부로 빠져나갈 수 있도록 공기유통로를 설치하고, 램프를 교체하기 위한 점검구도 설치해야 한다. 조명장치와 진열공간을 분리하는 역할은 대개 자외선차단필름을 장착한 프로스트유리 또는 아크릴, 알루미늄 루버 등이 하게 된다.

②유리

진열장 유리는 평활도가 우수하며 흠집이 없는 투명유리, 투명 반강화유리, 투명 저철분유리, 투명 저반사유리 등을 사용하는데, 조명장치부를 비롯한 진열장 상부의 하중을 하부에 전달하는 구조적 기능을 고려해 크기·두께를 정한다. 강화유리는 유리가 깨질 때 유리조각이 사방으로 튀면서 전시물을 훼손할 수 있으므로 내부에 방범필름을 부착해 유리조각이 튀는 것을 방지해야 한다. 그런데 간혹 유리 제작과정에 방범필름이 오염되어 잡티 같은 것이 비치기도 하므로 이를 잘 살피는 일이 중요하다.

진열장의 외관은 유리 높이가 얼마인지에 따라 크게 달라진다. 그러므로 진열장을 제작할 때 유리 높이를 정하는 일은 신중해야 한다. 특히 독립진열장의 경우, 상부 조명장치부와 하부 잠금장치부 높이를 최대한 줄이고 중간 진열부의 유리부분을 넓히면 산뜻하고 깔끔한 인상을 주지만, 이동 중에 진열장끼리 접촉하거나 전시가벽을 비롯한 시설물과 살짝 접촉해도 유리가 쉽게 손상되는 단점이 있다.

③밀폐장치

전시공간의 온습도 변화는 전시물에 영향을 미쳐서 전시물의 형태가 바뀌거나 색이 변하거나 성질이 바뀌는 문제를 야기한다. 그러므로 진열장 내부의 온습도가 급변하지 않도록 밀폐도를 높이는 일이 매우 중요하다. 그런데 벽부형진열장은 대개 밀폐도를 높이기 어려운 구조이다. 나무나 철판으로 짜맞춘 출입문은 문틀과 아귀가 잘 들어맞지 않기 쉽고, 조명장치부와 진열부의 공간 분리가 정밀하지 않거나 벽체에 조습패널를 덧대지 않은 경우도 있다. 독립형진열장은 상대적으로 밀폐도가 높은 편이지만, 전기조명·전기작동 장치 및 연결방식의 한계 등으로 인해 상부 조명장치부와 하부 잠금장치부를 중간 진열부와 완전히 분리 차단하는 것은 아직도 어려운 숙제이다. 또, 진열장의 밀폐도가 아무리 높아도 전시공간의 온습도가 급변하면 일정한 영향을 받을 수밖에 없으므로 전시공간의 항온항습을 위해 주간은 물론 야간에도 공조설비를 적절히 가동해야 한다.

④조습제박스

진열장 내부의 습도를 일정하게 유지하기 위해 진열공간 아래쪽에 상자모양 홈을 파서 조습제박스를 설치하기도 한다. 그럴 경우 조습제박스가 진열장 내부체적에서 5% 안팎을 차지하는 것이 보통이다. 최근에는 조습제 모양·규격·기능이 다양해지면서 조습제박스를 따로 설치하지 않고 전시물받침대, 보조받침대 등을 활용하는 방식을 선호하는 경향이 있다.

⑤보안시스템

진열장은 박물관 중요자료를 전시하는 설비이므로 도난당하지 않도록 특별한 잠금장치를 갖추어야 한다. 잠금장치는 열쇠를 사용하는 수동장치와 전기를 이용하는 전동장치를 모두 적용할 수 있는데, 전시환경 및 미관을 고려해야 한다. 수동장치는 열쇠 관리가 까다로운 일이며, 전동장치는 정전이나 배선에 문제가 생겼을 때 응급조치하기 어렵다는 단점이 있다. 진열장에 개폐감지기, 유리진동감지기, 파쇄음감지기 등과 같은 감지센서를 설치하기도 한다.

(4) 진열장 제작·사용시의 유의사항

진열장 유리는 전시물 보호와 관람을 위해 투명도가 높은 유리를 사용한다. 옆면·뒷면이 유리가 아닌 경우에는 전시물 보호와 전시효과를 위해 조습능력이 있는 패브릭을 덧붙여 마감한다. 바닥면도 패브릭으로 마감한다. 패브릭 색상은 전시물에 따라 다르지만, 대개 회색 또는 옅고 밝은 갈색이 무난하다. 진열공간에 목재를 사용하는 경우에는 전시물 손상을 막기 위해 포름알데히드 방산량이 F0등급 이상인 합판, E0등급 이상인 집성목재판MDF 및 접착제를 사용하는 것이 좋다.

진열장 하부는 진열장의 자체 무게 및 전시물·받침대의 무게를 바닥면에 안정적으로 분산시켜 지속적으로 버틸 수 있어야 하며, 미관상으로도 전시공간에 잘 어울리도록 디자인해야 한다. 진열공간과 접하는 뼈대부분은 열처리 도장법으로 마감한 것이어야 하며, 유리와 뼈대, 유리와 유리를 접착할 때 사용한 접착제는 충분한 내구성, 내습성, 내화학성이 있으면서도 유해물질을 방출하지 않아야 한다. 하부점검도어에는 피아노형 경첩을 사용하고, 여닫을 때 일정한 지점에서 덮개가 멈출 수 있도록 쇠줄을 달아놓는다.

진열장을 제작할 때 현장 기온이 -5℃이하일 경우에는 용접하지 않아야 하고, 눈·비가 오거나 습도가 높은 경우에도 용접을 하지 말아야 한다. 칠 작업은 비가 오거나 상대습도 85%이상, 온도 5℃이하의 상황에서는 작업을 멈추어야 한다. 칠은 2회 이상 해야 하며. 접착제 사용과 유리끼우기 작업은 5℃이상에서만 해야 좋은 품질을 얻을 수 있다.

(5) 조도(照度)

박물관 진열장의 조명은 대개 전시품을 직접 비추는 역할을 한다. 관람객이 자세히 들여다보기를 바라는 부분에 빛을 집중시켜 주변보다 밝게 함으로써 관람객의 주의를 끌고 관찰력을 높이는 것이다. 그런데 그 빛이 지나치게 강렬하면 전시품의 안전을 위협할 수 있으며, 연색성이 낮아서 태양빛 아래에서의 색채와 다르게 나타낸다면 전시효과를 반감시킬 수 있다. 진열장에 어떤 조명기기를 어떻게 사용하느냐에 따라 전시품의 안전과 전시디자인이 많이 달라지는 것이다.

한국의 박물관들은 국제박물관협회ICOM, 북미조명학회IESNA 등의 기준을 참고하여 수장고 및 전시실의 적정 조도를 정하고 있는데, 1일 8시간을 전시할 경우, 빛에 매우 민감한 직물·서화·선적류는 50룩스lx 이하 또는 100룩스 이하, 빛에 비교적 민감한 목기·골각기·칠기류는 150룩스 이하, 빛에 민감하지 않은 금속·토도·옥석류는 300룩스 이하에서 전시하는 것이 대체적인 안전기준이다. 진열장 안의 전시품이 항상 고정적인 것은 아니므로 상황에 따라 조도를 낮추거나 높일 수 있도록 디밍dimming시스템을 갖추어야 한다.

2) 설명패널과 레이블

설명패널이란 전시공간에서 전시 제목·주제·내용을 글·그림·사진·도면·도표 등을 사용해 설명한 부착 안내물로서, 사인물sign物이라고 속칭하기도 한다. 글(문자)을 거의 사용하지 않고 그림·사진·도표·도면 위주로 디자인한 것은 따로 그래픽패널이라고 부른다.

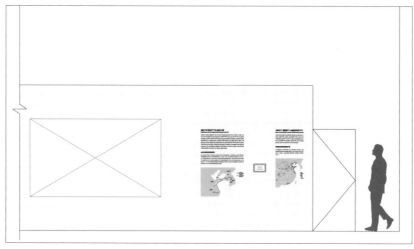

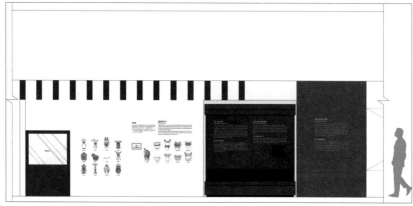

41. 설명패널 설계도면

설명패널의 글은 보통 전시구성안에 따라 대·중·소 3주제로 구분해서 분량을 정하는데, 일반적으로 대주제는 한국어·영어·중국어·일본어 4개국어, 중주제는 한국어·영어 2개국어, 소주제는 한국어 1개국어를 싣는다. 설명패널은 1m 떨어진 곳에 선 관람객이 고개를 돌리지 않고 글 한 줄을 읽을 수 있을 정도로 폭을 짧게 하고, 사진·지도·도표를 적절히 배치하여 관람객이 설명문을 쉽게 이해할 수 있도록 안배하는 것이 좋다. 사진은 언젠가 실재했던 사실이라는 인상을 주는 데 효과적이고, 지도와 도표는 설명내용이 매우 객관적이라는 인상을 주는 데 효과적이다.

박물관의 설명패널은 대개 3가지 방법으로 시공한다. ①실사출력은 보통 포맥스·아크릴 등의 판자모양 부재에 비닐 소재 시트지sheet를 부착해 만드는 것으로서, 글과 그림 배치를 자유롭게 편집할 수 있고 인쇄·시공 시간이 짧은 것이 장점이다. 정해진 위치에 실사출력판을 부착할 때 접착제, 실리콘 등을 사용한다. ②시트커팅은 시트지의 글자와 그림에서 선만 남기고 나머지 여백을 없앤 상태로 부착한 것으로서, 글자를 일일이 붙여야 하므로 시공시간은 많이 걸리지만, 글자 또는 도면의 선만 도드라져 깔끔한 인상을 주는 것이 장점이다. ③실크스크린은 공판화의 한 종류로서, 비단·나일론 등의 발이 고운 천에 잉크를 밀어내 인쇄하는 방법이다. 시트커팅에 비해 글자가 벽에서 떼여질 우려가 없고 더 깔끔하지만, 시간과 비용이 더 많이 소요된다. 이밖에 진열장 유리에 투명실사출력지를 붙이거나 시트기팅하는 방식, 큼직한 레이블에 설명을 짧게 적어 전시품 옆에 놓아두거나 진열장 밖 벽에 붙여두는 방식 등 다양한 응용방식이 있다.

레이블은 전시자료의 이름, 재질, 제작시기, 작가, 용도 등의 주요 정보를 적어놓은 작은 명찰로서 라벨, 네임택이라고도 부른다. 폼보드, 포맥스 시트지, 아크릴, 나무, 종이, 천, 가죽, 돌, 쇠 등 전시환경에 따라 재질을 다양하게 쓸 수 있지만, 대개 포맥스 시트지와 아크릴을 많이 사용한다.

전시를 준비할 때 설명패널과 레이블을 만들어 시공하기까지의 과정을 살펴보면 다음과 같다. 전시자료 선정 → 전시자료 목록 작성(레이블용) → 전시설명문 원고 작성(패널용) → 전시설계 → 설명패널 위치 및 디자인 설정 → 설명패널 및 레이블 수량 결정 → 설명패널 및 레이블 원고 조정 → 특허권 및 저작권 검토·협의 → 설계도면 변경 → 패널 및 레이블 시험 제작 → 샘플 시공 및 검토·조정 → 제작·설치.

설명패널을 제작할 때 가장 까다로운 것은 색채 선정과 크기 결정이다. 박물관은 예술성이 발휘되어야 하는 교육문화시설이다. 그런데 예술은 근본적으로 엘리트주의에 기반한 것으로서 특정 계층의 문화지배를 반영하므로, 박물관 내부의 구성원이 추구하는 예술적 취향을 대중의 취향과 적절히 어울리도록 조정하는 일이 필요하다. 그래서 우아하면서도 사치스럽지 않도록 요란하지 않은 색채를 선정하는 것이 좋으며, 크기는 사람들이 가장 편하게 느낀다는 세로 길이와 가로 너비의 비율 1:1.618 소위 황금비율 직사각형을 염두에 두되 전시환경에 맞춰 조정하는 것이 좋다. 다만, 글 내용이 아무리 좋아도 디자인을 잘못해 읽는 이가 불편을 느낀다면 전시효과를 거둘 수 없다. 설명패널은 폭이 넓지 않아서 관람객이 1~1.5m 앞에 다가섰을 때 양쪽 끝의 글자가 함께 눈에 들어올 정도여야 한다.

3) 영상 映像

영상은 영화·TV방송·비디오·사진 등 렌즈Jens를 사용해 만든 이미지로서, 언어·문자·그림과 달리 렌즈에 포착된 피사체를 시각적으로 재현·복제할 수 있는 감각적 표현수단이다. 역사적으로는 영화산업에서부터 출발하여 TV 방송 등 매스컴형 미디어로 발달하였으며, 출력방식을 규격화하고 제작기술과 프로그램을 다양화함으로써 사용폭을 넓혀왔다. 출력방식은 시스템기기 hardware와 관련한 사항이고 제작기술은 프로그램software과 연관성이 깊은데, 어느 한쪽이 부족해도 영상은 효과를 보기 어렵다.

박물관 영상은 크게 보아 전시영상과 정보영상으로 나뉜다. 전시영상은 제한된 공간에서 보여줄 수 없는 사실을 움직이는 그림·사진·동영상으로 생생하고 재미있게 전달하는 전시수단이며, 정보영상은 관람객의 호기심과 궁금증을 풀어주기 위해 관련 정보를 설명·전달하는 영상 시스템기기 및 프로그램을 가리킨다. 전시영상과 정보영상은 시스템기기 종류가 서로 다르고, 제작방식도 차이가 있다. 전시영상은 여러 사람이 함께 볼 수 있는 방법을 선호하며 반복재생을 기본으로 한다. 정보영상은 즉시성·제어성·명시성·종합성·이미지가공성·통신성·컴퓨터제어 등 영상물의 모든 특징을 다 갖고 있으며, 시스템기기와 작동자의 상호작용을 중시한다.

박물관 영상은 그 내용이 일종의 교과서에 준하는 신뢰를 가지게 되므로 내용 검증이 매우 중요하다. 특히, 역사박물관에서 어떤 역사적 사건을 다양한 시각자료로 자세히 설명하거나 구체적으로 재현하는 경우, 역사자료의 수량부족 등 제약 때문에 도면, 애니메이션, 컴퓨터그래픽CG, 연극 등의 방법을 많이 활용하는데, 고증을 잘못하여 사실을 왜곡하거나 이미지를 왜곡하기 쉽다. 그래서 전문가 고증 및 검토·협의가 반드시 필요하며, 그에 따른 시간·비용을 충분히 감안해야 한다.

박물관 영상 제작의 일반적인 수순은 다음과 같다. 자료수집 → 시나리오 작성 → 시나리오 자문·보완 → 시나리오 확정 → 자료영상 수집 및 촬영계획 수립 → 소품 등 자문 → 촬영·CG제작 → 전문가 검토·보완 → 편집·녹음 →

42. 전시영상_빔프로젝트

43. 전시영상_후방빔프로젝트

시사회 → 수정편집 → 시사회·시운전 → 수정·보완 → 시행.

영상 시나리오는 대본 중심의 시나리오도 중요하지만, 자연환경, 마을·도시경관, 건축물 내부 및 외부 모습, 음식물 종류과 그릇, 인물의 얼굴과 태도, 옷과 꾸미개, 모자와 신발 등 소재 및 소품을 구체적으로 어떻게 표현할 것인지가 성패의 관건이 되기도 한다. 따라서 내용관련 전문가들이 시나리오 작성 단계부터 작가와 함께 논의하고 검토하도록 안배해야 하며, 영상제작단계에서는 기술진과 내용관련 전문가그룹의 소통·협업이 반드시 필요하다.

최근 박물관의 인터넷을 이용한 온라인 활동이 꾸준히 늘어나면서 각종 전시자료를 홈페이지에서도 볼 수 있도록 탑재하는 사례가 늘고 있다. 따라서 영상을 제작할 때 온라인 서비스를 염두에 두고 특허권·저작권 관련 문제를 검토하는 것이 좋다. 또, 박물관 영상 중에는 전달효과를 극대화하기 위해 소리(음향)를 함께 사용하는 경우가 많은데, 그것이 전시공간의 관람환경에 미칠 영향에 대해서 충분히 검토한 뒤 설계에 반영하는 것이 바람직하다.

4) 모형 模型

모형은 실물을 본떠서 만든 본보기로서, 어떤 물건 또는 환경의 특징을 잘 나타내거나 쉽게 설명하기 위해 만든다. 자연지형을 비롯해 도로·건물·비행기·배 등 규모가 큰 실물은 일정한 비율대로 줄여서 만드는 축소모형을 선호하고, 동물·식물·인물·음식·소품 등은 실물 크기를 선호한다. 곤충·미생물·화학원소 등 부피가 작은 물체는 오히려 확대모형을 만들기도 한다.

44. 전시영상_모니터

45. 디오라마와 영상, 진열장

46. 모형 앞의 정보영상

47. 전시영상, 정보영상, 모형

48. 실물크기모형, 집과 다리(일본 에도도쿄박물관)

49. 실물크기모형(옷과 꾸미개에 집중하도록 얼굴 표현 생략)

50. 실물크기모형(배경화와 어우러진 일종의 디오라마연출)

51. 실물크기 복원모형(배)

주택전시관 또는 아파트분양 모델하우스에서는 지형·토목·건축 축소모형, 백화점·음식점에서는 상품·음식 실물모형, 박물관에서는 유적·유물·동식물·플랜트·과학기기 모형을 많이 사용한다. 모형의 일종으로서, 하나의 장면이나 풍경을 무대장치의 원근법과 그림·조명 등을 이용해 입체적으로 꾸민 것은 따로 디오라마diorama라고 부른다.

박물관 모형은 영상과 마찬가지로 사실을 왜곡하거나 이미지를 잘못 알려줄 수 있으므로 전시내용 관련 전문가의 고증이 매우 중요하다. 그런데 역사박물관의 재현모형을 만드는 경우, 근거자료와 학계 연구성과가 충분하지 않아서 당시 사람들의 옷차림과 색깔, 머리 모양과 꾸미개 사용방식, 건축물의 각종 부재 표현방식 등을 전문가조차 구체적으로 알지 못하거나 단언하지 못하는 때도 있다. 그리고 모형 및 디오라마에서 자연지형이나 도시모습을 3차원으로 표현할 때 강조효과를 주기 위해 일부를 실제보다 조금 더 크게 하는 등 비례를 왜곡하는 경우도 있는데, 이는 관람객의 전반적인 이해 구도를 왜곡하는 것이므로 피해야 한다.

축소모형의 경우에는 실물 대비 모형 크기를 몇 퍼센트% 비율로 만들 것인지도 중요한 결정사항이다. 실물과 같은 크기1:1 모형은 현장감을 높여준다는 장점이 있지만, 움직임의 방향·목적성을 표현하기 어려우며, 모형을 설치한 전시공간 바닥 높이가 관람객이 선 자리의 바닥 높이와 다를 경우에는 관람객에게 위화감을 줄 수 있다. 그래서 예전에는 종종 실제 크기보다 10%정도 작게 만들기도 했는데, 왜곡·오해 여지가 있으므로 바람직하다고 할 수 없다. 실물 대비 50%1:2 크기 모형은 좁은 전시공간에 더 많은 정보를 담을 수 있고 움직임의 방향·목정성을 조금이나마 나타낼 수 있다는 점이 장점이지만, 대개 인물이나 동·식물의 이미지가 어색하게 표현되어 실제 정보전달 효과를 장담하기 어렵다. 전시내용을 마치 동화 속 난쟁이 나라의 상황처럼 우스꽝

스럽게 만들 수도 있다. 그래서 이미지 훼손이 상대적으로 덜하고 전시공간은 더 넓게 쓸 수 있는 실물대비 33%1:3 크기 모형, 또는 실물대비 25%1:4 크기 모형을 더 많이 사용한다.

박물관의 인물관련 축소모형 가운데 집단을 표현할 때 가장 선호하는 비율(비례)은 일반적으로 10%1:10 크기이다. 상대적으로 전시공간 제약을 덜 받고 인물 움직임의 방향성·목적성 등 많은 정보를 담을 수 있으며 전문가 고증이 불충분하거나 부정확한 요소들을 어느 정도 감출 수 있기 때문이다. 다만, 인물 표정을 비롯한 세부사항은 구체적으로 표현하기 어려워서 대체로 인물 집단의 움직임이나 거리 풍경 등 먼 거리에서 바라본 모습을 표현할 때 적당하다. 작은 축소모형을 만들 때에는 인물의 몸과 옷·꾸미개를 같은 틀에서 성

52. 축소모형(성곽)

文化都市

53. 축소모형(일본 에도도쿄박물관)

54. 축소모형(인물)

소서노, 비류, 온조 고향을 떠나 남쪽으

백제 건국신화에 따르면, 졸본부여에서 단란하게 살던 비류沸流·온조溫祚왕자는 북부여에서 온
또다른 아들 유리類利가 왕위를 잇게 되자 어머니 소서노召西奴를 모시고 고향을 떠나 남
향하였다. 그러자 오간烏干, 비류馬黎를 비롯한 신하 10명과 많은 백성들이 비류, 온조 형제
고향을 떠났다.

학계에서는 대개 온조 일행을 북방계 청기문화를 지닌 부여·고구려계 유민집단이라고 본다.
북방의 유목문화와 중국의 농경문화를 모두 경험하였기에 경쟁력이 높았다. 따라서 한강유역에
자리잡고 있던 마한馬韓 주민들을 누르고 더 높은 정치적 지위를 차지할 수 있었다.
온조 일행이 남쪽으로 향했을 때 한강유역에 닿기까지 선택할 수 있는 길은 대략 두 가지였으
하나는 걷거나 말을 타고 이동하는 육로陸路이고, 다른 하나는 배를 타고 바다를 통하는 해로海路
대다수의 학자들은 온조 일행이 육로를 선택해 하남위례성에 닿고, 비류 일행이 해로를 선
미추홀에 닿았을 것으로 추정한다.

형할 것인지, 분리해서 따로 만들 것인지, 재료는 무엇을 사용할 것인지 등에 따라 표현법과 효과가 달라지므로 신중히 검토해야 한다.

확대모형은 과학박물관·자연사박물관에서 많이 사용한다. 물방울의 분자와 원자구조, 곰팡이를 비롯한 균류의 형성과정과 분열방식, 개미·거미·메뚜기·매미·나비 곤충류의 생김새와 탈바꿈 과정 등 작은 물체에 대해 과학적, 구체적으로 설명할 때 효과가 있다.

박물관 모형 제작과정은 다음과 같다. 자료수집 → 시나리오 작성 → 시나리오 자문·보완 → 설계 및 도면작성 → 시안 제작 → 전문가 검토·보완 → 제작 → 수정·보완 → 설치.

모형은 제작과정에서 전문가 검토·보완작업을 다른 분야에 비해 더 자주 해야 한다. 모형을 만들기 위해 수집한 각종 자료를 기준으로 전문가의 자문을 받아 원화原畫 또는 제작도製作圖를 작성하는 것이 일반적인 절차이며, 실물 크기 모형이나 대형 디오라마는 본격 제작하기 전에 일정한 크기의 작은 샘플모형mock-up을 만들어 검토하기도 한다.

전시물을 모형으로 만들기도 한다. 실물을 그대로 본떠 만든 전시물은 현상복제품이라고 하고, 일부분만 남아있는 실물의 온전한 모습을 상상으로 재현해서 만든 것은 복원복제품이라고 부른다. 역사분야 전시물의 경우에는 녹슬거나 형태가 바뀐 유물의 사용 당시 원래 모습을 복원복제하여 진열장에 전시하거나 관람객 체험도구로 사용하는 사례가 많다.

모형을 만들 때 사용하는 주요 재료는 F.R.P 및 염화비닐, 포맥스, 아크릴, 점토, 석고, 실리콘, 목재, 종이, 천 등 다양하다. 모든 재료는 원칙적으로 순정품을 사용하고 부득이한 경우에는 다른 재료를 활용하는데, 모형의 수명을 오래 유지할 수 있는 재료여야 한다. 재료에 화학적 변성·변색이 발생하거나 칠이 벗겨져서는 안된다. 모형물은 기본적으로 세련미가 있어야 하고 마무리가 깔끔해야 한다. 이음새는 최소화한다.

구석기시대의 생활문화 (디오라마제작 과정)

① 상상복원도

② 디오라마 제작도

③ 디오라마 샘플모형

④ 디오라마 제작완성

신석기시대의 생활문화 (디오라마제작 과정)

① 상상복원도

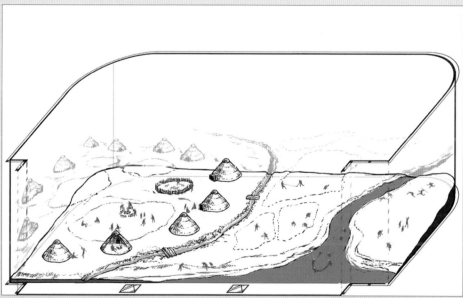

② 디오라마 제작도

③ 디오라마 샘플모형

④ 디오라마 제작완성

청동기시대의 생활문화 (디오라마제작 과정)

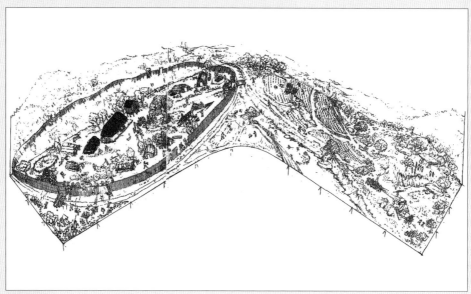

① 상상복원도

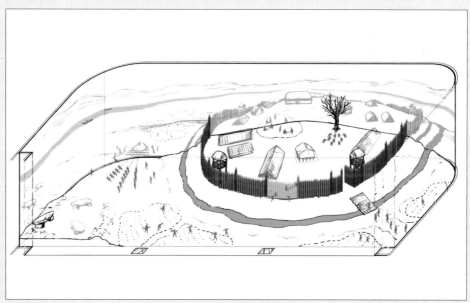

② 디오라마 제작도

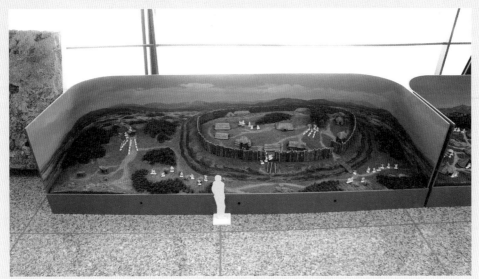

③ 디오라마 샘플모형

④ 디오라마 제작완성

56. 재현모형 샘플모형(백제인의 주거생활)

57. 모형 재현 진열장(백제인의 주거생활)

2 전시연출작업

1) 기획과 설계

모든 박물관은 설립 목적·목표와 설립 배경·여건이 제각각 다르기 때문에 전시연출 방법·방식이 일률적이지 않다. 다만, 박물관 종류·규모·운영주체와 상관없이 건립 및 전시연출 절차는 모두 비슷하고, 특히 건축분야와의 연계성이 긴밀하다.

박물관 건물을 신축해야 하는 경우라면, 건축설계에 앞서 전시구성안 및 소장품 목록부터 자세히 정리해야 한다. 전시물과 소장품의 수량·규모·특징 등을 건축설계에 반영하는 것이 바람직한 수순이기 때문이다. 전시구성안은 자세할수록 좋다. 건립목적에 비추어 보았을 때 박물관이 몇 개의 주제를 다루어야 하는지, 그러려면 전시물 몇 개가 필요하고 얼마만큼의 전시공간이 필요한지를 숫자로 제시할 수 있어야 한다. 세부적인 전시내용과 전시물 목록도 첨부하는 것이 좋다. 전시구성안을 구현하기 위한 건축설계시의 유의 사항도 작성해야 한다. 예를 들면, 주요 전시물이 위치해야 할 순서와 그곳의 천장 높이, 실내 구조, 설비환경 등이다. 이러한 것들은 전시물 유지·관리 및 관람환경 조성에 필요한 최소기준들이다. 그러므로 박물관 건립은 학예직원 선발·배치 및 전시구성안 작성에서부터 시작한다고 말할 수 있다. 건축설계 는 반드시 전시구성안을 바탕으로 시행되어야 하며, 전시구성안은 매우 전문 적이고 창의적인 작업 결과이기 때문이다.

박물관 건립에 참여하는 학예직원은 건축설계팀과 협업 내지 공동작업해 야 한다. 박물관은 특수목적의 교육문화시설이고 유일무이한 내용을 담고 있 는 영구적 문화기관이자 평생교육기관이다. 박물관의 힘은 건물에서 나오는 것이 아니라 그 건물 안에 있는 전시물, 소장품, 학예직원의 연구·교육역량에 서 나오는 것이다. 그러므로 건축가는 학예직원이 작성한 전시구성안의 핵심 내용을 충분히 이해한 상태에서 설계해야 불가피한 설계변경과 박물관 운영 상의 문제점을 최소화할 수 있다. 가령, 박물관 전시자료 가운데 서화書畵·전 적典籍·복식服飾처럼 빛에 민감한 자료가 많을 경우, 전시자료 보호를 위해 진 열장 안팎의 조도를 다른 곳보다 낮추어 전시공간 전체가 상대적으로 어두 워지게 된다. 그래서 많은 박물관들은 서화·전적류 전시공간을 가급적 전시 실 입구에서 먼 곳에 배치하여 관람객이 어둠에 서서히 적응한 뒤 관람하도 록 안배하는데, 건축설계자가 이러한 내용을 깊이 이해한다면 전체 공간구성 작업을 더욱 효율적으로 진행할 수 있는 것이다.

학예직원이 작성한 전시구성안이 전시설계를 의미하지는 않는다. 전시구 성안은 전시설계에 필요한 기준점 또는 설계지침서에 해당한다. 그러니까 건 축설계자가 박물관 건물을 설계할 때 학예직원의 전시설계 지침서를 존중하 며 건축설계를 진행하는 셈이다. 사실 이론적으로는 건축설계와 전시설계를 동시에 진행하는 것이 바람직하다. 전시설계 내용의 특징을 감안하여 건축설계하고 건축설계도의 주요사항을 참작하여 전시설계함으로써 불필요한 소모를 줄이고 공간·시설의 효율성을 극대화할 수 있기 때문이다. 그러나 한국 사회의 박물관 건축사업 추진 실태는 대개 사업기간 단축 및 예산 절감을 목표로 설계기간을 짧게 설정하고 추진하기 때문에 전문영역이 전혀 다른 건축설계팀과 전시설계팀의 토의·협의 기회가 충분치 않고, 이에 주도권을 쥔 건축설계팀의 상황판단 결과에 따라 하도급 방식으로 참여한 전시설계팀이 내용을 조정하도록 강요당하는 것이 보통이다. 따라서 현실적으로는 건축공사 진행중 몇 번의 설계 변경을 거쳐 건축시설 규모·형태가 거의 확정적으로 진행되었을 때 전시설계를 진행하는 것이 바람직하다고 생각한다. 다만, 그럴 경우 반드시 지켜야 하는 조건은 건축설계자가 학예직원이 작성한 전시구성안을 기준으로 설계해야 한다는 것이다.

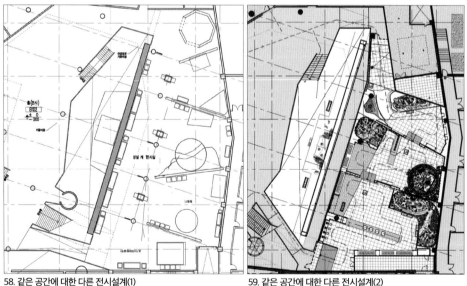

58. 같은 공간에 대한 다른 전시설계(1)   59. 같은 공간에 대한 다른 전시설계(2)

설계는 구체적인 작업 지시·지침이지만, 작업시 발생할 것으로 예상한 문제에 대해 아무리 자세히 적어놓는다 해도 어떤 사항이 부분적으로 누락되거나 의사전달에 오해가 발생하는 경우가 있다. 설계도서 간에 상호 모순이 생길 수도 있는데, 그럴 경우에는 대개 ①특기시방서, ②설계도면, ③표준

60. 같은 공간에 대한 다른 전시설계(2)의 투시도

시방서, ④계약내역서 순으로 적용하는 것이 보통이다. 특기시방서는 특별한 공법·재료가 필요한 공사에 대해 도면에 나타내기 어려운 사항을 글로 자세히 설명한 문서이고, 표준시방서는 공사를 적정하게 시행하기 위해 표준사항을 적어놓은 문서이다. 전시연출용역에서는 특기시방서와 표준시방서를 구분하지 않고 과업지시서 또는 세부지침서로 대신하기도 한다.

전시설계와 관련하여 인건비, 기기 제작비·구입비·임차비, 시공비, 프로그램 제작비·구입비, 소모비, 복지비 등 공사 진행 중 지출예상 각종 경비를 기재한 내역서를 합리적으로 검토하는 일은 학예직원에게 매우 어렵고 힘든 일이다. 그러므로 건축·전기·통신·기계 등 기술직원 및 전문가들과의 협동작업이 긴요한데, 전시공사 또는 전시연출작업이 단순히 종합적인 건축공사의 일부분이 아니라 인테리어 디자인작업에 가깝다는 점, 미학적·기능적·심리적인 요소를 중시하는 공간연출작업이라는 점을 잊어서는 안된다.

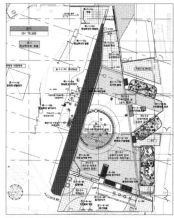

61. 같은 공간에 대한 다른 전시설계(3)

62. 같은 공간에 대한 다른 전시설계(3)의 투시도

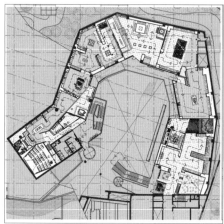

63. 같은 공간에 대한 다른 전시설계(1)

64. 같은 공간에 대한 다른 전시설계(1)의 투시도

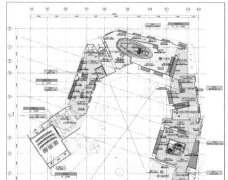

65. 같은 공간에 대한 다른 전시설계(2)

66. 같은 공간에 대한 다른 전시설계(2)의 투시도

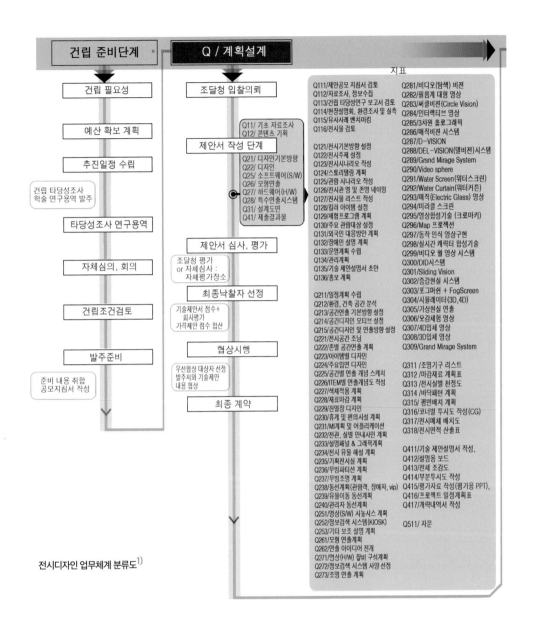

건립 준비단계	Q / 계획설계	
		지표

건립 준비단계

- 건립 필요성
- 예산 확보 계획
- 추진일정 수립
  - 건립 타당성조사 학술 연구용역 발주
- 타당성조사 연구용역
- 자체심의, 회의
- 건립조건검토
- 발주준비
  - 준비 내용 취합 공모지침서 작성

Q / 계획설계

- 조달청 입찰의뢰
  - Q11/ 기초 자료조사
  - Q12/ 콘텐츠 기획
- 제안서 작성 단계
  - Q21/ 디자인기본방향
  - Q22/ 디자인
  - Q25/ 소프트웨어(S/W)
  - Q26/ 모형연출
  - Q27/ 하드웨어(H/W)
  - Q28/ 특수연출시스템
  - Q31/ 설계도면
  - Q41/ 제출결과물
- 제안서 심사, 평가
  - 조달청 평가 or 자체심사 : 자체평가장소
- 최종낙찰자 선정
  - 기술제안서 점수+ 회사평가 가격제안 점수 합산
- 협상시행
  - 우선협상 대상자 선정 발주처와 기술제안 내용 협상
- 최종 계약

지표

Q111/제안공모 지침서 검토
Q112/자료조사, 정보수집
Q113/건립 타당성연구 보고서 검토
Q114/현장설명회, 환경조사 및 실측
Q115/유사사례 벤치마킹
Q116/전시물 검토

Q121/전시기본방향 설정
Q122/전시주제 설정
Q123/전시시나리오 작성
Q124/스토리텔링 계획
Q125/관람 시나리오 작성
Q126/전시관 명 및 존명 네이밍
Q127/전시물 리스트 작성
Q128/컬러 아이템 설정
Q129/체험프로그램 계획
Q130/주요 관람대상 설정
Q131/외국인 대응방안 계획
Q132/장애인 설명 계획
Q133/운영계획 수립
Q134/관리계획
Q135/기술 제안설명서 초안
Q136/홍보 계획

Q211/일정계획 수립
Q212/환경, 건축 공간 분석
Q213/공간연출 기본방향 설정
Q214/공간디자인 모티브 설정
Q215/공간디자인 및 연출방향 설정
Q221/전시공간 조닝
Q222/존별 공간연출 계획
Q223/아이템별 디자인
Q224/주요입면 디자인
Q225/공간별 연출 개념 스케치
Q226/ITEM별 연출개념도 작성
Q227/색채적용 계획
Q228/재료마감 계획
Q229/진열장 디자인
Q230/휴게 및 편의시설 계획
Q231/체계획 및 어플리케이션
Q232/전관, 실별 안내사인 계획
Q233/설명패널 & 그래픽계획
Q234/전시 유물 해설 계획
Q235/기획전시실 계획
Q236/무빙파티션 계획
Q237/무빙조명 계획
Q238/동선계획(관람객, 장애자, vip)
Q239/유물이동 동선계획
Q240/관리자 동선계획
Q251/영상(S/W) 시뮬시스 계획
Q252/정보검색 시스템(KIOSK)
Q253/기타 보조 설명 계획
Q261/모형 연출계획
Q262/연출 아이디어 전개
Q271/영상(H/W) 장비 구성계획
Q272/정보검색 시스템 사양 선정
Q273/조명 연출 계획

Q261/비디오(담색) 비전
Q282/필름계 대형 영상
Q283/써클비전(Circle Vision)
Q284/인터랙티브 영상
Q285/3차원 홀로그래픽
Q286/매직비전 시스템
Q287/D-VISION
Q288/DEL-VISION(델비전)시스템
Q289/Grsnd Mirage System
Q290/Video sphere
Q291/Water Screen(워터스크린)
Q292/Water Curtain(워터커튼)
Q293/매직(Electric Glass) 영상
Q294/미라클 스크린
Q295/영상합성기술 (크로마키)
Q296/Map 프로젝션
Q297/동작 인식 영상구현
Q298/실시간 캐릭터 합성기술
Q299/비디오 월 영상 시스템
Q300/DID시스템
Q301/Sliding Vision
Q302/증강현실 시스템
Q303/포그머션 + FogScreen
Q304/시뮬레이터(3D,4D)
Q305/가상현실 연출
Q306/오감체험 영상
Q307/4D입체 영상
Q308/3D입체 영상
Q309/Grand Mirage System

Q311 /조명기구 리스트
Q312 /마감재료 계획표
Q313 /전시실별 천정도
Q314 /바닥패턴 계획
Q315/ 평면배치 계획
Q316/코너별 투시도 작성(CG)
Q317/전시매체 배치도
Q318/전시면적 산출표

Q411/기술 제안설명서 작성,
Q412/설명용 보드
Q413/전체 조감도
Q414/부분투시도 작성
Q415/평가자료 작성(평가용 PPT),
Q416/프로젝트 일정계획표
Q417/개략내역서 작성

Q511/ 자문

전시디자인 업무체계 분류도[1]

---

1) 지환수, 『공공박물관의 전시디자인 대가산정을 위한 기준모델 연구』, 경기대학교대학원 박사학위논문, 2015, 104쪽.

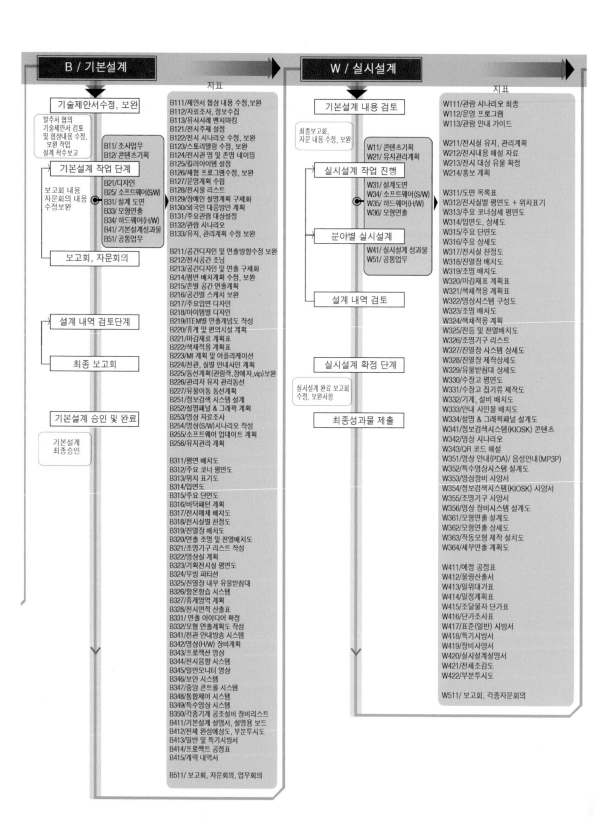

B / 기본설계

지표

기술제안서수정, 보완

발주처 협의
기술제안서 검토
및 협상내용 수정,
보완 작업
설계 착수보고

B11/ 조사업무
B12/ 콘텐츠기획

기본설계 작업 단계

보고회 내용
자문회의 내용
수정보완

B21/디자인
B25/ 소프트웨어(S/W)
B31/ 설계 도면
B33/ 모형연출
B34/ 하드웨어(H/W)
B41/ 기본설계성과물
B51/ 공통업무

보고회, 자문회의

설계 내역 검토단계

최종 보고회

기본설계 승인 및 완료

기본설계
최종승인

B111/제안서 협상 내용 수정,보완
B112/자료조사, 정보수집
B113/유사사례 벤치마킹
B121/전시주제 설정
B122/전시 시나리오 수정, 보완
B123/스토리텔링 수정, 보완
B124/전시관 명 및 존명 네이밍
B125/킬러아이템 설정
B126/체험 프로그램수정, 보완
B127/운영계획 수립
B128/전시물 리스트
B129/장애인 설명계획 구체화
B130/외국인 대응방안 계획
B131/주요관람 대상설정
B132/관람 시나리오
B133/유지, 관리계획 수정 보완

B211/공간디자인 및 연출방향수정 보완
B212/전시공간 조닝
B213/공간디자인 및 연출 구체화
B214/평면 배치계획 수정, 보완
B215/존별 공간 연출계획
B216/공간별 스케치 보완
B217/주요입면 디자인
B218/아이템별 디자인
B219/ITEM별 연출개념도 작성
B220/휴게 및 편의시설 계획
B221/마감재료 계획표
B222/색재적용 계획표
B223/MI 계획 및 어플리케이션
B224/전관, 실별 안내사인 계획
B225/동선계획(관람객,장애자,vip)보완
B226/관리자 유지 관리동선
B227/유물이동 동선계획
B251/정보검색 시스템 설계
B252/설명패널 & 그래픽 계획
B253/영상 자료조사
B254/영상(S/W)시나리오 작성
B255/소프트웨어 업데이트 계획
B256/유지관리 계획

B311/평면 배치도
B312/주요 코너 평면도
B313/위치 표기도
B314/입면도
B315/주요 단면도
B316/바닥패턴 계획
B317/전시매체 배치도
B318/전시실별 천정도
B319/진열장 배치도
B320/연출 조명 및 전열배치도
B321/조명기구 리스트 작성
B322/영상실 계획
B323/기획전시실 평면도
B324/무빙 파티션
B325/진열장 내부 유물받침대
B326/항온항습 시스템
B327/휴게영역 계획
B328/전시면적 산출표
B331/ 연출 아이디어 확정
B332/모형 연출계획도 작성
B341/전관 안내방송 시스템
B342/영상(H/W) 장비계획
B343/프로젝션 영상
B344/전시음향 시스템
B345/일반모니터 영상
B346/보안 시스템
B347/중앙 콘트롤 시스템
B348/통합제어 시스템
B349/특수영상 시스템
B350/각종기계 공조설비 장비리스트
B411/기본설계 설명서, 설명용 보드
B412/전체 완성예상도, 부분투시도
B413/일반 및 특기시방서
B414/프로젝트 공정표
B415/개략 내역서

B511/ 보고회, 자문회의, 업무회의

W / 실시설계

지표

기본설계 내용 검토

최종보고회,
자문 내용 수정, 보완

W11/ 콘텐츠기획
W21/ 유지관리계획

실시설계 작업 진행

W31/ 설계도면
W34/ 소프트웨어(S/W)
W35/ 하드웨어(H/W)
W36/ 모형연출

분야별 실시설계

W41/ 실시설계 성과물
W51/ 공통업무

설계 내역 검토

실시설계 확정 단계

실시설계 완료 보고회
수정, 보완사항

최종성과물 제출

W111/관람 시나리오 최종
W112/운영 프로그램
W113/관람 안내 가이드

W211/전시실 유지, 관리계획
W212/전시내용 해설 자료
W213/전시 대상 유물 확정
W214/홍보 계획

W311/도면 목록표
W312/전시실별 평면도 + 위치표기
W313/주요 코너상세 평면도
W314/입면도, 상세도
W315/주요 단면도
W316/주요 상세도
W317/전시실 천정도
W318/진열장 배치도
W319/조명 배치도
W320/마감재료 계획표
W321/색재적용 계획표
W322/영상시스템 구성도
W323/조명 배치도
W324/색재적용 계획
W325/전등 및 전열배치도
W326/조명기구 리스트
W327/진열장 시스템 상세도
W328/진열장 제작상세도
W329/유물받침대 상세도
W330/수장고 평면도
W331/수장고 집기류 제작도
W332/기계, 설비 배치도
W333/안내 사인물 배치도
W334/설명 & 그래픽패널 설계도
W341/정보검색시스템(KIOSK) 콘텐츠
W342/영상 시나리오
W343/QR 코드 해설
W351/영상 안내(PDA)/ 음성안내(MP3P)
W352/특수영상시스템 설계도
W353/영상장비 사양서
W354/정보검색시스템(KIOSK) 사양서
W355/조명기구 사양서
W356/영상 장비시스템 설계도
W361/모형연출 설계도
W362/모형연출 상세도
W363/작동모형 제작 설치도
W364/세부연출 계획도

W411/예정 공정표
W412/물량산출서
W413/일위대가표
W414/일정계획표
W415/조달물자 단가표
W416/단가조사표
W417/표준(일반) 시방서
W418/특기시방서
W419/장비사양서
W420/실시설계설명서
W421/전체조감도
W422/부분투시도

W511/ 보고회, 각종자문회의

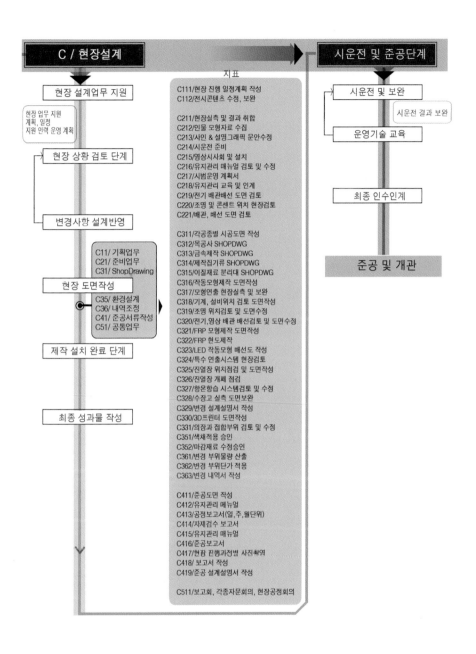

C / 현장설계

시운전 및 준공단계

지표

현장 설계업무 지원

현장 업무 지원
계획, 일정
지원 인력 운영 계획

현장 상황 검토 단계

변경사항 설계반영

C11/ 기획업무
C21/ 준비업무
C31/ ShopDrawing

현장 도면작성

C35/ 환경설계
C36/ 내역조정
C41/ 준공서류작성
C51/ 공통업무

제작 설치 완료 단계

최종 성과물 작성

C111/현장 진행 일정계획 작성
C112/전시콘텐츠 수정, 보완

C211/현장실측 및 결과 취합
C212/인물 모형자료 수집
C213/사인 & 설명그래픽 문안수정
C214/시운전 준비
C215/영상시사회 및 설치
C216/유지관리 매뉴얼 검토 및 수정
C217/시범운영 계획서
C218/유지관리 교육 및 인계
C219/전기 배관배선 도면 검토
C220/조명 및 콘센트 위치 현장검토
C221/배관, 배선 도면 검토

C311/각종별 시공도면 작성
C312/목공사 SHOPDWG
C313/금속제작 SHOPDWG
C314/제작집기류 SHOPDWG
C315/이질재료 분리대 SHOPDWG
C316/작동모형제작 도면작성
C317/모형연출 현장실측 및 보완
C318/기계, 설비위치 검토 도면작성
C319/조명 위치검토 및 도면수정
C320/전기,영상 배관 배선검토 및 도면수정
C321/FRP 모형제작 도면작성
C322/FRP 현도제작
C323/LED 작동모형 배선도 작성
C324/특수 연출시스템 현장검토
C325/진열장 위치점검 및 도면작성
C326/진열장 개폐 점검
C327/항온합습 시스템검토 및 수정
C328/수장고 실측 도면보완
C329/변경 설계설명서 작성
C330/3D프린터 도면작성
C331/의장과 접합부위 검토 및 수정
C351/색채적용 승인
C352/마감재료 수정승인
C361/변경 부위물량 산출
C362/변경 부위단가 적용
C363/변경 내역서 작성

C411/준공도면 작성
C412/유지관리 메뉴얼
C413/공정보고서(일,주,월단위)
C414/자재검수 보고서
C415/유지관리 메뉴얼
C416/준공보고서
C417/현장 진행과정별 사진촬영
C418/ 보고서 작성
C419/준공 설계설명서 작성

C511/보고회, 각종자문회의, 현장공정회의

시운전 및 보완

시운전 결과 보완

운영기술 교육

최종 인수인계

준공 및 개관

2) 제작과 시공

설계도서에 따라 전시물을 만들고 설치하고 연출하는 작업에는 많은 분야의 전문인력들이 동원된다. 그래서 같은 작업 방식을 두고 전시공사라고 부르기도 하고, 전시연출용역이라고 부르기도 하고, 전시물 제작·설치라고 부르기도 한다. 공사는 어떤 시설을 완공하기로 약속하고 그 결과에 대해 보수를 주고받는 도급계약방식이며, 용역은 시설공사를 하지 않고 물질적 생산이나 소비에 필요한 노동을 제공하는 계약방식이다. 전시물 제작·설치는 「국가(또는 지방자치단체)를 당사자로 하는 계약에 관한 법률」의 물품제조·구매계약에 따른 것인데, 국가 또는 지방자치단체가 물품을 구매·제작·설치할 때 입찰을 통해 가장 합리적인 가격과 방안을 제시한 업체·개인에게 대행하게 하는 계약방식이다.

시설공사는 대개 건설산업기본법, 전기공사업법, 정보통신공사업법, 소방시설공사업법 등에 따라 진행하며, 용역은 건설기술용역, 엔지니어링용역, 학술연구·시설분야·폐기물처리·육상운송·기타 일반용역 규정에 따라 진행한다. 전시연출을 건축공사와 한데 묶어 진행할 경우 전시공사라고 부르고 또 시설공사에 준해 추진하기도 하지만, 실제 전시연출분야에서 활동하는 업체·개인들은 대개 공사분야의 일반적인 자격기준 및 작업방식과 다른 점이 많아 하도급 형태로 참가한다. 용역방식으로 추진하는 경우에는 각종 전시물품을 구매하거나 임대하는 일과 관련해 불편한 요소가 많이 발생하며, 물품 제작·구매방식은 전시연출업체의 인건비를 합리적으로 계상하기 어려운 점이 있다.

한국의 현행 제도를 기준으로, 박물관 학예직원과 함께 전시물을 제작하고 설치할 업체를 선정하는 방법은 협상에 의한 계약방식이 현재로선 가장 합리적이라고 생각한다. 발주처가 기존의 전시구성안 및 설계도서를 창의적으로 개선·보완하고 소요비용을 합리적으로 산출할 수 있는 방안을 제시하는 업체를 우선 협상대상으로 선정한 뒤 협의하여 구체적인 추진안을 설정하는 방식이다. 발주방식은 물품 제작·구매방식이 현재로선 가장 합리적이고 현실적인 방식이라고 생각한다. 최근 소규모 지방자치단체가 협상에 의한 계약방식을 추진할 때, 업체 선정의 공정성을 높인다는 취지에서 제안서 평가 및 업체 선정 절차 일체를 조달청에 맡기는 경우가 많은데, 이는 자칫 제안서 평가 및 협상에 의한 계약 방식의 장점을 없애고 저가입찰업체 선정 및 부실공사로 이어질 수 있다. 지방자치단체가 박물관 건립을 정말 성공적으로 추진하고 싶다면 정치적 목적을 앞세워 공사기간 단축, 작업기간 단축, 공정한 업체 선정에만 매달릴 것이 아니라 전문성을 갖춘 전담 학예직원을 채용하고, 절차가 까다롭더라도 제안요청서의 전시구성안을 정확하게 이해한 뒤 합리적인 제안서를 제출한 업체를 직접 사업파트너로 선정해야 한다.

설계도서에 따른 전시연출작업은 예정공정표에 따라 추진한다. 작업이 시작한 날부터 끝내기로 한 날(준공일)까지 진행할 작업 절차와 내용을 월별로 적어놓고 진척 정도를 비율로 표시하는 것이다. 보통 설계부분을 25%, 시공부분을 75%로 나누어 계산하는데, 만약 설계를 이미 완료하고 시공부분 작업을 70% 진행하였다면, 전체 공정률은 25%(설계부분)+70%(공사부분)×0.75=77.5%로 표시한다.

공동으로 작업하는 모든 사무실에는 큼지막한 예정공정표가 걸려 있다. 작업에 참여하는 모든 사람들이 함께 확인하게끔 하려는 것인데, 전시연출작업의 경우, 대개 ①전시시설물, ②전시진열장, ③설명패널, ④전시연출조명, ⑤모형, ⑥전시영상장비, ⑦전시영상, ⑧전시정보영상, ⑨기타설비 등으로 나눠

표시한다. 세부 작업내용 사례를 간단히 적으면 다음과 같다.[2]

①전시시설물(20%): 먹매김, 비계설치, 벽체·천장 금속구조틀 설치, 경량벽
　　　체 설치, 석고보드 부착, 도장·도색작업, 바닥 금속구조틀 설치, 석재·
　　　목재·타일작업, 도어설치, 청소.

②전시진열장(8%): 벽부장 금속구조틀 설치, 기계장비 설치, 독립장 공장제
　　　작, 목공작업, 제어기기 설치, 조명기구 설치, 전시물 받침대 설치, 시
　　　험가동 및 보완.

③설명패널(5%): 자료수집, 원고작성, 촬영, 그래픽 시안작업, 자문·검토, 수
　　　정·보완, 번역, 그래픽 수정작업, 검수, 출력·시공, 수정·보완.

④전시연출조명(3%): 전반조명 및 국부조명 설계, 모의실험 및 설계보완, 배
　　　관·배선작업, 분전반 및 조명기구 설치, 시험가동 및 보완.

⑤모형(15%): 자료수집, 스터디모형 제작, 자문·검토, 조각·형틀·색맞춤작업,
　　　운송·설치, 수정·보완.

⑥전시영상장비(5%): 케이블트레이 설치, 배관·배선작업, 기기반입·설치, 시
　　　험가동 및 보완.

⑦전시영상(15%): 자료수집, 시나리오작업, 캐릭터·콘티작업, 자문·검토, 촬
　　　영, 애니메이션 제작, CG모델링, 수정·보완, 편집, 녹음·믹싱.

⑧전시정보영상(3%): 자료수집, 시나리오작업, 자문·검토, 디자인작업, 검색
　　　모듈 제작, 수정·보완, 편집, 녹음, 디버깅, 시험가동 및 보완.

⑨기타설비(1%): 배관설치, 디퓨져·스프링쿨러 설치, 시험가동 및 보완.

2) 괄호안 공정률은 사례일 뿐이며 고정적인 것이 아니다.

전시연출 단계에서 유의할 사항 중 하나는 사실 고증을 위한 전문가 자문이 까다롭지만 매우 중요한 절차라는 점이다. 역사박물관이든 과학박물관이든 설명패널·모형·영상을 제작하기 전 반드시 내용에 대해 엄정하게 검증할 필요가 있으며, 적어도 3명 이상의 검증·검토를 거치는 것이 바람직하다. 패널·모형·영상에 사용할 모든 원고는 작성 → 내용전문가 검토 → 수정·보완 → 내용전문가 감수 → 수정·보완 → 문장전문가 감수 → 수정·보완 → 시공 절차를 밟는 것이 좋다. 그만큼 시간과 비용을 충분히 계산해서 공정표와 내역서를 만들어야 하는 것이다.

전시시설·모형은 소재 선정에 특별히 신중해야 하며, 진열장·조명·영상장비는 기기 선정을 최대한 늦추는 것이 좋다. 박물관 전시물 및 전시시설을 일단 제작·설치한 뒤에는 한동안 바꾸기 어려우므로 전문가 자문을 얻어 샘플을 만들어보고 모의실험한 뒤 결정하는 방법이 바람직하다. 그러나 대개 작업시간과 비용 부족을 이유로 샘플제작과 모의실험을 생략하는데, 이는 상품목록만 보고 기능도 잘 알지 못하는 분야의 매우 비싼 물건을 사는 것과 같은 무모한 태도이다.

3) 전시자료展示資料 대여

많은 박물관이 다른 기관의 소장품을 빌려와 전시한다. 특히 역사계열 박물관에서 그런 경우가 많은데, 주제의 맥락과 시간 흐름에 따라 가장 적당한 전시품을 구하다보면 자체 소장품만으로는 전시효과를 충분히 낼 수 없기 때문이다. 기관교류를 통해 전시품을 빌려주고 빌려오는 것을 자료 대여라고 하고, 그렇게 잠시 빌려준 자료를 흔히 대여자료(대여유물)라고 부른다.

박물관이 다른 기관으로부터 자료를 빌리려 한다면, 전시목적, 전시 주제 및 내용, 전시기간, 전시장소, 대여자료를 전시하는 지점 및 시설, 온습도·보안·보험 등 관리계획, 자료대여기간, 포장·운송 및 반환 방법 등을 종합적으로 정리하여 자료목록과 함께 자료소장기관에 제출하고 협의한다. 소장기관이 자료 대여에 동의하면, 국가귀속문화재인 경우에는 위임기관의 허가가 필요하며, 국가귀속 절차를 이행하지 않은 매장문화재와 국보·보물 등 국가 중요유물은 문화재청의 허가를 얻어야 한다. 이를 위해 전시계획서를 비롯한 관련 문서들을 관련기관에 제출한다.

자료 포장·운송은 예전에 학예직원이 직접 하였으나 요즘은 학예직원의 입회·감독 하에 운송전문업체 직원들이 대행한다. 대여자료의 수량·크기·무게·특성을 고려하여 포장·운송 재료 및 도구와 작업인원을 결정한다. 자료를 대여할 때에는 원칙적으로 2인 이상의 학예직원 또는 자료담당직원이 입회한다. 자료를 빌려가는 전시기관의 직원이 소장기관의 자료담당직원과 함께 자료의 현재 상태를 자세히 점검하여 준비해간 대여자료목록에 기록하고 세부 사진을 찍은 뒤 포장하는데, 대여자료목록은 2부를 만들어 전시기관과 소장기관의 직원이 각자 기록한 뒤 서로 확인해주거나 1부를 공동으로 작성한 뒤 복사하고 원본대조 사인을 거쳐 나눠 갖기도 한다. 아날로그 필름 사진기 시절에는 목록에 관찰내용을 자세히 적고 사진을 1~2매만 찍거나 생략하는 경우가 많았으나, 디지털 고해상 사진기가 흔해진 뒤로는 목록에 내용을 간단히 적는 대신 세부사진을 여러 매 찍어두는 방법을 많이 사용한다. 자료를 포장하고 적재하는 과정도 사진을 찍어두어 만일의 사고에 대비한다. 운송차량은 대개 1~5톤 무진동차량을 사용하는데, 원칙적으로 전시기관의 직원 1인은 자료를 실어놓은 차량 조수석에 탑승하고 다른 1인은 다른 호송차량에 탑승해 운송차량을 뒤따른다. 운송차량이 전시기관에 도착하면 자료를 수장

 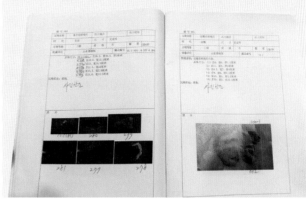

67. 대여자료목록 표지   68. 대여자료목록 내지

고로 옮겨놓고 한동안 그대로 두어 안정화시킨 다음 포장을 푼다. 해포시에
는 자료목록의 상태 점검 기록 및 사진과 대조하며 자료를 하나씩 꺼내 지정
된 수장대로 옮겨놓는다.

　대여자료가 소장기관에서 전시기관으로 이관되는 시점은 사안마다 다르
지만, 대개 전시 개막 1개월 전부터 2주전 사이에 해당한다. 도록·패널 및 홍
보물을 제작하기 위한 사진촬영, 자료 받침대·보조대를 만들기 위한 계측작
업, 자료상태 점검 및 안정화 등을 위해 적어도 전시개막 10일 전에는 전시자
료를 전시장 가까이 안전한 곳에 확보해두는 것이 좋다.

4) 자료 진열과 디자인 연출

　전시연출에서 가장 까다로운 작업 중 하나는 전시시설 배치와 설명패널,
그래픽패널 등의 디자인작업이다. 대개 전시디자이너가 학예직원과 함께 기

획·설계하고 연출시공을 감독하는데, 컴퓨터 및 프린터의 종류와 상태에 따라 색채가 달리 보이고 실제 크기를 가늠하기 어려운 경우가 많다. 그래서 패널을 시공하기 전에는 반드시 실제 크기로 출력한 샘플로 검토하는 작업이 긴요하다. 전시공간은 색채로 전시주제를 구분하고 암시하며, 사진·그림·도면·문자를 활용한 그래픽 사인으로 내용 이해를 돕는다. 그래픽 사인물은 전시내용의 핵심요소를 도안화한 것이어야 한다. 그리고 전시자료와 어우러지도록 배치한 뒤 조명시설로 분위기를 연출하는 일이 매우 중요하다.

전시시설작업은 대개 나무판자와 각재로 공간을 구획하고 진열장, 설명패널, 모형, 영상 등을 배치할 틀을 구성하는 목공작업이다. 시설 재료는 주로 합판 또는 집성목재판MDF을 사용하는데, 최근에는 집성목재판 사용 비율이 무척 높아지고 있다. 합판은 얇게 켠 널빤지를 여러 겹 붙여 만든 나무판으로서, 무게에 비해 강도가 높고 미관·감촉이 좋은 편이지만, 접착제를 사용하기 때문에 인체에 해로운 포름알데히드를 배출하며 집성목재판에 비해 상대적으로 비싸다는 단점이 있다. 집성목재판Medium Density Fiberboard은 나무의 섬유질을 잘게 부순 뒤 접착제와 섞어 압착한 것으로서, 규격을 조절하기 쉽고 겉면이 매끄러우며 가격이 싸다는 장점이 있으나, 대체로 물기에 약하고 내구력이 좋지 않으며 접착제를 많이 사용해 인체에 해로운 영향을 줄 수도 있다.

합판이든 집성목재판이든 접착제를 많이 사용하기 때문에 포름알데히드 배출량 규정을 어느 정도 준수하면서 제작했느냐에 따라 가격 차이가 심하다. 합판 및 집성목재판의 등급 기준을 보면, 포름알데히드가 검출되지 않는 것은 NAF, 검출량 0.3 ml/L 이하는 SE0, 검출량 0.5 ml/L 이하는 E0, 검출량 1.5 ml/L 이하는 E1, 검출량 5 ml/L 이하는 E2 등으로 표시하는데, E2등급은 인체에 영향을 많이 미치므로 실내에서 사용할 수 없으며, 실외에서도 제한적으로 사용하는 제품이다. 전시공간에서 사용하는 합판은 E0등급 이상을 사용하는 것이 원칙이며, 아무리 여건이 어려운 경우라도 최소한 E1등급을 유지해야 한다.

전시시설 목공작업은 진열장 자료받침대 제작과 연계되어 있다. 자료받침대는 기본 받침대와 개별 받침대로 나뉘는데, 목재로 형태를 만들고 천(패브릭)으로 감싸 마감한 모습이다. 최근에는 목재를 천으로 도배하지 않고 페인트를 칠한 다음 투명코팅처리하거나 목재가 아닌 아크릴 받침대를 사용하기도 하지만, 전시자료 관리에 부정적 영향을 미치거나 빛 반사로 자료 관찰을 방해하는 문제점이 있다. 자료받침대는 미관보다 전시자료를 안전하게 관리하고 관람객의 자료관찰을 돕는 보조물이라는 점을 잊어서는 안된다.

전시자료 진열은 원칙적으로 설명패널 설치 등 디자인 연출작업이 모두 끝난 뒤에 2인 1조로 진행한다. 전시자료를 안전하게 관리하고 가장 좋은 진열방안을 찾기 위해서는 관련사항 준비를 모두 마친 뒤 안전수칙에 따라 혹시라도 발생할 수 있는 사고에 대비하며 진열작업을 진행해야 하기 때문이다. 전시공간 한켠에서 디자인 연출작업이 한창 진행 중일 때 다른 한켠에서 전시자료를 진열하게 되면 작업자들이 뒤섞여 현장 분위기를 혼란스럽게 만들고 자료진열담당자의 신경을 분산시켜 자료 훼손 사고를 일으키거나 가장 좋은 자료진열방식을 찾는 데 방해가 될 수 있다.

자료를 진열할 때 작업자가 명심해야 할 제1 원칙은 전시가 종료될 때까지 자료를 안전하게 유지 관리하는 것이다. 아무리 관람편의성이 높고 미관을 좋게 하는 방식이라고 하더라도 그것이 전시자료의 안전을 해칠 수 있는 방식이라면 선택하지 말아야 한다. 그러므로 전시디자이너는 자료받침대 등을 설계할 때 학예직원과 협의하여 자료의 특성을 충분히 파악한 뒤 도안해야 하고, 자료를 진열하는 사람도 자료의 특성과 관람편의성·미관을 함께 고

69. 전시준비작업(자료진열준비)

70. 전시준비작업(패널설치)

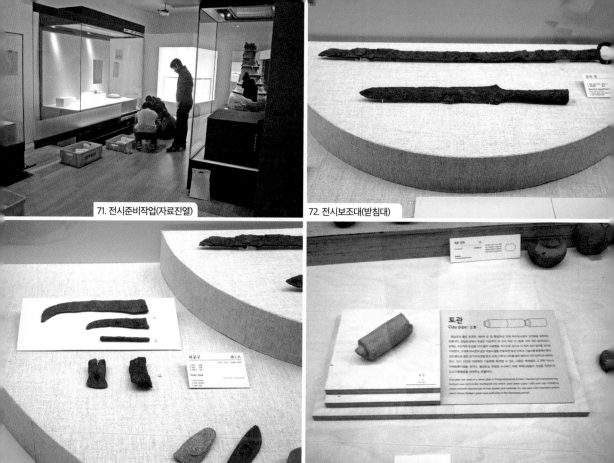

71. 전시준비작업(자료진열)

72. 전시보조대(받침대)

73. 전시보조대와 레이블

74. 전시보조대와 레이블

려하며 진열해야 한다. 최근 한반도에도 지진이 종종 발생하므로 바닥 너비에 비해 세로 높이가 높은 자료, 거치대가 필요한 불완전한 형태의 자료 등은 자료받침대에 별도 고정지지대를 가설하거나 투명 낚시줄, 실리콘 튜브 등을 활용해 잘 묶어두고 고정시켜 만일의 사태에 대비하는 것이 바람직하다.

자료를 진열할 때에는 자료설명 레이블을 일정한 위치에 일정한 형식으로 배치하는 것이 좋다. 간혹 어떤 레이블은 진열장 안에 두고 어떤 레이블은 진열장 밖 벽에 붙여두는 식으로 여러 가지 방법을 함께 사용하는 경우도 있는

데, 관람객을 혼란스럽게 할 개연성이 있다. 또, 레이블을 지나치게 화려하게 디자인하여 전시자료 관찰을 방해하는 경우도 있다. 자료받침대와 레이블은 전시자료 관람을 돕는 보조물이므로 색채 선택에 신중해야 하며, 조명방식과도 서로 어울릴 수 있도록 재료를 선택할 때 모의실험해보는 것이 좋다.

전시운영중 진열장 안팎의 설명패널을 수정·보완하거나 전시기간이 끝난 뒤에는 가장 먼저 진열장 안 전시자료부터 꺼내 안전한 곳으로 옮겨 놓는다. 전시자료를 취급할 때에는 역시 2인 1조로 작업한다.

5) 전시관련 법규

한국에서 박물관은 기본적으로 「박물관 및 미술관 진흥법(약칭: 박물관미술관법)」에 따라 설립·운영한다. 여기에는 전시연출 관련 조항이 없다. 전시라는 단어는 많이 들어있지만, 그것을 수행하는 방법이랄까 사업으로서의 전시 및 전시연출에 관한 조항은 없는 것이다. 박물관 및 미술관 진흥법에 의거해 대통령령으로 정한 「박물관 및 미술관 진흥법 시행령(약칭: 박물관미술관법 시행령)」에도 전시연출에 관한 조항이 없다. 박물관 설립요건, 학예사 자격요건, 자료 관리, 자료 평가 등에 관한 조항만 있을 뿐이다. 문화체육관광부령으로 정한 「박물관 및 미술관 진흥법 시행규칙(약칭: 박물관미술관법 시행규칙)」에도 전시연출관련 조항은 없다.

전시연출관련 법률 조항이 있는 곳은 「산업디자인진흥법」이다. 산업통상자원부 소관업무의 기준법인데, 제11조(한국디자인진흥원의 설립 등) 4항에 한국디자인진흥원이 수행할 산업디자인관련 사업으로서 '2. 전시사업'을 명시하였다. 「산업디자인진흥법 시행령」 제4조(연구 및 진흥사업의 참여기관 등)에는 연구 및 진흥사업 관련 법률을 명시하였는데, 「특정연구기관 육성법」, 「산업기술연구조합 육성법」, 「산업기술혁신 촉진법」, 「대한무역투자진흥공사법」, 「정부출연연구기관 등의 설립·운영 및 육성에 관한 법률」, 「중소기업진흥에 관한 법률」, 「정보통산산업 진흥법」, 「산업집적활성화 및 공장설립에 관한 법률」, 「산업기술혁신 촉진법」, 「엔지니어링산업 진흥법」 등이다.

시행령 제8조(산업디자인전람회의 개최)에는 산업통상자원부장관이 산업디자인전람회를 매년 1회 이상 개최해야 한다는 규정이 있다. 전람회는 1.제품디자인 부문, 2.포장디자인 부문, 3.환경디자인 부문, 4.시각디자인 부문, 5.서비스디자인 부문, 6.기타 등으로 구분한다. 시행령 제20조(산업디자인전문회사에 대한 지원사항)에는 산업디자인전문회사에 대한 경영지도 또는 정보자료 제공, 인력개발지원, 산업디자인 개발활동 자금지원, 개발성과 보급지원, 기타 산업디자인전문회사 육성에 필요한 사항 등을 지원사항으로 명시하였다.

「산업디자인진흥법 시행규칙」 제9조(산업디자인전문회사의 신고 등)에는 산업디자인전문회사의 등록기준을 제시하였는데, 시각디자인·포장디자인·제품디자인·환경디자인·멀티미디어디자인·서비스디자인 분야는 전문인력 3인 이상을 보유하여야 하고, 종합디자인 분야는 9인 이상 보유하여야 한다.

최근 국가 또는 지방자치단체가 운영하는 공공박물관의 학예직원들은 전시연출작업을 수행할 때 일반적으로 산업디자인 분야에 등록된 전문업체로서 「중소기업제품 구매촉진 및 판로지원에 관한 법률(약칭: 판로지원법)」에 따라 정한 요건을 갖춘 중소기업, 직접생산확인증명서를 제출할 수 있는 업체와 계약을 맺고 함께 작업한다.

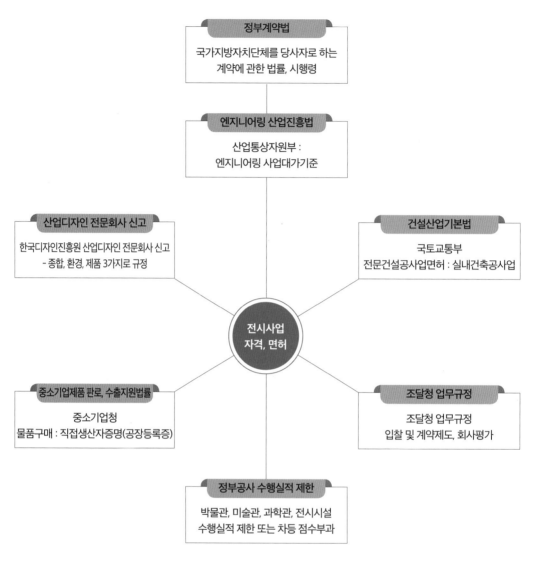

정부계약법

국가지방자치단체를 당사자로 하는
계약에 관한 법률, 시행령

엔지니어링 산업진흥법

산업통상자원부 :
엔지니어링 사업대가기준

산업디자인 전문회사 신고

한국디자인진흥원 산업디자인 전문회사 신고
- 종합, 환경, 제품 3가지로 규정

건설산업기본법

국토교통부
전문건설공사업면허 : 실내건축공사업

전시사업
자격, 면허

중소기업제품 판로, 수출지원법률

중소기업청
물품구매 : 직접생산자증명(공장등록증)

조달청 업무규정

조달청 업무규정
입찰 및 계약제도, 회사평가

정부공사 수행실적 제한

박물관, 미술관, 과학관, 전시시설
수행실적 제한 또는 차등 점수부과

공공박물관 전시산업 관련 면허 및 자격기준[3]

3) 지환수, 『공공박물관의 전시디자인 대가산정을 위한 기준모델 연구』, 경기대학교대학원 박사학위논문, 2015, 31쪽.

IV

박물관 자료

확보·관리

1 수집蒐集

국제박물관협의회ICOM는 1986년부터 박물관 윤리강령을 제정해 운영하고 있다. 그 윤리강령의 제2장이 소장품에 대한 항목이다. 그 박물관이 소유한 각종 박물관자료를 소장품이라고 하는데, 박물관이 소장품을 취득·처분·관리할 때의 기준, 의무, 책임, 주의사항 등을 소장품 종류에 따라 자세히 정리해 제시한 것이나.(부록 <박물관 윤리강령> 참조) 이는 박물관이 기본적으로 박물관자료를 수집·보존·장려함으로써 자연·문화·과학 유산 보호에 기여해야 한다는 당위론에 따른 것으로서, 박물관의 기원이라고 할 수 있는 고대 그리스의 뮤제이온이 해마다 뮤즈 여신에게 바친 회화·조각 등의 각종 예술품을 여러 창고에 나누어 보관했다는 역사적 사실에 비추어보더라도 박물관이 갖추어야 할 기본 기능이다.

박물관이 모든 자료를 수집 대상으로 삼는 것은 아니다. 그 박물관의 설립 이유에 비춰 정체성에 부합하거나 전시·교육·연구에 활용할 수 있는 자료이어야 한다. 그렇지 않고 재산 증식·은닉·관리 등 다른 이유와 목적으로 박물관자료를 수집하거나 처분하는 것을 금기로 여긴다. 이를 위해 국제박물관협의회는 모든 박물관이 나름의 소장품 정책을 문서화해서 공표하라고 <박물관 윤리강령>을 통해 강력히 권고하고 있다. 사회적 책무를 충실히 수행하는 박물관일수록 정체성에 맞춘 자료수집정책과 체계적이며 일관성 있는 자료수집계획을 세워놓는다.

박물관은 박물관자료(소장품)를 수집할 때에도 합법적인 방법으로 수집해야 한다. 이때의 합법이란 박물관이 소재한 국가의 법률만을 의미하는 것은 아니다. 국제사회의 도덕 기준에 비추어서도 문제가 없어야 한다. 그 자료가 만약 도굴·도난처럼 범죄와 연루된 것이라면 아무리 좋은 자료라고 해도 수집해서는 안된다. 범죄와 연루된 것이 아니라 하더라도 현지유적, 자연서식지 등 자료의 출처를 훼손하거나 가치를 떨어뜨리는 데 영향을 미치는 것이라면 마찬가지로 수집하지 말아야 한다.

박물관이 자료를 수집하는 방법으로는 구입, 기증, 위임, 위탁, 복제 등이 있다. 이 방법들은 저마다 목적과 절차가 다르며, 관리방식도 다른 면이 있다.

1) 구입購入

박물관자료를 돈을 주고 수집하는 방법이다. 박물관이 대중매체를 통해 자료 구입계획을 공고한 뒤 예정된 절차를 거쳐 구입하는 방식, 박물관 학예직원이 경매에 참여하여 구입하는 방식, 자료 소장자와 직접 접촉해 구입하는 방식 등 구체적인 실행방법은 다양하다. 최근 고미술품 경매시장이 점차 활성화되면서 경매를 통해 구입하는 방식이 조금씩 늘고 있지만, 한국의 국공립 박물관은 일반적으로 구입계획을 공고하고 매도신청을 받아 자료 가치를 평가한 뒤 구입하는 방식을 택하고 있다.

박물관이 소장품정책에 따라 자료구입 예산을 확보하였다면, 박물관의 정체성과 소장품정책을 잘 알고 있는 내부 직원으로 구성된 자료수집실무위원회를 개최해 자료구입계획을 수립한다. 실무위원회는 대개 관장, 전시분야 책임자 및 실무자, 자료관리분야 책임자 및 실무자 등으로 구성하며, 어느 분야 어떤 유형의 자료를 우선 구입할 것인지 구체적인 구입목표를 설정하고 대중매체에 실을 공고문 내용과 향후 절차에 대해 심의한다. 공고문은 6하원칙에 따라 박물관이 언제, 어디서, 무엇을, 어떻게 구입하려고 하는지 명확하게 밝히고 아울러 매도신청자의 자격과 주의사항을 명시한다.

이에 자료를 박물관에 팔려는 사람은 정해진 기한 내에 매도신청서를 작성해 박물관에 제출하여야 하는데, 희망가격은 물론 자료의 특징·가치, 자료를 소유하게 된 사정 등을 글로 적어서 자료사진과 함께 제출한다. 그러면 박물관 내부직원으로 구성된 자료수집실무위원회가 매도신청서와 자료사진을 기준으로 1차 평가하여 실물자료 접수까지 진행할지 말지를 결정한다. 즉, 박물관측이 매도신청서의 내용을 검토해 매도신청자료의 가치를 어느 정도 인정한 뒤에야 매도신청사는 실물자료를 박물관에 가져올 수 있는 것이다.

실물자료는 항온항습시설이 있는 곳에서 접수하고 보관한다. 접수담당자는 매도신청자에게 접수증을 발급하기 전에 자료의 현재 상태를 매도신청자와 함께 꼼꼼히 점검하고 점검결과를 상세히 알려주어야 한다. 접수서류에도 점검자의 의견을 적어두고, 필요하다면 세부사진을 첨부하는 것이 좋다. 2차 평가에서 구입불가 판정이 나거나 가치평가를 두고 박물관측과 매도신청자

측의 의견이 달라 결과적으로 자료를 되돌려주게 될 때 자료의 현재 상태에 대해 논란이 생길 수 있기 때문이다.

실물자료 접수가 완료되면 박물관은 전문분야별로 평가위원회를 구성하는데, 대개 외부 전문가 3인으로 구성한다. 전문분야별 평가위원회는 실물자료를 감정하며 자료가 진짜인지 가짜인지, 구입 가치가 있는지 등을 먼저 평가하고, 구입한다면 적정 가격은 얼마인지를 이유와 함께 서류에 각각 기입한다. 이때 평가위원은 매도신청자가 제시한 희망가격보다 높게 가격을 책정할 수 없다. 구입대상자료가 문화재인 경우, 박물관은 구입가능 판정을 받은 자료에 대한 정보를 정리해서 지방자치단체와 문화재청에 제출하고 그것이 도난문화재가 아니라는 사실을 확인받아야 다음 절차를 진행할 수 있다.

모든 절차에서 적정하다고 평가를 받은 구입대상 자료는 박물관운영(자문)위원회의 최종 평가 및 심의·의결을 거쳐야 한다. 박물관운영(자문)위원회는 실물자료를 감정하며 박물관의 수장품정책에 비춰 구입대상자료 선정이 적정한지, 전문분야별 평가위원회의 가치평가가 적정한지 등을 평가·심의한다. 구입대상자료 선정 범위가 지나치게 넓다고 판단하는 경우에는 구입대상자료의 일부 또는 전부를 제외시킨다. 평가위원회의 가치평가 금액이 박물관의 구입예산 범위를 초과하는 경우에는 구입가격을 조정하거나 우선 구입대상 순서를 정하기도 한다. 박물관자료 구입담당자는 심의·의결 결과에 따라 구입계약을 진행하는데, 매도신청자가 박물관측의 평가 금액에 불만을 품고 자료를 팔지 않겠다고 포기의사를 밝히는 경우도 있다.

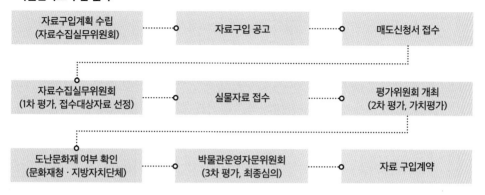

〈박물관자료 구입 절차〉

자료구입계획 수립 (자료수집실무위원회)	⋯⋯	자료구입 공고	⋯⋯	매도신청서 접수
자료수집실무위원회 (1차 평가, 접수대상자료 선정)	⋯⋯	실물자료 접수	⋯⋯	평가위원회 개최 (2차 평가, 가치평가)
도난문화재 여부 확인 (문화재청·지방자치단체)	⋯⋯	박물관운영자문위원회 (3차 평가, 최종심의)	⋯⋯	자료 구입계약

2) 기증寄贈

자료 소장가에게 돈을 전혀 주지 않고 자료를 받거나 평가금액의 일부만 주고 자료를 받는 수집방법이다. 자료 소장가에게 돈을 전혀 주지 않는 방식을 무상기증, 평가금액의 일부만 주는 방식을 유상기증이라고 한다. 일반적으로 기증이라고 하면 무상기증을 의미하지만, 자료의 예상평가액이 매우 높은 경우에는 기증자가 일정한 보상을 요구하기도 한다. 유상기증은 박물관의 기준과 여건에 따라 보상조건이 조금씩 다른데, 보상액이 평가액의 20%를 넘지 않는 것이 보통이다.

자료 소장가가 박물관에 자료를 기증하겠다고 뜻을 밝히면, 박물관의 자료수집 담당자가 자료 소장가를 방문해 면담하고 실물자료를 직접 검사한다. 자료 소장가가 실물자료를 직접 박물관에 가져오는 경우도 있다. 기증하려는 자료가 박물관의 소장품정책에 부합하는 것이라면, 소장가의 기증의뢰서와 함께 실물자료를 정식으로 접수하여 박물관의 항온항습시설이 있는 곳에 안전하게 보관한다. 이때 박물관의 자료수집 담당자는 자료 소장가의 자료 입수 경위를 파악해두는 일이 중요하다. 소장가가 그 자료를 불법적인 방법으로 소유했거나 합법적이라 하더라도 결과적으로 출처지를 훼손하게 되었다면 박물관 소장품으로서 인정받을 수 없기 때문이다. 자료 입수 경위를 적을 때 소장가가 자료를 구입한 가격은 공식적으로 적지 않는다.

자료 소장가가 기증의뢰서에 무리한 요구사항을 기재하거나 까다로운 조건을 구두로 요구하는 경우도 있다. 상설전시실에 전용공간 마련, 영구전시, 자료를 활용할 때마다 협의 및 허가 취득, 대여불가 등 향후 문제가 될 수 있는 요구사항에 대해서는 자료수집실무위원회와 자료평가위원회를 개최하여 자료의 가치와 함께 종합적으로 검토하고 판단한다. 자료수집실무위원회와 자료평가위원회의 구성 기준은 자료구입 때와 같다. 자료평가 결과 수증하기로 결정되면, 박물관은 자료를 정식으로 인수하고 인수인계서 또는 수납증명서를 작성하여 기증자에게 전달한다.

박물관은 기증받은 자료 못지않게 기증자도 잘 관리해야 한다. 기증자 예우는 사회공영에 기여한 기증자의 높은 뜻을 기리는 일이기도 하지만, 미래의 기증자를 발굴하는 가장 효과적인 방법이기도 하다. 그러므로 자료관리 담당부서는 기증 증서 및 감사패 수여, 박물관내 기증자 명패 설치, 인터넷 홈페이지에 기증자료 및 기증자 성명 게시 등의 기본사항은 물론 정기적인 기증자간담회 개최, 특별전시 및 행사 초청, 도록·자료목록 등 박물관 간행물 및 기념품 우송, 박물관 무료주차 등 기증자 예우에 각별히 신경 써야 한다. 기증자 예우는 대개 기증자가 세상을 떠날 때까지 계속된다.

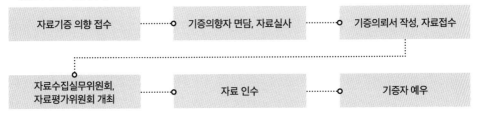

＜박물관자료 기증 절차＞

| 자료기증 의향 접수 | ……○ | 기증의향자 면담, 자료실사 | ……○ | 기증의뢰서 작성, 자료접수 |

| 자료수집실무위원회, 자료평가위원회 개최 | ……○ | 자료 인수 | ……○ | 기증자 예우 |

3) 위임委任·위탁委託

국가·기관·개인이 소유한 자료를 박물관이 대신 보관하고 관리하는 것을 위임·위탁이라고 한다. 박물관 소장품과 관련하여, 위임은 국가 소유의 문화재를 지방자치단체 관할하의 박물관(공립박물관)이 대신 관리하는 경우에 흔히 적용하고, 위탁은 기탁과 마찬가지로 박물관이 다른 기관·개인이 소유한 자료를 대신 보관·관리하는 경우에 적용한다. 위탁·기탁의 경우, 박물관이 자료를 활용할 때에는 소유자의 동의를 얻어야 하며, 소유자가 자료를 되돌려달라고 요구하면 반환해야 한다.

자료 위임은 대개 문화재 발굴조사의 후속작업으로 이루어진다. 땅속 또는 강·바다 물속에 묻혀 있는 매장문화재는 원칙적으로 국가 소유이다. 그러므로 고고학적 발굴조사를 통해 수집한 자료 가운데 문화재적 가치를 인정하여 문화재청에 신고·등록한 자료를 국가귀속문화재라고 하는데, 현행 「문화재보호법」과 「매장문화재 보호 및 조사에 관한 법률」에 따르면 국가귀속문화재는 일차적으로 국립문화재연구소·국립민속박물관·국립고궁박물관 등 문화재청 산하 기관과 국립중앙박물관이 보관·관리하며, 문화재청의 허가를 받으면 지방자치단체(시·도) 산하 기관도 보관·관리할 수 있다. 문화재청의 허가를 받아 지방자치단체의 공·사립 박물관이 국가귀속문화재를 직접 보관·관리하는 경우를 위임이라 부르고, 국립문화재연구소 등 국가귀속문화재 관리를 위임받은 국립기관이 수장공간 부족 등 다양한 이유로 소장한 국가 귀속문화재를 광역 및 기초 자치단체 공·사립 박물관에 맡겨 간접 관리하는 경우를 위탁이라고 부른다. 자료를 위탁받은 박물관이 자료를 대여하거나 활용할 때에는 위탁기관의 허가를 얻어야 한다.

박물관이 국가귀속문화재를 보관·관리하는 기관으로 인정받으려면, 먼저 문화재자료를 안전하게 보관할 수 있는 충분한 공간, 항온항습시설, 관리전문인력 등을 갖추어야 한다. 그리고 관할 지방자치단체에 특정 유적에서 출토된 국가귀속문화재 보관관리기관으로 지정해달라고 문서로 요청하면 광역자치단체가 요건을 갖춰 문화재청에 문서를 전달하고 문화재청 담당자가 박물관 수장시설을 실사 점검한 뒤 승인 여부를 검토하게 된다. 박물관이 국가귀속문화재 보관관리기관으로 지정되면 해당 유적에서 출토된 문화재를 임시보관하고 있는 발굴기관과 협의하여 문화재 인수 일정 및 방식 등을 정하게 되는데, 두 기관의 문화재 인수인계는 문화재를 위임받은 날로부터 1년 이내에 이루어져야 한다. 박물관이 국가귀속문화재를 인수한 뒤에는 문화재 보관증을 문화재청과 지방자치단체에 제출해야 하며, 정기적으로 위임문화재 및 시설 점검을 받는다.

<국가귀속문화재 위임 절차>

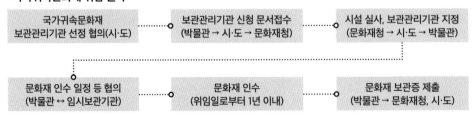

국가귀속문화재 보관관리기관 선정 협의(시·도) ·········> 보관관리기관 신청 문서접수 (박물관 → 시·도 → 문화재청) ·········> 시설 실사, 보관관리기관 지정 (문화재청 → 시·도 → 박물관)

문화재 인수 일정 등 협의 (박물관 ↔ 임시보관기관) <········· 문화재 인수 (위임일로부터 1년 이내) <········· 문화재 보관증 제출 (박물관 → 문화재청, 시·도)

박물관이 개인 소장가의 요청으로 자료를 보관하는 경우도 있다. 그 자료의 특성과 가치가 박물관의 정체성 및 소장품정책에 비추어서 부합하는 것이어야 한다. 박물관이 위탁·기탁 요청을 받았을 때에는 위탁·기탁 신청자와 소유자의 관계, 위탁·기탁 사유, 위탁·기탁 기간, 소요비용 등을 문서로 명확히 작성해두고, 필요한 경우 박물관의 활용 범위 및 방식에 대해서도 미리 정해두는 것이 좋다.

4) 복제複製

이른바 진품眞品, 진짜인 물건만 박물관자료가 되는 것은 아니다. 가품假品, 곧 가짜일지라도 전시·교육에 활용할만한 가치가 있다면 박물관자료에 포함시킨다. 만약 박물관이 진품만 전시하려든다면, 전시를 개최하는 이유와 목적을 충분히 구현하기 어려워지며, 박물관자료의 상태를 잘 보존하기도 그만큼 어려워질 수 있다. 특히 역사박물관의 경우, 백제 금동대향로, 신라 금관, 가야 철제갑옷, 고려 대장경판, 조선 훈민정음해례본 등 전시하고자 하는 유물이 세상에 딱 하나뿐이거나 수량이 매우 적은 것이라면, 역사적 맥락을 설명할 때 반드시 필요한 전시요소임에도 불구하고 진품을 전시하지 못하는 경우가 많다. 천·종이·나무 재질 유물처럼 전시중 훼손될 여지가 많은 것도 진품을 전시하기 어려운 경우에 해당한다. 그래서 진품은 수장고의 특수시설에 넣어두고 똑같은 모양으로 만들어놓은 복제품을 대신 전시하며, 진품은 아주 짧은 기간만 공개하기도 한다. 자연사박물관의 경우에는 공룡화석, 동물뼈 등을 복제품으로 많이 만들고, 과학박물관의 경우에는 옛날 자동차·비행기·로봇, 각종 과학기기 등을 복제품으로 많이 만든다.

복제품이란 본디의 것진품과 똑같이 만들어 놓은 것이다. 박물관에서 진품과 똑같은 가짜를 만드는 이유는 전시·교육에 활용하기 위해서이다. 그러므로 남을 속여 경제적 이익을 얻기 위해 사기꾼들이 만들어 파는 가짜, 이른바 가품假品과는 제작 목적과 쓰임새가 전혀 다르다. 그래서 박물관에서 만든 것을 가품이라고 부르지 않고 복제품이라고 부르는 것이다. 박물관은 대개 진품 전시를 원칙으로 하며, 복제품 전시를 최소화하려고 애쓴다.

박물관의 복제품은 그 형태와 역사성에 따라 크게 두 가지로 나뉜다. 하나는 진품을 그대로 흉내 내어 만든 현상복제품이고, 다른 하나는 진품의 원래 모습을 학술적으로 추정복원해서 만든 복원복제품이다. 현상복제품은 전시 내용의 맥락상 반드시 필요한 박물관자료(진품)를 확보하지 못했을 때 대신 전시하려고 똑같은 모습으로 만들어놓은 것이며, 복원복제품은 진품이 부분적으로 파손되거나 변형되어 있을 때 나머지 부분을 과학적, 학술적, 객관적 방법으로 추정해서 보완해 만들거나 원래 모습을 추정해서 만든 것으로서 진품과 나란히 전시하는 것이 보통이다.

2

대여貸與

대여란 빌려준다는 뜻이다. 박물관끼리도 자료를 빌려주고 빌려온다. 이때 자료를 빌려주고 빌려오는 행위를 모두 대여라고 하며, 그 자료를 대여자료라고 부른다. 박물관의 자료 대여는 대개 전시구성상 반드시 필요한 자료를 소장하지 않았을 때 발생한다. 흔히 특별전시·순회전시처럼 짧은 기간에 특별한 주제를 다루는 전시행사 때문에 자료를 빌리지만, 자료를 소장할 능력이 충분치 않은 현장박물관(전시관)은 싱설전시를 위해 자료소장 박물관의 지도감독 하에 1년 단위로 자료를 빌리기도 한다.

박물관자료를 대여한다는 것은 빌리는 쪽이나 빌려주는 쪽 모두 자료의 안전에 대해 상당한 위험부담을 안는다는 뜻이 된다. 그래서 박물관자료를 빌리는 기관은 대여신청 이유, 대여기간, 보관·전시공간의 시설환경, 포장·운송계획, 관리계획 등을 문서화하여 빌려줄 기관에 제출할 의무가 있으며, 빌려주는 기관은 위의 사항을 모두 현장점검·확인하고 대여할 자료의 상태를 점검한 뒤 대여할지를 판단해야 한다. 국외대여의 경우에는 표준시설보고서 Standard facility report의 양식에 따라 자료대여를 요청한 박물관의 전문인력·조직, 전시·수장공간 면적 및 시설, 조명계획, 항온항습환경, 포장·운송방법, 소방 시설 및 시스템, 보안 인력 및 시스템, 보험 등을 항목별로 자세히 적어 제출해야 한다.

박물관자료 대여에서 가장 유의할 점은 대여하기 전의 자료 상태를 반환한 뒤에도 그대로 유지해야 한다는 점이다. 이를 위해 자료를 빌리려는 기관은 관련정보를 사전에 수집해서 충분히 검토하고 대여요청 자료목록을 구체적으로 작성한 뒤 소장기관에 문의하는 것이 좋으며, 공문으로 대여를 정식 요청하기 전에 반드시 소장기관 자료관리 담당자와 사전협의 및 방문실사 절차를 거치는 것이 바람직하다. 그리고 자료소장기관은 자료의 현재 상태를 꼼꼼히 점검하는 것은 물론 대여요청기관의 인력현황과 시설환경을 충분히 검토한 뒤 대여를 결정해야 한다.

자료를 대여하기로 결정한 뒤의 절차에 대해서는 Ⅲ장 2절의 3)전시자료 대여 항목 참조.

3 시설운영 및 자료관리

1) 수장고 시설관리

박물관의 수장고는 박물관자료를 보관하는 금고 또는 창고이다. 좁은 의미로는 박물관자료를 보관하는 금고모양 창고 또는 창고모양 금고를 가리키지만, 넓은 의미로는 그곳을 출입하기 위한 복도, 준비실, 촬영실, 자료정리실, 훈증소독실, 하역장 등 금고·창고에 딸린 시설공간을 모두 포함한다. 수장공간은 평소 허가받은 내부직원들만 출입하는 곳이므로 대개 박물관의 가장 안쪽 안전한 곳에 위치한다. 그래서 한국의 박물관들은 그동안 대형 화물트럭이 드나드는 하역장을 비롯해 모든 수장관련시설을 박물관 뒤쪽 지하공간에 배치하였는데, 최근 보존과학시실과 통합운영하는 수장고, 전시기능을 겸한 개방형 수장고 등 다양한 형태의 수장시설이 각광을 받으면서 수장고의 위치선정에도 변화가 일어나고 있다. 특히, 한국의 박물관은 전쟁 등에 대비해 지하 수장고를 선호하는 경향이 있다.

수장고가 건물 지하에 위치하면 연중 계절변화 및 일교차가 심한 한반도의 자연환경 특성을 감안할 때 온도 변화가 지상에 비해 상대적으로 적고 박물

75. 수장고 입구

관 건물에 화재 또는 외부충격이 발생했을 때에도 상대적으로 더 안전하다는 장점이 있다. 도난에 대비하기도 쉽다. 그러나 토목공사 및 방습설비를 추가해야 하므로 초기 건립비용이 높아지고 건물 구조에 따라서는 홍수 등의 수해발생시 취약해진다는 단점이 있다. 건축설계시 수장고 상부에는 화장실 등의 배관배수시설을 배치하지 말아야 한다.

박물관 수장고는 박물관자료를 영구히 보존할 수 있어야 한다. 무엇보다 지진·화재·수해 등 각종 재해로부터 박물관자료를 안전하게 지킬 수 있도록 건물에 방진·방재 설계를 적용해야 하며, 반드시 단열·방화·방수 기능을 갖추어야 한다. 그래서 수장고는 대개 이중벽 구조로 만든다. 외벽과 내벽 사이에는 50~60cm 정도의 공기층을 안배하고 차수막·단열재 등을 시공하며, 내벽에는 습기 침투를 막기 위해 불투습패널을 시공한 뒤 나무와 석고보드, 조습패널 등으로 마감한다. 천장과 바닥도 마감재와 콘크리트 사이에 여유공간을 두는데, 보통 천장은 1.5~2m정도, 바닥은 30cm정도 띄운다. 천장에 여유공간을 특별히 많이 두는 이유는 온습도 조절용 공조설비를 설치하고 점검·관리를 위해 종종 사람이 드나들어야 하기 때문이다.

수장고에 보관하는 박물관자료는 재질이 다양하다. 습도 40~50%를 유지해야 하는 금속류, 습도 50~60%를 유지해야 하는 서화·전적·직물류와 목기·골각기류, 습도 60~70%를 유지해야 하는 칠기류, 습도 40~60%가 적정한 도기·토기·석재·옥·유리류 등으로 나눌 수 있는데, 저마다 적정 온도·

습도·조도가 다르므로 서로 다른 공간에 두고 관리하는 것이 좋다. 그래서 소장품이 다양한 박물관은 수장고를 여러 공간으로 나누거나 적정 습도·온도·조도를 유지할 수 있는 특수설비를 갖추게 된다. 수장고의 조명기구로는 자외선을 차단하는 퇴색방지용 등기구를 사용한다.

76. 수장고에서의 자료관리작업

박물관 수장고에는 가급적 계단을 설치하지 않는다. 중층구조가 불가피한 곳에서는 계단과 자료운송용 승강기를 함께 설치하는 것이 바람직하다. 자료를 진열한 수장고 출입구에는 전실을 만들어 공간 안팎의 온습도 차이를 줄이고 미생물 침입을 방지한다. 출입구 문 높이는 3m, 폭은 2m 이상으로 만들어 크고 무거운 자료를 옮길 때 운송장비가 드나들 수 있게 하며, 출입문에는 사람이 한명씩 출입할 수 있는 크기로 쪽문을 만들어두는 것이 좋다.

표5) 수장고의 적정 온·습도

공간	재질	온도℃	습도%	권장조도(LUX)
수장공간	금속류	20±2	45±5	300 이하
	토도기, 토제류, 석재, 유리, 옥류	20±2	50±5	300 이하
	서화, 전적류, 직물류	20±2	55±5	150 이하
	목기류, 골각류	20±2	55±5	150 이하
	칠기류	20±2	65±5	150 이하
전시공간	금속, 도토기, 석재, 유리, 옥류	22±4	50±10	300 이하
	목기, 칠기, 골각류	22±4	55±5	150 이하
	서화, 전적, 직물류	22±4	55±5	서화·직물류 50 이하, 전적류 100 이하

박물관자료를 수장고에 격납하는 절차는 대개 하역장→자료정리실(임시수장고)→훈증소독→임시수장고→사진촬영실→재질별수장고 순으로 이루어진다. 그러므로 이 절차를 염두에 두고 공간을 배치하는 것이 바람직하다. 임시수장고 옆에는 자료관리 담당자들이 사용하는 작업실 공간을 별도로 마련해두는 것이 좋다. 수장공간 출입구에는 실내화 정리대 및 소지품 보관대를 설치해둔다. 입구 바닥에는 먼지흡착패드를 깔아두어 신발에 묻은 오염물질이 수장고로 들어오는 것을 차단한다.

요즘의 박물관 건물은 모두 콘크리트 건물이므로 새로 지은 박물관은 이른바 시멘트 독성(알카리성 가스)으로부터 자유로울 수 없다. 더욱이 내장 목재에 사용된 포름알데히드와 방염·방부제, 철판에 사용된 페인트 등 각종 환경오염물질 때문에 박물관 자료 및 직원이 피해를 입을 수 있다. 이에 대한 안전대책은 건물을 지은 뒤 최소 2년간의 건조기간을 거친 다음 자료를 반입하는 것이다.

표6) 시멘트 독성이 공기 및 박물관자료에 미치는 영향

오염물질		이산화질소 (NO₂)	이산화황 (SO₂)	포름알데히드	오존(O₃)	이산화탄소 (CO₂)	황화수소 (H₂S)	칼슘(Ca), 마그네슘(Mg)
영향		면, 양모, 토도류에 영향. 특히 섬유질 염료에 유해.	공기중 수분과 반응해 황산으로 변화. 종이, 면, 토도류 염료, 금속류, 석회석에 유해.	접착제로부터 파생. 악취와 문화재 전반에 유해.	강력한 산화물로 모든 유기물(회화, 직물, 고문서,피혁), 금속류에 유해.	공기 중의 SO₂와 반응하여 유리 표면을 덮음.	은·동제품 부식작용.	시멘트 수분 건조 시 칼슘·마그네슘 입자와 암모니아가스 방출. 염료 변·퇴색 및 청동제 균열·부식 등.
환경 허용 기준	수장고	10$\mu g/m^3$ 5.2ppb	10$\mu g/m^3$ 3.8ppb	0.10ppm	2$\mu g/m^3$ 1.02ppb	1,000ppm	1$\mu g/m^3$ 0.71ppb	최소 2년간 건조
	전시공간	0.05ppm/ 2h	0.12ppm	0.05ppm	0.03ppm	920ppm		
	실내공기질	0.05ppm	0.05ppm	0.10ppm	0.06ppm	1,000ppm		

* 수장고 환경기준: Canadian Conservation Institute 기준
* 전시공간: 국내외 실내 공기환경 허용기준 적용
* 실내공기질: 다중이용시설 등의 실내공기질 관리법 기준

표7) 국립중앙박물관 보존환경 및 유물대여 환경 기준(국립중앙박물관 규정)

공간 및 재질	항목	온도℃ / 습도%	이산화질소 (NO_2)	이산화황 (SO_2)	포름알데히드	이산화탄소 (CO_2)	일산화탄소 (CO)	미세먼지 (PM_{10})
수장 공간	금속류	20±4 / 30~50	5.3ppb 이하	3.8ppb 이하	0.10ppm 이하	1,000ppm 이하	10ppm 이하	150μg/㎥ 이하
	토도, 석재, 옥, 유리류	20±4 / 40~60						
	서화, 전적, 직물류, 목기, 골각기류	20±4 / 50~60						
	칠기류	20±4 / 60~70						
전시 공간	금속, 토도류	20±4 / 40~60	53ppb 이하	38ppb 이하				
	서화, 목기, 칠기, 골각기류	20±4 / 50~60						

2) 수장고 운영

현대 박물관의 수장고는 각종 기계·전자 설비로 이루어진 곳이다. 온도·습도·공기를 조절하는 공조시스템은 물론 전기·소화·방재·보안 시스템이 천장, 벽, 출입문 등에 얽혀 숨어있다. 그래서 수장고는 자료관리 담당자 및 보존과학 담당자의 작업영역이면서 동시에 기계·전기·건축·통신·보안분야 기술전문가들의 관리영역이기도 하다. 그런 만큼 어느 한 부분이라도 이상한 현상이 발생하면 즉각 전문기술자들이 점검해야 하며, 문제가 없더라도 정기적으로 시설을 점검해야 한다.

수장고는 정기적으로 전 영역을 소독 방역한다. 건물 안팎에서 서식하는 각종 해충과 곰팡이, 세균 등을 제거하여 자료가 생물 피해를 입지 않도록 예방함으로써 자료의 수명을 연장하기 위한 보존환경 조치이다. 박물관자료를 훼손하는 주요 해충으로는 좀·바퀴·흰개미·메뚜기·다듬이벌레·딱정벌레·벌·파리·나비 목旦 곤충을 들 수 있다. 이들의 유충이나 성충이 각종 재질의 박물관자료를 훼손하는데, 이를 막는 가장 좋은 방법은 이들이 박물관 수장고로 들어오지 못하게 하는 것이고, 그 다음 방법은 수장고로 들어온 해충을 빨리 발견해서 박멸 등 대처하는 것이다. 이를 위해 계절별로 해충 모니터링을 실시한 다음 소독 시기와 방식을 결정하는데, 대개 벌레와 균이 많이 발생하는 여름과 초가을에 소독 방역한다.

일반적인 소독방법은 다양하지만, 박물관자료에 사용할 수 있는 것은 약물소독과 증기소독이다. 예전 20세기에는 나프탈렌, 파라디클로로벤젠, DDT 등 발암성 화학약제를 사용하거나 메틸브로마이드·메틸아이오다이드·에틸렌옥사이드·설푸릴플루오라이드 같은 훈증가스를 사용해 소독 방역하기도 했다. 이러한 소독방법은 비소·염화수은 등의 독극물을 이용한 것으로서 살충 효과는 높지만 오존층O_3을 파괴하는 등 환경문제를 일으키고 약제의 독성이 자료와 그 주변에 오래 남아 박물관 직원의 건강을 위협하는 문제가 지속적으로 보고되었다. 그래서 요즘은 저산소농도법·이산화탄소법·저온처리법 등 화학약제를 사용하지 않는 생물방제법과 종합적유해생물관리IPM에 따른 소독방법이 널리 보급되고 있다.

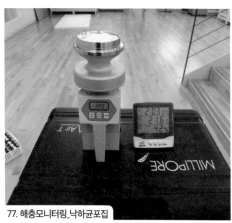

77. 해충모니터링_낙하균포집

78. 해충모니터링_수장고의 트랩 설치

80. 해충모니터링_수장고의 트랩 설치

79. 해충모니터링_수장고의 트랩 설치

81. 해충모니터링_전시실의 트랩 설치

　　현재 박물관 자료를 가장 안전하게 소독하는 방법은 훈증가스를 이용하는 것이다. 훈증은 자료를 전혀 훼손하지 않고 곤충이든 곰팡이든 자료에 기생하는 모든 생물을 박멸한다는 장점이 있지만, 소독효과가 일시적이며 소독직후에 곧바로 생물 피해를 입거나 오염될 수 있으므로 격리보관, 추가소독 등 지속적인 관리가 필요하다. 이에 소독 효과를 극대화하기 위해 박물관자료뿐 아니라 수장고 전체, 박물관 전체를 훈증하는 경우도 있는데, 대개 일주일 이상 출입을 통제하고 건축물 벽체·바닥에 침투한 약제를 모두 배출한 뒤 출입한다.

82. 훈증고   83. 훈증소독 준비

　박물관 수장고를 출입하는 사람, 수장고에서 일하는 사람은 복장이 간편하
고 단정해야 한다. 긴 치마, 나풀거리는 치마를 입으면 자신도 모르는 사이에
자료 또는 자료거치대를 옷으로 건드릴 수 있으므로 가급적 바지를 입는다.
상의는 소매가 좁은 옷이 좋다. 소매가 넓은 옷을 입었다면 작업용 토시를 착
용한다. 목걸이, 넥타이, 팔찌, 반지, 손목시계 등 자료에 닿을 수 있는 물건은
수장고에서 착용하지 않는다. 웃옷 호주머니에는 어떤 물건도 넣어두지 않
는다. 머리카락이 길다면 단정하게 묶어야 한다. 손톱은 늘 짧은 상태를 유지
하고 매니큐어를 사용하지 않는다. 얼굴에는 파우더, 아이섀도, 립스틱 등의
색조화장을 하지 않는다. 자신도 모르는 사이에 손의 땀, 화장품의 기름 등이
박물관자료에 닿아 영향을 줄 수 있기 때문이다.
　수장고에 드나드는 사람은 누구든 기록으로 남긴다. 수장고에는 원칙적으

로 2명이 함께 들어가는데, 수장고 관리 담당자가 출입문 열쇠 사용 시간을 적는 열쇠출납부와 수장고에 들어갔던 사람들의 이름, 들어간 이유, 머문 시간 등을 적는 수장고출입대장을 비치하고 반드시 정확하게 적어둔다.

보존처리 담당자 십계명[4]

1. 자신의 능력을 인식하고, 적절한 능력없이는 일을 수행하지 않는다.
2. 모든 대상물을 똑같은 관심으로 다루어야 한다.
3. 최소의 가능성을 가지고 최대의 가능성을 실행한다.
4. 무지가 그릇된 결과를 대신할 수 없다는 것을 기억한다.
5. 자신의 작업에 대해서 항상 비평적 태도를 유지한다.
6. 대상물의 문서화 가치에 대해 확고한 관점을 가져야 한다.
7. 유물이 당신이란 개인보다 더 중요하다고 생각한다.
8. 지속적인 학문연마와 개발을 해야만 한다고 생각한다.
9. 보존전문가의 능력을 증명하는 것은 보존처리 과정이란 것을 명심한다.
10. 유물에 발생하는 좋지 못한 모든 일들에 민감하게 느끼고 반응한다.

---

4) 이오희, 『문화재 보존과학』, 주류성, 2008, 83쪽. 러시아 바르샤바 국립박물관 고고학파트연구소 Hanna Jedrzejewska 작성.

3) 자료 등록·관리

박물관자료가 훈증소독을 거쳐 처음 수장고에 들어오면 임시수장고에 머물며 대기한다. 그동안 자료관리 담당자는 자료를 재질별로 구분하고 목록을 만든다. 목록에는 자료번호를 기입하는데, 구입, 기증, 위임, 위탁 등 확보사유에 따라 코드가 달라진다. 구입한 자료는 P Purchase, 기증받은 자료는 D Donation, 위임·위탁 자료는 기관 또는 개인의 이름 약자를 적어놓는 식이다. 박물관별 고유 코드와 자료 분류 코드 및 고유번호를 부여하는데, 정리할 자료가 많을 경우에는 임시번호를 부여하기도 한다. 번호는 한 자료에 한 번호가 원칙이다.

번호가 정해지면 이를 자료에 직접 적어놓는다. 이른바 마킹작업이다. 자료의 재질과 모양에 따라 번호를 적는 물질의 재료와 기입위치가 달라진다. 토기·도기·자기류 및 석기·유리류는 바닥 또는 굽 안쪽에 수성물감 붓글씨, 그림·책·고문서류는 마지막 장 왼쪽 아래에 연필 글씨, 복식·목재류는 실·연필·꼬리표 사용 등 자료 특성에 따라 마킹방법이 달라지는데, 기입위치에 일관성이 있어야 한다.

마킹작업이 끝나면, 한국 사람의 주민등록초본에 해당하는 자료카드를 만든다. 자료카드에는 번호, 이름, 수량, 국적, 시대, 재질, 크기, 입수일, 입수사유, 입수처, 가격, 출토지, 특징 등을 적고 사진을 첨부하는데, 빠르게 적는 것보다 정확하게 적는 것이 더 중요하다. 마킹작업을 하면서 관찰한 자료의 특징과 상태를 적어두고, 필요하다면 첨부한 사진에 표시를 해놓는다. 자료카드만 읽더라도 자료를 직접 꺼내보지 않고 자료의 특징과 현재 상태를 알 수 있도록 작성하는 것이 좋다.

사람이 주민등록증이나 여권을 만들 때 사진을 찍는 것처럼, 박물관 수장고에 처음 들어온 자료도 사진을 찍는다. 자료관리를 위한 기록사진이므로 멋지게 보이는 것보다 자료의 특징과 현재 상태를 정확하게 나타내는 것이 중요하다. 그래서 모든 사진이 고화질일 필요는 없다. 특별히 관리가 필요한 자료, 또는 부분만 고화질 사진을 찍어둔다. 자료가 부분적으로 훼손되어 있다면 훼손된 부분 위주로 사진을 찍는다. 자료가 입체물이라면 앞·뒤·위·아래를 모두 찍어둔다. 서로 분리되는 자료는 합체한 사진과 개별 사진까지 찍어두고, 화첩이나 병풍은 낱장 사진까지 찍어둔다.

84. 자료포장에 필요한 비품들

85. 자료 진공포장

등록작업이 끝나면 자료를 내부 수장고에 재질, 번호에 따라 격납한다. 격납된 자료는 앞으로 그 자리에서 계속 그 상태를 유지해야 하므로 특별한 보호가 필요한 것은 중성지·솜포·에어캡 등으로 감싸 오동나무 상자에 넣고 보관하는데, 상자 겉면에는 자료 사진과 번

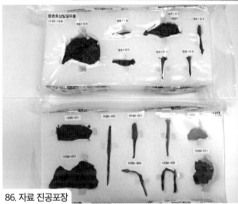
86. 자료 진공포장

호·이름·수량 등을 간단히 적은 표찰을 붙여둔다. 개별포장이 필요하지 않은 것은 수장내에 자료끼리 부딪치지 않도록 안치한다. 자료는 절대 포개놓지 않으며, 평평하게 안정된 상태를 유지하도록 안배한다.

자료 포장방법은 자료의 재질에 따라 달라진다. 석재를 다룰 때에는 작업자 손에 묻은 기름때나 먼지가 자료에 닿지 않도록 항상 면장갑을 끼고 작업한다. 포장·이동할 때에는 바닥에 깔개·받침대를 사용하고 균형을 계속 유지할 수 있도록 원래 자세를 바꾸지 않는다. 보관상자를 사용할 때에는 상자 안쪽을 면 또는 폴리에틸렌 폼으로 감싸 자료가 나무나 금속에 닿지 않게 한다.

오래된 금속자료는 매우 예민한 자료이므로 특별히 주의를 기울여야 한다. 작업자는 면장갑 또는 라텍스장갑을 끼고 자료를 다루어야 하며, 가늘고 긴 금속자료는 반드시 두 손으로 잡는다. 바닥에 중성지를 깔고 종이로 감싼 뒤 솜 위에 올려놓거나 폴리에틸렌 상자에 넣어둔다. 금속자료는 보존처리한 뒤에도 부식이 진행되는 경우가 많으므로 평소에는 특수용도 진공밀폐장에 보관하고 다른 곳으로 옮길 때에는 진공포장한 뒤 운송하는 것이 좋다.

목재와 직물도 예민한 자료이다. 목재는 수축과 부패를 막고 해충·곰팡이가 기생하지 못하게 관리하는 일이 중요하며, 변색되거나 먼지가 쌓이지 않도록 면으로 덮어 놓는다. 특히 칠기는 비단·면으로 감싸서 오동나무 상자에 넣고 암실에 보관하기도 한다. 직물은 자연광뿐 아니라 인공조명에도 변색될 수 있으므로 조도를 크게 낮춘 상태로 보관·전시해야 한다. 보관하기 전에 먼저 땀·얼룩 등 오염물질을 제거하고, 곰팡이가 번식하지 않도록 조습제와 함께 밀폐용기에 넣고 서늘한 곳에 보관한다. 자료는 가급적 접거나 포개지 않으며 보관장은 넉넉한 크기를 사용한다. 자료 표시는 연필로 번호를 기재한 중성지 꼬리표를 면실로 직물자료에 헐겁게 고정시키는 방법을 쓴다.

그림은 오동나무 상자에 반듯하게 편 상태로 보관하는 것이 좋다. 족자는 별도의 종이상자 또는 나무상자에 넣어 보관하는데, 물감이 오염되는 것을 막기 위해 중성지를 끼우기도 한다. 병풍은 두 사람이 윗부분을 잡고 가운데부터 펼쳐나가며 접을 때에는 반대로 접어 들어간다. 병풍은 나무상자나 천으로 씌워 보관하는데, 옻칠한 나무상자는 습기와 곰팡이를 방지하는 데 유리하다. 액자는 유리와 그림이 붙으면 곰팡이 결로가 생길 수 있으므로 유리와 그림을 너무 밀착시키지 않도록 신경 쓴다. 액자를 벽에 걸 때에는 뒷면에 나무를 덧대어 공기가 순환되게끔 안배한다.

등록 내용은 사진과 함께 문화유산표준관리시스템에 입력한다. 이를 통해 박물관 내부의 전시·교육 담당자가 자료를 자유로이 활용할 수 있게 된다. 또한 자료등록에 참여한 사람, 등록일자, 참고자료 등도 입력해 둔다. 자료를 전시에 활용하거나 훈증, 보존처리 등을 한 뒤에는 반드시 그 내용을 문화유산표준관리시스템에 추가 기록해 둔다.

4) 자료다루기

박물관에서 자료를 다루는 사람은 모름지기 신중하게 처신해야 한다. 한번 실수하면 돌이킬 수 없는 일임을 자각하고 매사 자신의 임의판단보다는 규정과 매뉴얼을 우선시해야 한다. 수장고에 격납한 자료는 모두 가치 있는 것이기 때문에 가치와 중요도를 따지며 자료를 다루지 않는다. 자료를 취급하기 전 자료관리 책임자는 동료들에게 작업방법과 목표를 명확하게 설명한 다음 지시하고, 자료를 옮기는 순간에는 한 사람이 지시하고 모두 그 결정에 따라야 한다. 지시자의 결정이 위험한 방법이라고 생각되면 즉시 이의를 제기하고 옮기는 순간에는 따로 행동하지 않는다. 지시자가 이의를 받아들이지 않고 위험한 방법을 고수한다고 생각한다면 자료의 안전을 위해 작업을 거부할 수 있나. 수장고에서는 작업사 시위의 높고 낮음과 상관없이 규징과 원칙을 어기는 행동에 대해서는 지적하여 반복하지 않게 한다. 수장고에서 자료를 다룰 때 유의해야 할 일반적인 사항은 다음과 같다.[5]

---

5) 이내옥, 『문화재다루기: 유물 및 미술품 다루는 실무지침서』, 열화당, 1996 참조.

- 수장고에 들어가기 전 손을 깨끗이 씻고 말린다.
- 자료는 깨끗한 손으로 만지고, 손이 더러워지면 다시 씻고 말린 뒤 만진다.
- 자료를 다루기 전에 목걸이, 넥타이, 팔찌, 반지, 손목시계 등을 풀어놓는다. 웃옷 호주머니에 넣어둔 물건도 모두 꺼내놓는다.
- 자료가 종이, 금속, 칠기, 골각기 등 습기·기름기·소금기에 약한 재질인 경우에는 반드시 면장갑, 라텍스장갑 등을 사용한다.
- 장갑은 재질에 맞춰 사용하며, 재질이 달라지면 장갑도 바꾼다.
- 자료는 재질이 같거나 비슷한 것끼리 모아둔다.
- 자료를 옮기기 전에 먼저 자료의 약한 부분이 있는지를 살핀다.
- 자료를 앞에 두고 기침·재채기하거나 길게 얘기하지 않는다.
- 자료를 옮길 때에는 옮길 장소와 작업인원을 먼저 정한 뒤 실행한다.
- 자료를 옮길 때에는 오직 한사람이 지휘한다.
- 자료를 옮길 때에는 대화를 삼간다.
- 자료를 옮길 때 인원이 너무 적다고 생각되거나 위험하다고 판단되면 작업을 거부할 수 있다.
- 아무리 작고 가벼운 자료라 하더라도 한 번에 한 점씩만 옮기고, 가급적 운반도구를 사용한다.
- 자료를 운반도구 쪽으로 가져가지 않고 운반도구를 자료 쪽으로 가져간다.
- 운반상자에 자료를 여러 점 넣어야 할 때에는 자료 사이에 중성지, 솜포 등을 끼워 충돌에 대비한다.
- 재질이나 무게가 크게 다른 자료를 한 상자에 담지 않는다.
- 2개 이상으로 분리되는 자료는 따로 분리시킨 뒤 옮긴다.
- 자료가 대형인 경우에는 중심부분을 잡고 들어올리며, 바닥에 닿은 채로 끌지 않는다.

- 자료를 들고 뒷걸음질하지 않는다.
- 자료를 든 사람이 문을 드나들 때에는 다른 사람이 문을 열게 한다.
- 자료를 다른 사람에게 전해줄 때에는 안전한 곳에 내린 뒤 들고 가게 한다. 손에서 손으로 넘겨주지 않는다.
- 작업자가 자리를 옮길 때 자료 또는 자료상자를 넘지 않는다.
- 자료에 붙은 손잡이, 테두리, 구석진 부분 등 구조적으로 약한 부분을 잡고 들어 올리지 않는다.
- 특수한 재질이나 손상되기 쉬운 자료는 보존과학자와 상의한 뒤 만진다.
- 자료 상태가 특이하다고 생각되면 기록해둔다.
- 자료를 정리할 때에는 연필, 천, 플라스틱테이프 등을 사용한다. 잉크와 금속재질 사용은 최대한 삼간다.
- 자료를 실측할 때에는 금속 자를 사용하지 않는다.
- 자료를 포장한 상자를 풀었을 때에는 확인이 끝날 때까지 포장재료를 버리지 않는다. 자료의 파편이나 작은 부속품이 남았을 수 있기 때문이다.
- 자료를 두고 떠날 때에는 주변을 청결히 하고 위험요소를 제거한다.
- 자료를 다루다가 훼손하였다면 자료를 더 이상 움직이지 않게 하고 파편을 수습한다.
- 자료 훼손은 아무리 작은 일이라도 책임자에게 즉각 보고한다.
- 자료에 따라서는 충격이 발생하고 한참 지난 뒤 균열이나 박락이 생길 수 있다.

V

교육과
행사

1 교육프로그램

박물관은 사회교육기관이다. 사회구성원이 함께 기억할만한 가치를 지닌 유형·무형의 자산을 박물관이 조사·연구하고 수집·보존하는 이유는 그 기억할만한 가치를 전시·교육하기 위해서이다. 전시도 박물관 교육활동의 한 가지 수단에 지나지 않는다. 그러므로 교육이야말로 박물관의 궁극적 목표이자 사명이라고 말할 수 있다.

교육은 인간 형성의 과정이며 사회발전의 동력이다. 바람직한 인간상과 삶의 방향을 제시하고 타고난 소질과 성품을 보호·육성함으로써 개인의 행복을 꾀하고 사회발전을 꾀하는 일이다. 그것은 학교에서만 이루어지는 일이 아니며, 대상과 나이가 따로 정해져 있는 일도 아니다. 그런데도 많은 사람들이 교육을 학교에서 이루어지는 일로 여기는 것은 교육의 주요 대상을 은연중 사회적으로 아직 독립하지 못한 인격체, 어린이·미성년으로 인식하기 때문이다.

미국 펜실베이니아 주립대학교의 심리학자 셰리 윌리스Sherry Willis와 그의 남편 워너 샤이K. Warner Schaie는 1956년부터 40여 년간 시애틀에 거주하는 조사대상 6,000명의 뇌 인지능력을 7년마다 정기적으로 검사했다고 한다. 흔히 시애틀 종단연구Seattle Longitudinal Study라고 불리는 이 검사에서 그들이 주목한 것은 뇌의 6가지 능력이었다. 검사항목은 얼마나 많은 단어를 이해할 수 있으며 동의어를 얼마나 많이 찾을 수 있는가(어휘능력), 얼마나 많은 단어를 기억할 수 있는가(언어기억능력), 덧셈·뺄셈·곱셈·나눗셈 등 사칙연산을 얼마나 빨리 할 수 있는가(계산능력), 사물이 180° 회전했을 때의 모습을 얼마나 잘 알아볼 수 있는가(공간지각능력), 빨간색 화살표가 계속 나타나다가 불규칙적으로 녹색 화살표가 나타났을 때 얼마나 빨리 벨을 누를 수 있는가(반응속도), 논리 문제를 얼마나 잘 풀어낼 수 있는가(귀납적 추리능력) 등이었다. 검사 결과, 10대와 20대는 계산능력과 반응속도에서 높은 점수를 얻었지만, 나머지 항목에서는 점수가 낮았다고 한다. 오히려 40~65세 중장년의 검사 결과가 훨씬 더 좋았다. 특히 40대 후반, 50대 초반에 해당하는 사람들이 어휘능력, 언어기억능력, 공간지각능력, 귀납적 추리능력 등의 항목에서 가장 좋은 점수를 얻었다고 한다. 새로운 것을 빨리 받아들이는 순발력이 복잡한 상황에서 문제점을 발견하는 능력, 글을 읽고 주제를 파악하는 능력, 결과를 예측하고 해결책을 찾는 능력 등과 서로 비례하지는 않는다는 사실을 확인한 것이다.

　　셰리 윌리스 팀의 시애틀 종단연구 결과는 교육이 어린 나이에 학교에서만 이루어져서는 안된다는 사실을 방증한다. 20세 또는 20대에 학교를 졸업한 뒤 두뇌 개발과 관련한 교육을 더 이상 받지 않는 사람이 많은 사회는 신체운동능력에 기반한 순발력을 중시할 뿐 종합적인 인지능력을 존중하지 않는 셈이 된다. 사람의 두뇌 인지능력은 단순히 반응 속도만으로 가늠할 수 없는 것인데, 학력시험을 중시하는 학교 교육은 반응 속도 이외에 다른 능력들을 홀시함으로써 개인의 소질 개발 및 사회 발전이라는 교육 효과를 오히려 낮추는 셈이 되는 것이다. 특히 현대 한국사회처럼 고등학교 또는 대학을 졸업하는 무렵에 그 사람의 수학능력, 직업능력 등을 몇 가지 시험으로 판단하고 그 결과를 60대에 이르기까지 유지하도록 교육·직업체계를 구성·편제하는 것이 매우 불합리하다는 사실을 시애틀 종단연구 결과는 알려준다.

학교 중심 교육의 맹점은 교육 대상이 미성년에 집중되어 있다는 것이다. 한국사회의 각급 학교는 이른바 전인교육全人敎育을 목표로 삼고 있다. 미성년 학생이 신체적 성장, 지적 성장, 정서적 발달, 사회성 발달 등을 조화롭게 이루며 바람직한 성인으로 성장하도록 가르치고 기른다는 뜻이다. 그러나 이는 오늘날 대학입시와 취업시험을 중시하는 사회분위기와 시험 준비에 몰두하는 수많은 학교의 교육 현실 앞에서 한낱 구호로만 변한지 오래되었다. 그리고 치열한 시험 경쟁을 거쳐 성인이 된 사회구성원들이 10대, 20대의 경험을 기반으로 단순한 계산능력·순발력을 중시하고 느리지만 종합적인 인지능력을 경시하는 데 큰 영향을 미치고 있는 것이다. 오늘날 박물관의 다양한 교육 프로그램은 이러한 학교 교육의 맹점과 공백을 메우고 있다.

1) 전시해설

박물관 전시는 기본적으로 교활한 구석이 있다. 어떤 전시는 기획의도를 감추거나 미화하고, 어떤 전시는 연출기법으로 실제 내용을 눈가림하거나 왜곡하기도 한다. 작고 평범한 일을 멋지고 대단한 일로 꾸며 보이기도 하고, 용감하고 위대한 첫걸음을 멍청하고 무모한 행동으로 인상지우기도 한다. 수

많은 사람들을 잔인하게 죽인 범죄자들을 국가발전을 위해 몸 바친 희생자로서 추념하는 전시연출도 있다. 박물관이 사회교육기관이라는 점을 감안하면, 전쟁범죄자들을 추념하는 박물관 전시는 미래의 전쟁범죄자와 동조자들을 길러내 민주시민사회를 위협하려는 반인륜 교육이라고 말할 수 있다. 그런데 그런 교육 의도를 슬쩍 감추며 역사 사실을 왜곡한 박물관전시가 지금도 실제로 존재한다.

박물관 학예직원과 전시디자이너는 전시를 기획·연출하기 위해 다양한 요소와 매체를 사용한다. 전시연출자가 사용하는 요소와 매체는 저마다 일반적이며 상식적인 배경을 갖고 있다. 그래서 왜 그 자료를 전시품으로 선택했는가, 왜 그 자료의 이름을 이렇게 정했는가, 왜 그 자료를 이런 방식, 이런 모습으로 진열하는가, 왜 그 자료의 의미를 이렇게 규정했는가 등 전시품 하나만 두고도 기획의도를 다각도로 읽어낼 수 있는 것이다.

전시연출자가 설명패널·도록·영상 등을 통해 전시품의 의미와 전시 이유를 직접 구체적으로 설명하기도 한다. 그러나 그 설명 내용이 박물관을 찾은 모든 관람객에게 오롯이 전달되는 것은 아니다. 박물관 관람객이 매우 다양하기 때문이다. 아장아장 걷는 아기, 휠체어에 의지한 백세 노인, 학교 교육을 전혀 받지 않은 사람, 대학에서 해당분야 박사학위를 받은 사람, 종교가 있는 사람, 종교가 없는 사람, 시각을 중시하는 사람, 청각에 민감한 사람, 혼자 관람하는 사람, 함께 관람하는 사람, 일부러 시간 내어 방문한 사람, 지나가다 우연히 들른 사람 등 조건·사연이 제각각 다른 사람들이 같은 공간에서 같은 전시물을 대하기 때문에 감흥과 생각이 저마다 다른 것은 어찌 보면 당연하다. 그래서 전시연출자가 전시기획 의도와 배경을 명확히 밝히는 일은 매우 중요하다.

박물관에서 전시내용을 공식적으로 안내하고 해설할 수 있는 사람은 학예

87. 학예직원의 전시설명

88. 전시해설사의 전시설명

89. 전시해설사의 전시설명

직원과 전시해설사이다. 학예직원은 전시를 기획하고 연출한 박물관 직원이므로 전시 의도와 내용을 가장 구체적으로 설명할 수 있는 사람이다. 그래서 보통 전시개막행사를 개최하면 담당 학예직원이 행사에 참여한 손님들에게 전시내용을 안내·설명하는 것을 관례로 여긴다. 학예직원이 정기적으로 박물관 이용자와 함께 전시실을 돌며 전시내용을 설명하기도 한다. 상설전시든 특별전시든 박물관 학예직원의 전시안내는 창작자의 직접해설이라는 권위를 갖게 되며 그 박물관의 공식입장에 준한다.

박물관의 전시해설사를 도슨트Docent라고 부르기도 한다. 전시해설사는 박물관 이용자에게 박물관 학예직원 대신 전시내용을 안내·설명하는 역할을 하는데, 대개 자원봉사자이다. 전시를 기획하거나 연출한 전문가는 아니지만 전문가인 담당 학예직원으로부터 전시 기획의도와 내용을 충분히 교육받은 뒤 박물관 이용자에게 전달하는 맞춤교사라고 할 수 있다. 전시해설사는 박물관 이용자의 시각을 박물관 학예직원보다 더 잘 이해하는 입장에서 전시내용을 해설하므로 박물관 이용자의 눈높이에 맞춘 전시해설이 장점이다. 다만, 전시 의도와 내용을 깊이 이해하지 못한 상태에서 잘못 전달할 수 있으며, 박물관 이용자의 돌발질문에 잘못 응답해 교육목적을 훼손할 수도 있다. 그러므로 박물관의 전시해설사는 반드시 담당 학예직원이 제시한 전시해설 매뉴얼에 따라 해설해야 하며, 충분히 숙지하지 못한 내용에 대해서는 아는 체하지 않고 "모른다"라고 말할 수 있는 지혜와 용기를 가져야 한다.

2) 강좌 · 강연

박물관은 사회교육기관 또는 평생교육기관이다. 이를 상징하는 것이 바로 박물관의 강좌와 강연이다. 강좌는 흔히 일정기간 전문분야별로 강의하는 계몽적인 강습과목을 가리키며, 강연은 특정 주제에 대한 부정기적인 강의를 가리킨다. 강좌의 주제는 박물관의 정체성, 소장품, 상설전시내용 등과 연관된 것이 많고, 강연 주제는 특별전시내용과 연관된 것이 많다.

강좌는 매우 다양한 형태와 방식으로 이루어진다. 가장 일반적인 형태로는 한국의 많은 박물관이 저마다 매년 개설하는 이른바 '박물관대학'을 들 수 있는데, 대개 특정 주제를 시리즈로 구성해서 일정기간 매주 또는 격주로 정해진 요일, 정해진 시간에 미리 신청한 수강생들을 대상으로 대규모 강당 또는 소규모 교육실에서 교육하는 방식이다. 시리즈 교육이 끝나면 박물관이 수강생에게 수강증 또는 수료증을 수여하기도 한다. 이밖에 문화강좌, 시민강좌, 인문학강좌, 역사문화강좌, 교양강좌, 수요강좌, 토요강좌, 여성강좌, 점심강좌, 박물관강좌 등 강좌 이름은 다양하지만, 수강대상은 주로 중장년층과 노년층으로서 큰 차이가 없다.

박물관 주요 이용자의 연령·성향에 맞춘 강좌로는 어린이대상 강좌가 주류를 이룬다. 어린이대상 강좌는 대개 오감과 호기심을 자극하며 신체운동을 접목한 체험 위주의 교육프로그램이 많다. 특히 미술관의 그림그리기 프로그램은 어린이의 정서 함양, 창의력 발달, 자존감 고취, 표현력 증대 등 미술교육의 장점을 적극 홍보하고 표면화함으로써 오히려 학교 미술교육의 문제점을 노출시키고 그에 대한 대안 내지 보완 프로그램으로 자리잡고 있다. 박물관의 청소년대상 강좌는 매우 적은 편인데, 한국의 중등학교가 시험 위주 교육과정에 매여 있다는 현실적 한계와 무관하지 않다. 현재 한국박물관의 청소년대상 강좌는 학교의 교과목과 연계한 것이거나 진로·직업관련 지식 위주 교육프로그램이 많은 편이다.

박물관은 강좌와 강연을 더욱 많이 개최해야 한다. 박물관은 특정 주제에 관한 지식을 갈구하는 다양한 계층·성향의 사람들이 실물자료를 매개로 해당분야 전문가를 만나 궁금증을 해소하며 대화할 수 있는 일종의 지식광장 같은 곳이기 때문이다. 강사 초빙에 특별한 제약이 없어 다양한 전문가의 의견을 고루 들을 수 있고, 전시실의 실물자료를 강의자료로 활용할 수 있으므로 헌징김이 박물관 강좌·강연의 큰 장점이다. 그리고 수강자도 연령·성별·경력 등에 제약이 없고 자발적 참여만이 기준이라는 점에서 사회적 교육 효과가 매우 크다고 할 수 있다.

박물관의 강좌·강연 운영은 박물관이 지역사회 및 주민들과 소통하는 데에도 도움을 준다. 지역사회의 정체성과 역사문화적 환경 또는 사회문화적 환경을 박물관 전시·교육 운영에 반영할 뿐 아니라 지역사회의 문화정책에 무관심하거나 우호적이지 않은 주민들에게 관련정보를 제공함으로써 지혜로운 방향을 모색하고 합리적인 해결책을 찾는 데 도움을 주는 것이다. 가령, 서울시 송파구에 위치한 국가 사적 서울 풍납동토성은 백제의 초기 왕성유적으로서 지금도 땅속에 백제 때의 왕궁·관청·주거지·우물·도로 등 유적이 남아 있어 역사학계·서울시·문화재청이 모두 세계문화유산으로서의 가치를 인정하고 있다. 그러나 인근 주민들의 상당수는 국가와 지방자치단체의 문화재정책이 주민의 재산권을 침해하고 있다고 호소하며 도시개발을 주장하고 일부는 문화재로서의 가치마저 부정하고 있다. 이는 물론 그동안 한국 정부와 서울시의 문화재정책이 지역주민에게 일방적인 희생을 강요하는 방식으로 진행된 탓이기도 하지만, 지역의 역사성과 문화재의 의미를 고려하지 않고 도시개발과 경제적 이익을 앞세운 한국사회의 역사인식이 부끄러운 민낯을 드러낸 것이기도 하다. 따라서 한성백제박물관을 비롯한 지역사회의 박물관들은 강좌·강연을 통해 서울 풍납동토성 유적의 가치와 역사적 의미를 지역주민에게 정확하게 전달하고 토론해 객관적 인식의 폭을 넓힘으로써 국가문화재는 물론 지역주민의 불안한 현실과 현안문제를 해결하는 데 도움을 줄 수 있는 것이다.

3) 체험학습

한국 교육제도에서 체험학습은 초·중등학교 학생이 다른 지역에 있는 친척 집에 머물며 전학하지 않고 현지학교에 다니거나 학기중 일정기간 학교수업에 참여하지 않고 여행을 통해 학습하는 형태를 가리킨다. 또, 학생들이 단체로 학교 교실을 떠나 교재에 소개된 곳을 방문하여 직접 몸으로 겪으며 배우고 익히는 것을 현장체험학습이라고 부른다. 그러나 박물관에서는 장소를 바꾸지 않더라도 수강생이 신체를 움직이며 오감을 자극하는 방식으로 배우거나 어떤 상황을 재연하는 등 직접 몸으로 겪으며 배우는 학습방식을 모두 체험학습이라고 한다.

　박물관 중에는 문화유산(역사유적), 자연유산, 생태환경, 관광시설 등과 지리적으로 가깝거나 연계한 이른바 현장박물관이 많다. 그래서 각급 학교가 교과목 수업의 일환으로서 현장과 박물관을 차례로 견학하는 현장체험학습의 대상지가 되는 경우도 적지 않다. 현장박물관은 인근 현장에서 출토되었거나 수습·채집한 실물자료를 주요 전시품으로 활용하고 있으므로 박물관 견학자의 입장에서 보면 전시관람 자체가 체험학습인 셈이다. 더욱이 박물관에서 강좌 형태로 진행하는 그림교실, 음식문화교실, 악기교실, 노래교실, 실험교실, 과학교실, 연극교실 등 다양한 체험프로그램은 박물관을 체험학습, 체험교육을 위한 시설로 만들기도 한다.

90. 가족체험교실 교육강사의 설명

91. 가족체험교실

92. 가족체험교실_유적답사

93. 박물관캠프체험_미션활동

94. 유적발굴체험

95. 박물관캠프체험

96. 전통놀이체험

　　현장박물관 중에는 답사안내프로그램을 운영하는 곳이 적지 않다. 역사유적 인근에 위치한 역사박물관은 문화재해설사가 정해진 시간에 정해진 코스대로 신청자들을 인솔하며 안내하는 답사프로그램을 운영하고, 자연 숲·늪지 인근의 생태박물관은 숲 해설사가 답사 안내를 하는 답사프로그램을 운영한다. 수강신청자의 대다수는 평일에 단체이용자, 주말에 가족이용지가 많은 편이다. 아직은 안내자 또는 해설사가 처음부터 끝까지 인솔하며 일방적으로 정보를 전달하고 수강자는 수용하는 방식이 보편적이지만, 자기주도적으로 답사하는 프로그램을 적극적으로 개발, 운영해야 한다. 그러려면 관련 정보를 상세히 담은 안내물과 교구를 적절한 곳에 비치하고, 모형과 사진들을 전시하는 등 답사 전 오리엔테이션과 현장답사코스 및 진행절차에 대한 세심한 준비작업이 필요하다.

현장박물관의 답사프로그램은 일종의 학습형 관광에 해당하므로 지역주민의 참여, 연계가 중요하다. 문화유산·자연유산·관광지 등을 답사하는 사람에게 지역주민의 설명은 해설안내판이나 기타 어떤 해설매체보다 만족도를 높이는 역할을 한다. 지역주민이 일정한 교육·훈련을 거쳐 현장해설사가 된다면, 지역주민에게 일정 부분 혜택이 될 뿐 아니라 현장을 보존하고 관리하는 데에도 큰 도움이 될 수 있다. 다만, 좋은 해설인력은 단기간에 양성하기 어렵고 상당한 시간이 소요되는 만큼 체계적인 준비기간이 필요하다.

문화유산의 경우, 단체방문객과 고령방문객은 해설사의 안내·설명 프로그램을 많이 이용하지만, 가족방문객 또는 어린이가 포함된 방문객은 해설사의 안내보다 체험교육 프로그램 참여를 선호하는 경향이 있다고 한다. 그래서인지 한국의 국공립박물관에서는 최근 어른 1명이 초등학생 5~8명을 인솔하며 전시내용을 교육하는 단체관람객을 흔히 볼 수 있다. 특히 봄·가을 학기 주말과 방학기간에 많은데, 인솔자를 흔히 체험학습교사 또는 현장체험학습교사라고 부른다. 이들 체험학습교사는 수강생들에게 학교 교과과정을 통해 얻은 지식과 정보를 박물관과 유적지 등의 현장에서 직접 체험할 수 있도록 지도하며, 대다수는 회사 또는 단체에 소속되어 있다. 이들이 수강생으로부터 수강료를 받고 박물관 시설 내에서 강의하므로 현재 관람료를 내지 않는 국공립박물관의 경우에는 시설 무료이용이 부당하다는 의견도 있으나, 다른 이용자들을 불편하게 만들거나 공용시설을 무단 독점하지 않는다면 오히려 박물관의 설립 목적을 잘 활용하는 것이라고 볼 수 있다. 다만, 체험학습교사가 전시 내용과 의미를 수강생에게 잘못 전달하지 않도록 박물관이 관련정보를 충분히 공개하고 평소 교육방향 등에 대해 미리 소통해둘 필요가 있다.

97. 체험학습교사와 어린이들

98. 박물관의 체험학습교사 연수

　　한국사회도 주말을 가족과 함께 보내는 사람들이 점점 늘고 있다. 자연스럽게 박물관에도 가족이 참여하는 체험교실 프로그램이 생겨 인기를 누리고 있다. 부모와 아이기 서로 학예사 역할을 바꿔가며 전시내용을 안내·설명하는 해설프로그램, 가족이 함께 역사유적 또는 숲·늪지를 답사하는 탐방프로그램, 가족이 정해진 장소에서 역할극·퀴즈경연을 하거나 자연을 관찰하며 하룻밤을 보내는 캠핑프로그램 등 다양한 방식으로 진행되는데, 박물관이 가족의 소중한 추억을 만들어주는 역할을 하는 것이다.

4) 학교연계교육

학교와 박물관의 관계는 일반적으로 학교가 박물관을 교과과정에 활용하는 형태로 나타난다. 한국의 초등학교는 3학년 사회시간에 거주지역의 지리와 사회적 특징, 교통 및 통신 수단, 지명과 지역교류, 의식주 생활의 변화상, 문화 다양성 등을 다룬다. 4학년 사회시간에는 촌락의 유형과 특징, 도시 개발과 사회문제, 민주주의와 주민 자치, 바람직한 경제생활, 사회변화와 평등·인권, 지역문제 해결과 주민참여 등을 다룬다. 5학년 사회시간에는 국토의 특징과 환경, 경제 성장과 발전, 사회문화와 문화발전, 한국의 선사와 고대역사, 고려시대의 사회와 문화, 조선 건국과 유교문화 등을 다룬다. 6학년 사회시간에는 조선시대 사회와 문화, 근대국가 수립과 민족운동, 대한민국 발전과 미래평화, 한국의 정치제도, 이웃나라의 환경과 국제교류, 세계의 자연과 문화, 세계화와 우리 역할 등을 다룬다.[6] 모두 한국 또는 외국의 박물관과 관련 깊은 내용이며, 박물관과 연계 교육하도록 구성한 학습계획이다. 초등학교 6학년 2학기 사회과 교과서는 아예 유럽의 영국박물관과 루브르박물관을 직접 사진과 함께 소개할 정도로 박물관과의 연계성이 높다.

그리하여 초등학교 교사들의 인솔 하에 학생들이 박물관을 단체 관람한 뒤 『사회과탐구』교재의 문제를 풀이하는 등 아예 탐구생활 수업을 박물관에서 진행하는 경우도 있다. 역사현장에 관한 다양한 자료와 실물자료를 함께 접하면서 수업하는 방식이므로 일종의 체험학습인 셈인데, 교육 효용성을 높이려면 시설이용 사전예약, 수업방식 협의 등 학교(교사)와 박물관(직원·학예사)의 사전협의·협조가 긴요하다. 학교의 교과과정과 연계한 현장학습으로서의

---

6) 2009년 개정 초등학교 국정 사회 교과서 기준.

박물관 견학은 중학교·고등학교에서도 종종 시행하지만, 그 수는 현저히 줄 어든다.

　박물관의 교원연수프로그램 운영도 학교와 박물관의 연계교육 가운데 하 나라고 할 수 있다. 교원연수프로그램은 지역 교육청이 초·중등학교 교사의 직무능력 향상을 위해 운영하는 연수프로그램으로서 학교의 여름방학과 겨 울방학 기간에 맞춰 대학·연구소·박물관 등 교육관련 전문기관에 위탁해서 운영하는데, 박물관에서 연수를 받은 교사는 수업 중 그 박물관의 전시내용 등을 소개하거나 학생들의 단체관람을 기획하는 경우가 많으므로, 박물관의 참여율이 매우 높다. 교육청은 수강한 교사들의 강의만족도를 기준으로 연수 프로그램의 효용성을 평가하고 결과에 따라 다음해 프로그램 운영 허가 여 부를 결정한다.

99. 학생들의 단체관람

5) 찾아가는 박물관

박물관교육에 참여하려는 이용자가 박물관을 찾아가는 것이 아니라 오히려 박물관이 이용자를 찾아가서 교육하는 방문형 교육프로그램은 박물관교육의 진화를 상징한다. 최근 박물관들이 저마다 운영하는 이른바 '찾아가는 박물관'은 수강생들이 평소 생활하는 곳에 박물관의 학예직원 및 교육담당직원이 전시내용과 관련한 각종 교구를 차량에 싣고 가서 해설·교육하는 방식이므로 박물관을 오가기 쉽지 않은 곳에 위치한 유치원, 초등학교, 경로당 등의 어린이·노약자가 박물관의 교육서비스를 체험할 수 있는 일종의 교육복지에 해당한다. 차량에 박물관자료를 싣고 가거나 태풍·지진 등의 재난환경을 체험할 수 있는 시설을 갖춰 놓기도 한다.

찾아가는 박물관 프로그램은 박물관이 딱딱하고 근엄한 곳이라는 이미지를 벗고 누구에게나 열린 곳이며 일상생활과 연결된 곳이라는 메시지를 수강생에게 준다. 그리하여 수강생이 다음번에는 직접 박물관을 찾아가보도록 박물관의 문턱을 낮추는 역할을 한다. 다만, 박물관자료 직접관람이 불가능하거나 제한적이며 교육장소의 여건에 따라 교육주제가 제한될 수 있다. 그리고 박물관 교육실에서 진행하는 프로그램에 비해 시설차량을 갖추어야 하고, 차량이동 등 교육준비시간이 더 걸리며, 교육담당직원이 더 필요하고, 교구 수명이 짧아진다는 점을 감수해야 한다. 다양한 교구를 사용할 수 없고, 교육내용을 전시물과 연계할 수 없다는 것도 단점이다. 찾아가는 박물관 프로그램이 교육복지에 기여하는 면이 큰 것은 사실이지만, 박물관교육의 보조적인 수단이라는 점을 먼저 인정해야 한다.

6) 특수교육

특수교육은 신체적, 정신적, 사회적 발달 장애를 지닌 사람의 교육적 요구를 충족시키기 위해 특성에 적합한 교육과정 및 교육서비스를 제공하는 교육방식을 가리킨다. 한국에서 2007년에 처음 제정된 현행 「장애인 등에 대한 특수교육법」은 시각장애, 청각장애, 지적장애, 지체장애, 정서·행동장애, 자폐성장애, 의사소통장애, 학습장애, 건강장애, 발달지체 등을 주요 특수교육 대상자로 지정하고 있다. 2014년을 기준으로 한국의 등록장애인은 약 250만 명으로서, 시각장애인은 약 25만명, 청각장애인은 27만명, 지적장애인은 약 18만명, 지체장애인은 약 130만명, 정서장애인은 약 9만명, 행동장애인은 약 25만명, 자폐성장애인은 약 2만명이다.

특수교육은 장애의 특성에 맞춰 각각 특별한 방법으로 운영해야 한다. 교육과 치료·훈련을 병행하는 경우도 많다. 교육목표는 대개 특수아동의 생존·발달·교육·노동 권리 보장 및 실현, 일반교육과의 완전통합 등이다. 이에 박물관은 시각장애인을 위해 음성전시안내시스템 구축, 만질 수 있는 전시물 연출, 촉각도록 간행 등을 추진하고, 청각장애인을 위해 영상물의 자막 및 수화 삽입을 적극적으로 추진해야 한다. 지체장애인을 위해서는 박물관 시설에 계단과 같은 물리적 장애물 및 심리적 장애물을 없애는 이른바 배리어 프리 barrier-free를 실현하고, 지적장애인을 위해서는 전문 교육강사와 자원봉사자 지원 시스템을 구축해야 한다.

특수아동을 대상으로 한 박물관교육은 개인보다 기관이나 학교의 학급단체 단위로 이루어지는 경우가 많다. 단체 인원은 대개 2명~10명 정도이기 때문에 박물관은 소수인원에 맞춘 교육프로그램을 준비해야 한다. 특히 특수아동은 개성이 각자 뚜렷하게 달리 표현되는 경우도 많기 때문에 매번 같은 교육 내용과 방법을 적용하기 어렵다. 그러므로 박물관 교육담당자는 교구 등 모든 교육준비를 처음부터 새로이 준비한다는 마음가짐으로 접근해야 한다. 각 아동의 신체 조건에 따라서 필요한 교구가 다르기 때문에 기성제품을 구입하기 어려워서 자체 제작해야 하는 경우가 많다.

2

행사와 홍보

1) 박물관 문화행사

오늘날 박물관은 더 이상 조용히 감상만 하는 곳이 아니다. 전시실 이외의
공간에서는 보고 듣고 떠들며 노래 부르고 즐기는 곳이 된지 오래다. 먹고 마
시는 행사도 자주 열린다. 가장 흔한 행사 프로그램은 음악회이다. 박물관이
주관하여 특정 요일, 특정 시각에 박물관 건물 입구, 로비, 강당 등의 장소에
서 크고 작은 음악회를 정기적으로 개최하거나 박물관시설 일부를 임대하여
음악회를 열도록 지원하는 곳이 적지 않다. 박물관의 전시내용을 처음 공개
하는 개막행사에서 악기를 연주하거나 노래 부르는 순서를 두는 것이 관례
처럼 된 곳도 있다. 여건이 갖춰진 곳에서는 뮤지컬을 공연하기도 한다.

100. 박물관 문화행사_떡메치기   101. 박물관 마당에서의 역사뮤지컬 공연

　　박물관에서는 미술행사도 자주 열린다. 이른바 사생대회라고 해서 주로 초·중·고등학교 학생들이 박물관 주변 풍경이나 전시물을 그림으로 그려 실력을 겨루는 대회를 개최하고 입상작품을 한동안 박물관 시설에서 전시하는 곳이 많다. 사생대회는 흔히 시·수필 등의 글짓기를 겨루는 백일장과 함께 열기도 하며, 지역사회단체와 연계하여 일반 성인, 가족까지 참가하는 경우도 있다. 요일과 시간을 정해 정기적으로 영화를 상영하는 박물관도 많다.

　　박물관 행사는 한국의 전통 명절 기간에 특히 다양한 형태로 많이 개최된다. 연초의 설날 및 정월대보름날에는 달력 만들기, 복주머니 만들기, 연 만들기, 윷놀이, 제기차기, 죽마타기, 고리던지기, 투호, 굴렁쇠 굴리기, 떡메치기, 소원 빌기, 부럼깨기 등의 민속체험행사를 벌이고, 초여름의 단오절에는 부채 만들기, 장명루 팔찌 만들기, 창포물에 머리감기, 씨름하기, 떡만들기 등의 행사를 많이 개최한다. 가을의 추석에는 송편 빚어먹기, 떡방아 찧기, 씨름하기, 짚신 만들기, 제기 만들기, 제기차기, 고리던지기, 윷놀이 등의 민속체험행사를 많이 벌인다.

박물관의 정체성을 민속과 접목한 행사도 적지 않다. 역사·민속박물관의 각종 민속행사를 비롯해 술박물관의 술 빚기, 김치박물관의 김치 담그기, 도기박물관의 오지그릇 빚기, 청자박물관의 청자 만들기, 떡박물관의 떡 만들기, 민화박물관의 민화 그리기 등이 그에 해당한다. 행사 진행방식은 대개 전문가들의 공연을 관람하는 것보다 박물관 이용자가 직접 몸으로 경험해보는 체험행사가 압도적으로 많다.

2) 홍보

박물관은 기본적으로 남녀노소 일반다중을 대상으로 한 교육문화시설이지만 그 일반다중의 주체적 선택과 적극적 행동에 따라 이용자가 결정되므로 박물관 인지도를 높이는 일이 매우 중요하다. 박물관의 인지도 상승이 곧 이용자 증가로 이어지는 것이다. 따라서 많은 박물관이 인지도를 높이기 위해 이용자 만족도조사와 같은 마케팅정보를 수집하고 다양한 매체를 통해 전시개최, 교육프로그램, 문화행사 등 각종 정보를 홍보하고 있다.

박물관의 홍보방식 중 일반적인 것으로는 인터넷 홈페이지 운영, 박물관회 운영, 박물관 모니터단 운영, SNS서포터즈 운영, 모바일웹 운영, 웹미디어 컨텐츠 홍보, 게시판 및 전자게시판 설치, 현수막 및 배너 설치, 행사 보도자료 배포, 신문·방송 광고, 전광판 광고, 애드벌룬 광고, 반상회 및 주민자치회 홍보, 홍보리플릿 제작, 소식지 발간, 문화캘린더 제작 등이 있다. 그리고 박물관의 이름과 로고가 새겨진 각종 문화상품을 만들어 배포·보급한다.

사실 박물관은 일반 기업과 달라서 모든 공식 활동이 곧 홍보활동이라고 할 수 있다. 박물관이 정기적으로 개최하는 특별전시, 강연·강좌를 비롯한 각종 교육프로그램, 음악회와 미술대회, 명절맞이 민속체험행사와 정기 문화행사는 모두 박물관 인지도를 높이는 홍보활동에 해당한다. 그러므로 박물관이 주관하는 각종 프로그램과 행사의 내용을 알차게 만들고 꾸준히 정기적으로 운영하는 것이 무엇보다 중요하다.

　가장 강력한 홍보 수단은 사람이다. 최근에는 박물관을 방문하기 전 인터넷 검색으로 정보를 탐색하는 사람이 많다. 특히 개인블로그, 인스타그램 등이 활성화되어 있으므로 그 박물관을 이용해본 방문객 중 일부가 입소문을 내듯 인터넷에 자세하게 올린 박물관 내외부 소개 자료를 쉽게 찾을 수 있다. 박물관을 한번 방문한 사람이 다시 방문하는 횟수는 많지 않다고 하지만, 실제로 한번 방문했을 때 느꼈던 자신의 감상을 다양한 자료와 함께 인터넷에 소개하게 되면, 그것이 그 글과 자료를 읽은 사람에게 미치는 홍보 효과는 매우 크다.

\<참고문헌\>

이난영, 『박물관학』 삼화출판사, 2008.

이내옥, 『박물관학 개론』 김영사, 2002.

이보아, 『문화재다루기: 유물 및 미술품 다루는 실무지침서』 열화당, 1996.

김상태, 『박물관 소장품의 수집과 관리』 예경, 2012.

일본전시학회(안용식 옮김), 『전시학사전』 책보출판사, 2009.

도미니크 풀로(김한결 옮김), 『박물관의 탄생』 돌베개, 2014.

조지 엘리스 버코(양지연 옮김), 『큐레이터를 위한 박물관학』 김영사, 2001.

김주삼, 『문화재의 보존과 복원』 책세상, 2001.

국립민속박물관, 『박물관과 유해생물 관리』 2008.

노시훈, 『웰컴투박물관』 컬처북스, 2010.

윤병화 외, 『신박물관학』 신광문화사, 2015.

바버라 스트로치(김미선 옮김), 『가장 뛰어난 중년의 뇌』 해나무, 2011.

지환수, 『공공박물관의 전시디자인 대가산정을 위한 기준모델 연구』 경기대학교대학원
박사학위논문, 2015.

棚橋源太郎, 『博物館·美術館史』 長谷川書房, 1957.

東京國立博物館, 『東京國立博物館百年史』 1978.

鈴木眞理외, 『博物館槪論博物館學シリーズ 1』 樹村房, 2001.

VI

박물관 건립 체험기

서울시 한성백제박물관

1
서울은
백제의 첫 도읍

백제 역사를 연구하려는 사람이 반드시 읽어야 하는 책은 『삼국사기』이다. 1145년, 고려시대에 간행된 책인데, 백제가 멸망한 660년에서부터 5백년 가까이 지난 시점에 편찬된 역사서이지만, 김부식을 비롯한 당대 최고의 학자 11명이 왕의 명령을 받고 각종 자료를 모아 편찬한 책이므로 신라·고구려·백제 왕조에 관한 한 가장 권위 있는 역사서이다. 『삼국사기』에 따르면, 백제 시조 온조왕은 기원전 18년에 하남위례성河南慰禮城에서 나라를 세웠다고 한다. 하남河南이란 '한강의 남쪽'이라는 뜻이고, 위례성은 왕성王城을 가리킨다는 것이 현재 학계의 통설이지만, 『삼국사기』를 편찬한 이들은 위례성이 어디에 있었는지 모른다고 하였다.

백제는 나중에 위례성 이름을 한성으로 바꾸었다. 대략 4세기 무렵에 그랬을 터인데, 명확한 기록은 없다. 475년 고구려군에게 한성이 함락당할 때, 고구려군이 백제 개로왕이 있는 남성南城보다 먼저 북성北城을 공격했다는 기록이 있으므로, 4세기 또는 5세기 무렵 기존의 위례성 남쪽에 성 하나를 더 쌓은 뒤 둘을 합쳐 한성漢城이라고 불렀다는 학설이 현재 학계에서 유력하다.

지금이야 이런 정도까지 연구가 진척되었지만, 고려시대와 조선시대 사람들은 이런 사실을 알지 못했다. 그래서 고려시대 일연은 『삼국유사』를 쓰면서 위례성이 지금의 직산稷山에 있다고 단정하였다. 근거도 제시하지 않고, 위례성이 충남 천안지역에 있었다고 한 것이다. 조선 후기에 이를 때까지 사람들은 일연의 의견을 따랐다. 그런데 다산 정약용은 달랐다. 위례성은 경기도 광주廣州에 있었으며, 직산은 한성이 함락된 뒤 백제 문주왕이 웅진으로 도읍을 옮길 때 잠시 머물렀던 곳이라고 논박한 것이다. 당시 지금의 서울 송파지역도 광주에 속하였는데, 정약용은 위례성이 남한산 기슭 궁촌(하남시 춘궁동)에 있었을 것이라고 추정하였다.

1925년 여름, 한강유역에 큰 홍수가 나서 많은 지역이 물에 잠겼다. 물이 빠진 뒤 송파의 풍납토성에서 중국제 청동자루솥 2개와 금반지 등이 발견되어 조선총독부박물관 직원들이 수습하였다. 그 뒤 일본 고고학자 아유카이 후사노신鮎貝房之進이 풍납토성을 답사하다가 어느 노파에게서 성안에서 출토되었다는 유리구슬 10여개를 사서 일행과 나눠가졌다고 한다. 그는 1934년에 토성의 규모와 출토유물로 볼 때 풍납토성은 백제의 고도古都였을 것이라는 글을 발표했다. 그러나 이에 반응하는 사람은 없었다. 1939년 이병도는 정약용의 논설에 따라 하남위례성은 광주 춘궁리에 있었으며 풍납토성은 백제 때의 사성蛇城이라고 주장하였다.

1970년대부터 백제 하남위례성의 위치에 대한 관심이 조금씩 높아지기 시작했다. 위례성을 광주 춘궁리에서 찾으려는 사람도 있었지만, 더 많은 연구자는 한강 광나루 남안의 풍납토성인지 아니면 그 남쪽 인근의 몽촌토성인지를 두고 고민했다. 1980년대에는 몽촌토성에 주목하는 연구자들이 많아졌다. '86 아시안게임과 '88 서울올림픽을 치르기 위한 체육시설과 올림픽공원 조성공사가 시작되었고, 이 때문에 1983년부터 서울대학교박물관이 몽촌토성을 발굴조사하게 되었다. 약 보름간의 발굴조사로 성벽 길이가 약 2.3km이며 성벽에 목책 흔적이 있고 성벽 바깥에 해자를 만들었다는 사실을 확인하였다. 그리고 이듬해 여름방학 4개 대학의 합동발굴에서는 독무덤甕棺墓, 적심

건물지 등을 발견하였다. 그리고 원통모양그릇받침圓筒形器臺, 도가니坩堝, 중국제 유약바른도기施釉陶器 등 중요한 유물을 많이 수습하였다. 그러자 역사학계, 고고학계의 많은 학자들이 몽촌토성을 하남위례성으로 간주하기 시작했다. 지난 1964년 서울대학교 김원룡교수 발굴조사팀이 풍납토성 안 북쪽 성벽 인근지역을 조사했을 때 2개의 문화층과 경질무문토기 정도만 수습한 것과 비교하면 몽촌토성 발굴성과는 매우 화려하였기 때문이다. 20년전 발굴보고서에서 풍납토성을 일반백성과 군사들이 함께 거주하던 읍성邑城이라고 결론지었던 김원룡교수도 몽촌토성에 대해서는 백제 초기의 왕성일 가능성이 높다고 추정하였다.

1989년까지 이어진 몽촌토성 발굴조사에서 백제 특유의 반지하식 집자리와 저장구덩이가 대거 발견되었다. 그리고 세발토기三足土器, 곧은입단지直口壺, 짧은목항아리短頸壺, 시루甑 등 백제문화를 상징하는 토기들을 비롯해 뼈로 만든 비늘갑옷, 중국제 동전무늬도기·자기벼루·금동허리띠장식, 고구려 네귀달린항아리 등 주목할 만한 유물들이 많이 출토되었다. 이로써 백제 세발토기는 웅진시대부터 만들었다는 지금까지의 정설이 무너졌으며, 백제토기라는 말을 사용할 수 있을 정도로 유형 분류가 비로소 가능해졌다. 그리하여 몽촌토성이 바로 백제 초기 왕성이라는 견해가 역사고고학계의 유행이 되었다. 나도 이 유행에 동참했다.

1987년 겨울, 나는 한국학중앙연구원(당시 한국정신문화연구원) 대학원에 석사학위논문 「백제 전기도성에 관한 일고찰」을 제출하였다. 이 논문에서 나는 몽촌토성 발굴보고서 내용을 검토하고 『삼국사기』 등의 문헌기록과 맞추어보니 몽촌토성이 백제의 첫 왕성인 기록속의 하남위례성이라고 주장하였다. 그리고 4세기 후반 근초고왕 때 위례성 옆에 새로 평지성을 쌓고 북성居民城과 남성王城 체제로 바꾸었으며 도읍 이름도 한성으로 바꾸었을 것이라고 추론하였다. 풍납토성과 몽촌토성을 합한 것이 바로 한성이라는 나의 새로운 주장은 중국 춘추·전국시대의 조나라 한단, 제나라 임치, 연나라 하도 등의 도성체제를 참조한 것이었는데, 이듬해에 발간된 『한국고고학보』의 '연구현황과 전망'에서 간단히 소개되기도 하였다. 그러나 나는 얼마 지나지 않아 1995년에 발표한 논문 「백제 전기도성에 대한 재검토」에서 내 견해를 수정하였다. 하남위례성은 몽촌토성이 아니라 풍납토성에 해당하며, 근초고왕 때 남성(몽촌토성)을 새로 쌓은 뒤 두 성을 합쳐 한성이라고 불렀다는 내용으로 바꾼 것이다. 특별히 증거자료가 추가된 것은 없지만, 몽촌토성 발굴조사단이 토성 축조시점을 3세기말로 추정한 것에 동의할 수 없고, 몽촌토성 축조시점을 4세기 중후반으로 조정해야 한다고 생각했기 때문이다. 내 기대와 달리 학계 논쟁은 일어나지 않았다.

그런데 1997년 초 풍납토성 성벽을 측량하던 선문대학교 이형구교수가 성벽 안쪽의 아파트건설현장 지하 4m 깊이에 백제문화층이 고스란히 남아있으며 이를 건설회사가 파괴하고 있다고 문화재청에 신고하였다. 이에 국립문화재연구소의 발굴조사단이 긴급 조사하여 백제 반지하식 주거지, 3겹의 큰 도랑, 가마터 등을 다수 확인하고 세발토기, 수막새 기와, 토관, 기둥밑장식 등 주목할만한 유물을 많이 수습하였다. 다양한 형태의 수막새가 많이 발견된 것은 거대한 기와건물이 있었다는 뜻이므로 학계의 관심이 높아졌다. 흔히 3중환호라고 불리는 3겹의 큰 도랑은 성벽을 쌓기 전에 만든 초보적인 방이시설이라는 해석이 나왔다. 이에 따라 강변 환호마을에서 살던 백제 사람들이 3세기 중엽에 세력이 급성장하자 그 바깥쪽으로 번듯한 토성을 새로 지은 것이라는 해석이 힘을 얻었다. 역사·고고학계가 동요하기 시작했다.

하늘에서 내려다보면 풍납토성 성벽 윤곽은 마치 옛날 나룻배처럼 생겼다. 바깥쪽으로 불뚝 배부른 모습의 동쪽 성벽은 길이 1.5km이고, 북쪽 성벽

102. 풍납토성(국립문화재연구소, 2006)

은 300m, 남쪽 성벽은 200m이다. 서쪽 성벽도 원래 동쪽 성벽처럼 길이가 1.5km정도였겠지만, 지금은 남단 약 200m구간만 남아있다. 전체 성벽 둘레 약 3.5km 규모인 풍납토성에서 현재 가장 번듯해 보이는 북쪽 성벽은 1976 ~1978년에 복원한 것이다. 당시 발굴조사도 하지 않고 북쪽에서 동쪽으로 이어지는 성벽 476m 구간을 다시 쌓았는데, 대략 두께 30m, 높이 10여m일 것으로 성급히 추정하고 지금과 같은 모습으로 복원부터 하고 말았다.

1999년, 마침내 국립문화재 연구소가 동쪽 성벽 2개 지점을 절개하였다. 그리하여 성벽의 아랫변 너비가 43m이며, 많이 허물어지고 난 뒤인 지금도 일부 지점은 높이가 9.5m에 이른다는 사실을 알아냈다. 지반이 연약한 곳에는 나뭇잎과 나뭇가지를 깔아 지진에 대비하였고, 전체적으로 고운 모래흙을 다져쌓으면서도 부분적으로는 뻘흙을 써서 방수효과를 높였다는 사실이 밝혀졌다. 역사·고고학계는 흥분하기 시작했다.

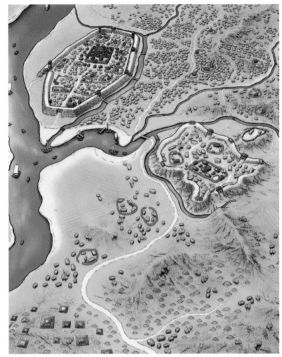

103. 백제 왕도 한성의 풍경(추정복원도)

　　풍납토성 성벽의 윗변 너비를 15m, 높이를 12m라고 가정하면, 사다리꼴의 성벽을 쌓는 데 대략 1,075,200㎥~1,344,000㎥의 흙이 필요하다. 1,075,200㎥는 흙을 정돈하지 않고 마구 쌓아놓을 경우에 필요한 수치이며 1,344,000㎥는 흙을 잘 다지며 쌓을 경우에 필요한 흙의 양이다. 풍납토성은 흙을 잘 다져쌓은 도성이므로 체적 1,344,000㎥를 기준으로 산으면 15톤 덤프트럭8㎥ 168,000대를 동원해야 할 정도로 흙 량이 막대하다. 고대 중국에서 토성을 쌓을 때 한사람의 하루 작업량이 0.6㎥였으므로, 이를 풍납토성에 적용하면, 연인원 약 2,240,000명을 동원해 성벽을 쌓은 셈이 된다. 고대사회에서 이처럼 거대한 토목공사는 국가의 온 힘을 쏟아붓는 일이었다. 그러므로 풍납토성 성벽은 백제의 왕도 한성이 이곳 말고 다른 곳일 수 없음을 스스로 증명하고 있었다.

같은 해인 1999년, 풍납토성 안 경당연립 재건축부지를 한신대학교박물관이 발굴조사하였는데, 이곳에서 백제왕궁의 일부로 보이는 건물지들이 발견되었다. 매우 중요한 발굴조사였으나, 조사비용 문제 등으로 인해 중단되었다가 2008년에 조사를 재개하여 건물지와 연장된 곳에서 우물, 창고 등을 찾아내었다. 나무와 돌로 정성스럽게 쌓은 깊이 약 3m의 우물 안에서 5층으로 정돈해 쌓은 토기 200여점이 출토되었으며, 불탄 흔적이 완연한 창고유구에는 중국에서 수입한 유약바른도기 33점을 포함해 크고 작은 저장항아리 74점이 그대로 남아 있었다. 일부 항아리 안에서는 참돔과 같은 생선뼈가 출토되었다. 경당부지 바로 옆 미래마을 재건축부지에서는 폭 3~5m 포장도로와 100평 규모의 대형 주거지를 비롯해 각종 건물지들이 기와를 잔뜩 쌓아놓은 기와무지와 함께 발견되었다. 이제까지 풍납토성에서 출토된 유물을 대충 세어도 십여 만점을 훌쩍 넘겼다. 이로써 학계의 논쟁 주제가 달라졌다. 백제의 왕성이었던 풍납토성을 과연 언제 쌓았으며, 안팎의 도시구조는 어땠을까 하는 것으로 논쟁 주제가 바뀌었다. 2002년에는 중학교 국정교과서에 위례성이 지금의 서울에 있었다는 문구와 함께 풍납토성 사진이 실렸다.

이후 문화재청은 국립문화재연구소를 통해 해마다 풍납토성 안팎을 발굴조사하였다. 그리하여 동쪽 성벽 바깥에서 나무로 짠 우물을 발견하였고, 미래마을부지에서는 반지하식 육각형주거지 수십기와 지상건물지들을 찾아내었다. 2011년 동쪽 성벽 한 곳을 다시 절개해 성벽축조방식을 확인하였으며, 2015년에는 성벽 바깥의 해자가 원래 어떤 모습이었는지 조사하였다. 그리고 2017년 가을 발굴조사에서는 서쪽 성벽의 문지를 찾아내었다.

2
서울시에 백제박물관이
필요하다

　몽촌토성 발굴조사가 한창 진행되고 있던 1985년 6월, 서울시는 「서울고도 (민족문화유적) 종합복원계획」을 수립하고 몽촌토성 안에 「백제역사관」을 건립한다는 방침을 확정하였다. 그리고 서울올림픽조직위원회의 협조를 얻어 문화재관리국에 백제역사관 건립 적정지를 선정해달라고 요청하였다. 이에 문화재관리국은 1986년 2월 몽촌토성내 서북지구에 백제역사관을 건립하는 것이 좋겠다고 서울시에 통보하였다. 그러나 이후 건립예정지 주변을 발굴조사하면서 건립위치를 변경하는 것이 좋겠다는 의견이 제기되자, 서울올림픽 조직위원회와 서울시는 계획을 바꿔 1989년 7월 백제역사관을 몽촌토성 바깥 피크닉광장 옆에 짓기로 확정하고 곧바로 건립공사에 착수하였다. 1989년 9월, 6차에 걸친 몽촌토성 발굴조사가 끝나자 수천 점의 출토유물은 「백제역사관」을 개관할 때까지 발굴조사기관이 각각 관리하기로 하고 일부 중요유물만 국립중앙박물관으로 이관하였다.

　1991년, 서울시는 마침내 1,666㎡(504평) 규모의 역사관 건물과 670㎡(203평) 규모의 주거지 전시관 건물을 각각 완공하고 백제역사관의 이름을 「몽촌역사관」으로 바꾸었다. 그리고 1992년 1월 29일 몽촌역사관을 개관하였다. 그러나 서울시가 전문학예인력을 충원하지 못하는 등 박물관으로서 충분한 조건을 갖추지 못하자, 서울대학교박물관 등은 임시수장하던 출토유물을 몽

104. 백제역사관 건립관련 신문기사

105. 백제역사관 투시도

촌역사관으로 이관하려던 당초 계획을 취소하였다. 대신 몽촌토성 출토유물 중 일부만 전시품 대여형태로 빌려주고 나머지는 서울시가 복제하게 하였다. 그리하여 747㎡(226평) 규모의 몽촌역사관 전시실에는 주로 복제품들이 전시되었다.

　서울시가 당초 기획한 것은 서울의 백제 왕도 역사를 종합적으로 전시·교육하는 역사박물관 건립이었다. 그러나 이후 규모를 점차 줄였고, 결국 몽촌 토성의 현장전시관 형태로 계획을 수정한 것이다. 몽촌역사관을 개관한 뒤 서울시 문화국 문화재과가 역사관 시설운영과 몽촌토성 관리 업무를 직접 수행하였다. 다만, 몽촌토성은 국가 사적인 동시에 올림픽공원의 중요한 구 성요소이기도 했으므로 효율적 관리를 위해 1987년부터 서울올림픽조직위 원회, 1989년부터는 그 후신인 서울올림픽기념국민체육진흥공단이 위탁 관 리하였다.

'88 서울올림픽을 치른 뒤, 서울시는 증거가 불확실한 백제역사, 백제유적 보다 증거가 확실한 조선시대 역사, 한양도성과 궁궐유적에 더 집중하기 시 작했다. 마침 1994년은 조선왕조의 태조 이성계가 도읍을 개성에서 한양으 로 옮긴지 6백년째 되는 해였으므로 이를 기념하기 위해 조선 5대 궁궐의 하 나인 경희궁 터에 임시전시관을 지었다. 그리고 그곳에서 1394~1994년의 서울역사를 소개하는 특별전을 열었다. 1394년 음력 10월 28일, 태조 일행 이 마침내 한양에 도착한 역사적 사실에 근거한 '서울 정도 6백년' 기념행사 에 맞춰 급히 개최한 특별전이지만, 향후 건립할 서울시립박물관을 염두에 둔 것이기도 했다. 그러나 서울시가 야심차게 준비한 정도 6백년 기념행사는 1994년 10월 21일 발생한 성수대교 붕괴사고로 빛을 잃었다.

서울시립박물관 개관 준비는 더디게 진행되었다. 건물은 1997년 12월 경희 궁터에서 준공하였지만, 전시실은 아직 연출방향이 분명하지 않았다. 2000 년경에는 풍납토성 발굴성과에 힘입어 서울이 백제의 도읍이었으므로 서울 시립 역사박물관에는 조선시대 한양도읍 역사뿐 아니라 백제시대 한성도읍 역사도 전시해야 한다는 목소리가 커졌으나 전시 계획과 방향은 바뀌지 않 았다. 그리하여 서울시립박물관은 2002년 5월 서울역사박물관이라는 이름 으로 마침내 개관하였는데, 제1전시실의 첫 주제는 정도 6백년 기념행사 때와 마찬가지로 '한양천도'였다.

　서울역사박물관 전시실에서 서울의 백제 도읍역사와 대표유적에 관한 내용을 빠뜨린 데 대해 고고학계와 문화재청 관계자들이 이의를 제기하였다. 그리고 조선왕조 궁궐터에 세운 서울역사박물관이 서울의 백제 역사와 유적을 다루기 어렵다면, 백제유적 가까운 곳에 백제박물관을 따로 건립하는 것이 좋겠다고 건의하였다. 당시 서울시는 서울의 역사성 회복과 문화공간 창출이라는 목표 아래 청계천 복원사업을 기획하고 있었는데, 문화재 발굴관련 전문가들과 문화재청 관계자들의 이의제기에 난감한 상황이 되었다. 근세의 역사성을 회복하면서 고대의 역사성을 매몰시킨다는 비판을 듣게 되었기 때문이다.

　서울역사박물관이 개관한지 1년도 채 지나지 않은 2003년 초, 서울시는 전문가 회의를 연속 개최하며 백제박물관 건립 필요성을 확인, 재확인하였다. 그리고 문화재청의 협조를 얻어 청계천 복원공사를 시작한지 반년 뒤인 2004년 2월 이명박 서울시장이 "풍납토성, 몽촌토성 등 서울의 백제관련 유적·유물을 한 곳에서 관람할 수 있는 (가칭)한성백제박물관을 건립하겠다"고 발표하였다.

　서울시는 「한성백제박물관 건립계획」을 수립하고 역사·고고·미술사분야 전문가 7인을 초빙해 박물관건립자문위원회를 구성하였는데, 한영우, 정재훈, 안휘준, 임효재, 조유전, 이건무, 노중국 등이었다. 여기에 서울시 문화국장(권영규)과 서울역사박물관장(김우림)이 당연직 위원으로 포함되어 자문위원은 모두 9인이었다. 위원회는 2004년 3월 제1차 회의에서 박물관 명칭을 한성백제박물관으로 잠정하였고, 4월 제2차 회의에서는 사업추진방향을 설정하고 전담 추진반 조직구성을 제안하였다. 사업추진방향은 유물목록작성→전시유물확보→전시기본계획 수립→규모 결정 순이었다. 5월 제3차 회의에서는 백제유적이 잘 조망되는 곳에 특수전문박물관을 짓는 것이 바람직하다고 의견을 모았다. 그리고 6월 하순, 서울역사박물관 조직 안에 한성백제박물관건립추진반을 구성하였는데, 행정 2명, 건축 1명, 학예연구 4명으로 이루어진 조직으로서 행정절차 및 건축업무, 전시시나리오 구성, 유물확보 등이 주요 담당업무였다.

2004년 10월, 박물관건립자문위원회 제4차 회의에서는 박물관을 소규모로 짓되 향후 증축에 대비하여 여유부지와 야외전시장 부지를 확보해야 하고, 백제 한성도읍기 역사 외에도 서울의 고구려·신라 역사까지 다루어야 한다는 자문이 있었다. 당시 추진반에는 서울역사박물관의 이경자 학예연구사가 배치되어 있었는데, 조사보조원 2인과 함께 4개월간 각종 발굴보고서 등을 뒤지며 부지런히 작업해서 마침내 『(한성)백제관련 유물사진 자료집 I』을 제작하였다. 확보대상 유물을 선정하기 위해 기초자료 정리 준비작업을 착실히 진행한 것이다. 11월 제5차 자문회의에서는 박물관을 백제유적 부근에 짓는 것이 좋겠다는 의견을 재확인하였다.

당시 나는 경기대학교 인문학부 대우교수로서 한국고대사 등을 강의하고 있었는데, 인연이 닿았는지 늦가을 쯤 2주에 걸쳐 토요일 오전 서울시 문화재과 직원들에게 서울의 고대사와 백제유적에 대해 강의하기도 했다. 그때 문화재과의 조득완팀장이 강의가 끝난 뒤에도 풍납토성·몽촌토성 등 서울의 백제 왕도유적에 대해 이것저것 질문하면서 나중에 한성백제박물관을 지을 수도 있다고 얘기해 주었다. 나는 서울역사박물관에서 뽑는 백제사연구 계약직 전문인력 채용시험에 응시하였다. 그리고 2005년 2월 한성백제박물관건립추진반에 합류하였다. 주요업무는 전시시나리오 구성이었다. 당시 추진반장은 김영관 전시운영과장이 겸직하고 있었다. 몇 달 뒤에는 고고학자 김무중 씨가 추진반에 합류하였다. 유물확보 담당이었는데, 얼마 안가 사직하였다.

3
박물관을
작게지으라

 2005년 2월, 박물관건립자문위원회 제6차 회의에서는 박물관건립 후보지역을 답사하였다. 당시 후보지는 서울시 소유 부지를 주로 검토하였는데, 뚝섬 서울의 숲, 아차산지역, 풍납토성지역, 올림픽공원, 몽촌역사관 등이 유력하였다. 자문위원, 문화재과 직원, 건립추진반 직원 등은 이구동성으로 풍납토성지역이 가장 좋다고 말하였으나, 풍납동 주민들의 반대의견이 워낙 거세어서 자칫하면 섣불리 결정하였다가 박물관 건립사업을 표류시킬 수도 있다고 걱정하였다. 자문위원들과 추진반원들의 고민이 깊어졌다. 그런 중에도 추진반은 『(한성)백제관련 유물사진 자료집Ⅱ』를 간행하였다.

 2005년 3월, 제7차 자문회의에서 올림픽공원 내 지구촌광장이 가장 좋겠다는 의견이 모아졌다. 이에 4월 제8차 자문회의에서 위원들은 문화재과장으로부터 올림픽공원 내 지구촌광장의 현황과 가상 배치도 및 다른 부지와의 비교검토안을 보고받았다. 그리고 한성백제박물관 건립부지를 올림픽공원 내 지구촌광장으로 결정하였다. 지구촌광장의 면적은 대략 14,000㎡ (4,230평)정도였는데, 시멘트로 만든 높이 10여m의 조각품 '하늘기둥'을 비롯해 대형 조각품 30여점이 늘어선 곳이어서 박물관을 지으려면 먼저 조각품을 다 옮겨야 한다는 점이 부담이었다. 이 무렵 추진반은 『(한성)백제관련 유물사진 자료집Ⅲ』을 간행하였다. 이제 전시대상유물의 대략을 파악했으니 사진자료집은 그만 만들고, 이를 바탕으로 개별유물 상세카드를 만들기로 했다.

건립부지가 정해지자, 박물관건물 규모가 가장 큰 현안으로 부각되었다. 당시 추진반은 경기도박물관, 부산박물관, 복천박물관, 공주박물관, 부여박물관 등의 시설규모 등을 조사하여 비교표를 작성하고 한성백제박물관에 반드시 필요한 시설과 면적 등을 계산한 뒤 약 3,500평 정도가 적정하다고 판단하였다. 그러나 김홍기 문화재과장은 무조건 3,000평 이하로 조정해야 한다고 했다. 무슨 지시를 받아 둔 눈치였다. 문화재과장이 주재하는 몇 차례의 직원회의에서 매번 건물 연면적 규모를 두고 격론이 벌어졌는데, 어느 날 내가 "최근 지은 고려대학교박물관도 3천평인데, 서울시에서 1천만 시민을 위해 짓는 선사~고대 박물관이 3천평 이하인 게 말이 되는가? 이렇게 매번 근거자료를 제시하는데도 이유 없이 무시하면 시설면적표 참고자료가 무슨 소용인가? 앞으로는 작성하지 않겠다."고 화를 내었다. 조선시대 이후 6백년 서울역사만 다루는 서울역사박물관 건물 연면적이 6,100여평인데, 선사시대부터 삼국시대 및 남북국시대까지 수천년 역사를 다루어야 하는 한성백제박물관 연면적을 그 절반인 3천평보다 작게 지으라는 묵직한 지시에 내가 끝내 화를 참지 못한 것이다. 그러자 이제껏 나를 '박사님'하고 부르며 점잖게 대해온 연상의 문화재과 팀장 3인이 모두 "과장님께 어떻게 이런 무례한 말을 할 수 있나"며 정색하고 나를 힐난하였다. 분위기가 자못 험악해졌을 때, 김홍기 문화재과장이 어색하게 웃으며 "그러면 일단 3,200평으로 합시다."라고 말하였다. 그는 그렇게 상부에 보고하였다. 돌이켜보면, 이때가 참으로 중요한 시기였다. 인품이 훌륭했던 고 김홍기 과장께 이 자리를 빌어 감사드린다.

2005년 5월 제9차 자문회의에서 박물관 건립규모를 연면적 3,200평으로 결정하였다. 추진반은 그에 맞춘 전시시나리오(시안)를 보고하였고, 자문위원들이 검토·자문하였다. 당시의 전시시나리오 시안은 다음과 같다.

○ 제1존 <선사시대의 서울지역>

   (1) 지형과 식생 <한강과 서울의 자연환경>

   (2) 구석기시대 <인류의 출현과 석기제작>

   (3) 신석기시대 <농경과 마을>

   (4) 청동기시대 <계급의 발생>

○ 제2존 <백제시대의 서울지역>

   (5) 전시개요 <삼한과 삼국>

   (6) 백제의 건국 <설화와 역사>

   (7) 백제의 성장 <중앙과 지방>

   (8) 백제의 철기문화 <무기와 장신구>

   (9) 백제의 경제와 기술 <생업과 기술>

   (10) 백제의 도시와 생활 <도성(한성) 사람들의 하루>

   (11) 백제의 대외교류 <세계 속의 백제>

○ 제3존 <삼국항쟁 및 통일신라기의 서울지역>

   (12) 전시개요 <고구려와 신라로>

   (13) 백제의 남천 <한성함락과 웅진천도>

   (14) 고구려의 남하 <고구려의 영토확장과 남평양>

   (15) 신라의 한산주 설치 <신라의 한강유역 진출과 한산주 설치>

이 시안은 상설전시실 규모를 약 2,300㎡(700평) 정도로 잠정한 것이었다. 상설전시실 공간을 크게 3구역으로 나누고, 각 구역을 시간 흐름에 따라 선사문화, 백제문화, 고구려·신라문화로 구성한 것이다. 공간 배분은 대략 1 : 5 : 2

정도의 면적 비율을 상정하였다. 자문위원들은 시안에 대체로 동의하였다.

2005년 11월 11일, 한성백제박물관건립추진반은 서울역사박물관 강당에서 「한성백제박물관건립을 위한 학술세미나」를 개최하였다. 학술세미나를 통해 전시시나리오(시안)을 공표해서 학계 전문가들의 다양한 의견을 수렴하고 서울의 백제박물관 건립을 널리 알리자는 뜻이었다. 발표주제는 「한성백제박물관 전시주제 시안」(김기섭), 「체계적인 전시기반 구축을 위한 제언-새 국립중앙박물관 사례를 중심으로-」(함순섭), 「한성백제박물관과 인근유적의 연계방안」(노중국), 「박물관 교육의 발전 방향-어린이 교육을 중심으로-」(최근성) 등 4개였다. 전시실 구성방안, 수장고 구성방안, 주변유적과의 연계방안, 교육프로그램 구성안 등에 대한 것이었는데, 토론자로서 양기석, 윤광진, 윤용구, 박방룡, 김영관, 임영진, 권오영, 이내옥, 유병하 등 9인이 참가하였다. 발표문과 토론내용은 연말에 단행본 『한성백제박물관 건립을 위한 기초연구』(서경문화사, 2005)로 간행되었다.

2005년 봄, 서울시 문화재과는 제8차 자문회의 결정사항에 따라 올림픽공원을 관리하는 국민체육진흥공단에 "한성백제박물관을 지구촌광장에 지어야 하니 그곳의 조각품들을 옮겨 달라"고 요청했었다. 이에 국민체육진흥공단은 조각품을 옮기려면 외국인 작가들과 일일이 상의한 뒤 시행해야 하는데 그건 불가능에 가까운 일이라고 난색을 표하였다. 그리하여 서울시와 공단은 1년 가까이 실랑이를 벌였는데, 마침내 2006년 5월 16일 두 기관이 합의하였다. 서울시 소유의 지구촌광장 면적만큼 국민체육진흥공단 소유의 인접구릉지를 떼어내 서로 맞바꾸기로 한 것이다. 이로써 한성백제박물관 건립을 둘러싸고 있던 검은 안개가 걷혔다.

2006년 7월, 오세훈 서울시장이 취임하였다. 이에 서울시 문화재과는 「한성백제박물관건립 추진계획」을 새로 보고하고 시장 결재를 받았는데, 그 과정에서 사업 타당성 검토 및 기본계획 연구 용역을 수행하라는 지적이 있었다. 같은 해 10월, 한성백제박물관건립추진반은 '한성백제박물관건립 타당성 조사 및 기본계획 연구' 용역을 발주하여 서울시립대학교 서울학연구소와 계약하였다. 용역 결과보고서는 이듬해인 2007년 4월에 제출되었으며, 그 결과를 같은 해 5월에 시장에게 보고하였다. 한성백제박물관은 전시·수장·교육시설과 식당·카페·뮤지엄샵 등을 갖춘 테마공간으로서 연면적 11,739㎡(3,551평) 정도가 필요하며, 조직은 관장 및 기획운영팀, 조사연구팀, 전시교육팀 등 3개 팀 18명과 청소, 청원경찰, 매표 및 검표를 위한 기능인력이 필요하다는 내용이었다.

2007년 5월, 서울시장은 박물관건립 기본계획을 인정하고 "한성백제박물관 건립을 적극 추진하라"고 지시하였다. 이에 발맞춰 다음날 행정자치부의 지방재정 중앙투융자심사가 통과되었는데, 서울시가 시비 403억원을 투입하고 국가균형발전특별법 보조금의 예산 및 관리에 관한 법률시행령에 따라 중앙정부가 국비 122억원을 지원한다는 내용이었다. 서울시 문화재과는 총사업비 525억원을 건축비용 411억원, 설계·감리용역비용 39억원, 유물확보비용 52억원, 부대비용 23억원 등으로 계상하고 2007년부터 2011년까지 연차별로 투입한다는 계획을 세웠다. 그리고 2007년 6월 27일, 마침내 서울시 문화재과가 「한성백제박물관건립 추진계획」을 수립하였다. 이로써 지난 2년간 박물관건립 타당성조사 용역비 6천만원을 제외하고 한성백제박물관건립 추진반에 운영예산을 전혀 내려주지 않자 서울시청 및 서울역사박물관에 떠돌던 "한성백제박물관 건립은 물 건너갔다"는 소문이 급속히 가라앉았다. 그리고 추진반 직원을 앞에 두고 "서울시에 서울역사박물관이 있으면 됐지, 한성백제박물관은 또 왜 만들려고 하나. 나는 마땅치 않다."고 당당히 말하던 몇몇 서울시 간부들의 목소리가 눈에 띄게 작아졌다.

4
박물관 건축

한성백제박물관 건립이 비로소 기정사실화되자, 기존의 한성백제박물관건립추진반처럼 작은 조직으로는 사업을 제대로 수행하기 어렵다고 지적하는 목소리가 커졌다. 그리하여 시장방침을 받고 한 달 뒤인 7월 27일, 「한성백제박물관건립 추진 전담조직 확대·조정운영 계획」을 제1부시장 방침으로 수립하였다. 주로 건축관련 업무를 수행하기 위한 것이었는데, 이때까지만 해도 나는 박물관 건축업무가 그리 중요하고 복잡한 일인지 잘 몰랐다. 8월초, 추진반은 박물관 건립부지 분할측량을 위해 예산을 지원받아 지적현황 측량용역사업을 수행하였고, 한 달 뒤 방이동 88-20번지라는 새 번지를 부여받았다.

나는 공무원 조직에 대해 무지한 상태에서 서울시의 계약직(임기제) 공무원이 되었다. '서울시가 백제박물관을 만드는 백제전문가를 뽑는다'기에 나름대로 거창한 기대감을 품었다. 그런데 막상 들어가서 보니 한성백제박물관건립추진반은 서울시 본청도 아니고 사업소인 서울역사박물관에 덧붙여서 임시로 만들어 놓은 정말 작은 단위조직이었다. 내가 추진반에 합류하기 전, 마지 나른 것은 다 준비되어 있고 단지 백제 전문가만 없다는 뜻의 말을 들었던 것 같은데, 그건 내 착각이자 환청이었다. 서울시 행정조직에서 한성백제박물관건립추진반은 그저 힘도 없고 돈도 없이 외부전문가의 어려운 말만 잘 이해할 줄 알고 문서로 풀어낼 줄 아는 반편 서생들의 모임 정도로 치부하는 듯했다. 당초 계획과 달리 소속직원 수는 3~4명을 근근이 유지했다. 종종 심사가 불편했지만, 한번 시작한 일이니 눈총을 이겨내보자는 승부욕도 커졌다. 박물관건립부지의 새 번지를 통보받고나서 가만히 되돌아보니 우리는 지금 반환점을 돌고 있다는 생각이 들었다. 이제껏 박물관 지휘부서인 서울시청 문화재과 직원들의 허리춤을 붙잡고 여기까지 왔는데, 지금부터는 서울시의 토목·건축업무를 총괄하는 건설안전본부 직원들의 허리춤을 붙들어야 할 참이었다. 건설안전본부의 건축부 직원들이 우리와 상의하기 시작했다. 그리고 9월에 기술용역 타당성 심의, 10월에 입찰방법에 대한 건설기술심의 업무를 차례로 처리하였다.

2007년 11월, 서울시 건설안전본부가 한성백제박물관 건축설계경기 입찰을 공고했다. 당시 한성백제박물관건립추진반 사무실은 올림픽공원 안에 위치한 몽촌역사관에 있었다. 서울역사박물관 산하 몽촌역사관 관리팀의 사무실 한켠을 나누어 쓰고 있었던 것이다. 나를 포함한 추진반 학예직원 2인이 건설안전본부 건축부 직원의 입찰공고업무를 도와 제안요청서, 과업지시서 등을 검토·수정하였다. 누가 따로 시킨 일이 아니었다. 건축부 직원이 박물관은 생소하다면서 이것저것 의견을 묻길래 관련서류를 보내주면 검토해서 빨간색으로 표시해주겠다고 제안해서 만든 일이었다. 나는 건축설계경기에 전시설계를 포함할 필요가 없다고 말하고 전시설계를 분리해달라고 요청하였다. 그러나 건축부 직원은 건축설계에 전시설계를 포함시켜서 공고하였다. 그 직원은 나중에 깜빡 실수했다면서 나에게 양해를 구했는데, 대개 건축설계에 전시설계를 포함하는 전례에 따르다 보니 생긴 일이었다. 다른 부분에 대한 요청사항은 모두 반영되어 있었다. 현장설명회 때에는 건립부지 현장에 나갔더니 건축부 직원과 설계업체 직원들이 구릉 기슭에 삼삼오오 모여서서 주춤주춤 주변 경치만 둘러보고 있었다. 우리는 사람들을 모아놓고 여기 이 구릉과 나무 높이만큼만 건물이 올라가야 좋다느니, 바로 옆에 보이는 저 둔

덕이 바로 몽촌토성 성벽이라느니, 한성백제박물관을 건립하게 된 건 풍납토성·몽촌토성·석촌동고분군 때문이라느니, 백제는 한강변에 도읍을 만들고 바다를 건너 중국·일본과 자주 교류한 해양강국이라느니 하는 설명을 목청 높여 하였다. 몇 사람이 관련 자료를 얻을 수 있겠냐고 해서 사무실로 데려와 관련한 책과 문건들을 나눠주었다. 한 달 뒤, 건설안전본부 건축부는 제안서 평가위원회를 개최해 (주)금성종합건축을 설계용역업체로 선정하였다. 추진반 사무실까지 따라오며 이것저것 묻고 자료를 얻어간 사람이 일하는 업체였다. 용역기간은 대략 6개월 정도였다. (주)금성건축은 전시설계를 전시연출 전문업체인 (주)시공테크에 하도급하였다.

2008년이 되자 추진반의 상황이 급변하였다. 당장 인력이 증원되어 반장 1인, 행정팀 4인, 학예연구팀 3인으로 조직이 조금 더 커졌다. 행정팀은 행정직 2인, 건축직 2인으로 구성하고, 학예연구팀은 학예연구사 1인, 전문계약직 2인으로 구성한 조직이었다. 이제까지 추진반장은 서울역사박물관 연갑수 학예연구부장이 겸직하였는데, 행정업무 추진력을 높이기 위해 곧 시청의 경험 많은 행정사무관이 파견될 것이라고 했다. 3월초, 서울시청 총무과에서 근무하던 유영근 팀장이 추진반장으로 부임하였다.

2008년 2월말, 「한성백제박물관 건립추진위원회 구성 및 운영계획」을 행정1부시장 방침으로 수립하였다. 위원은 역사·문화재·박물관·건축분야 전문가 15인과 당연직 5인으로 도합 20인이며, 위원장은 라진구 행정1부시장이었다. 제1차 회의는 3월 14일에 개최하였는데, 현안사항 9건에 대해 자문을 받았다.

건축설계가 한창 진행되던 2008년 5월초, 송파구청이 녹지훼손을 최소화하고 집단민원을 예방하기 위해 설계시안의 지상주차장을 지하주차장으로 바꾸어달라고 요청해왔다. 이에 따라 종래 박물관 수장고 위 공간을 지상주

106. 한성백제박물관 건립추진위원회(2009. 8. 18.)

차장으로 만들려던 계획을 변경해 83억원을 더 투입해 지하주차장을 신설하
기로 하였다. 자연스럽게 토목공사비 등이 증가하였다. 이에 따라 종래 490
억원이던 사업비를 573억원으로 증액하면서 박물관의 전체 시설면적도 더
넓게 재조정하였다. 설계용역기간도 1개월 연장되었다. 사업변경계획을 문
화체육관광부 등 관련기관에 통보하고 승인요청하였다. 그런데 지나고 보니
지하주차장 신설은 박물관 수장고와 관련해 건물구조 전체에 영향을 미치는
큰 일이었다. ㈜금성건축이 건축설계작업을 시작할 때 우리 건립추진반 학
예팀은 수장고 하역장에 5톤 무진동차량이 드나들 수 있어야 한다는 조건을
제시하였고, 그점을 설계에 반영한 것까지 확인하였는데, 건축설계팀이 설계
를 변경하면서 그 조건을 유지하지 못한 것이다. 이 때문에 개관 무렵 5톤 무
진동차량이 지하 하역장에 출입하지 못한다는 사실을 뒤늦게 알고, 나는 매
우 실망하고 분개하고 자책하였다.

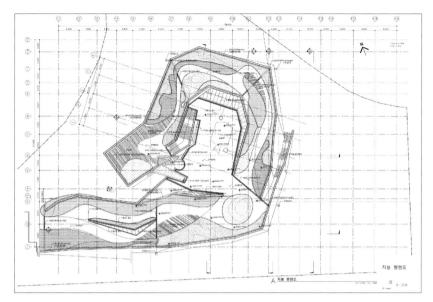

107. 한성백제박물관 건축도면(2008년)

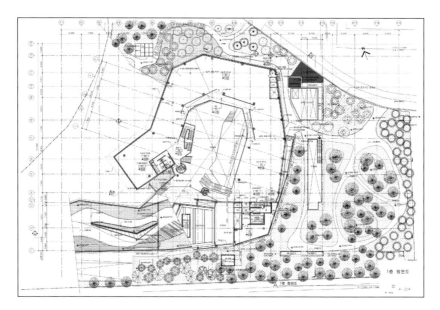

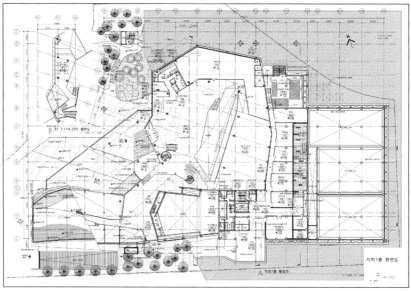

박물관이란 무엇인가?

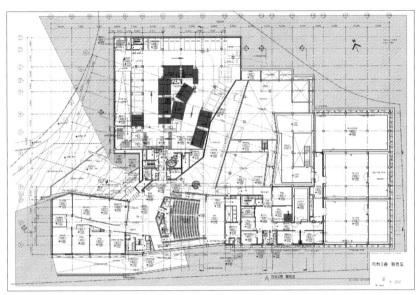

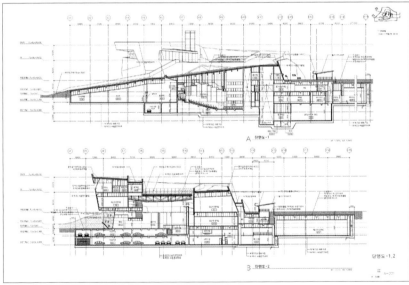

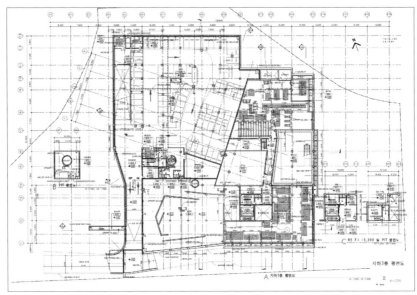

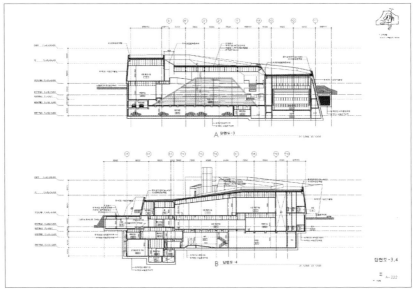

2008년 6월, 한성백제박물관건립추진단 조직 구성을 구체적으로 논의하기 시작했다. 건립사업이 본격적으로 추진되고 있으므로 향후 운영까지 염두에 둔 전담부서를 조속히 만들어야 한다는 내외부 지적에 따라 서울역사박물관장 방침으로 3급 관장, 독립사업소, 2부·3과 42명 등의 기준건의안을 마련하였으며, 7월 중순 서울시청 경영기획실장이 주관한 회의에서도 그렇게 논의하였다. 이는 당시 국립경주박물관의 2급 관장, 1실(2팀)·1과 47명(위탁34명), 국립전주박물관의 3급 관장, 1실·1과 38명(위탁21명), 부산시립박물관의 3급 관장, 1실(2팀)·1과(2팀) 42명(위탁13명), 경기도박물관의 재단상임이사 관장, 4팀 36명(위탁30명), 서울역사박물관의 3급 관장, 3부·5과 75명(위탁51명) 등의 사례를 검토한 결과였다.

2008년 7월 15일, 건립추진위원회 제2차 회의를 서울역사박물관 시청각실에서 개최하였다. 이때 제1부위원장으로 이존희 위원, 제2부위원장으로 주남철 위원을 선출하고, 전시분야 소위원회(10인)를 구성하였다. 7월말, 조직담당관이 한성백제박물관을 3급 독립사업소로 운영하는 것이 좋겠다는 내용의 조직구성안을 서울시장에게 보고하였다. 8월초, 조직담당관이 건립추진반에 학예연구직 6명을 보강하겠다고 통보하였다. 8월말, 중앙정부의 행정안전부가 서울시에 한성백제박물관 개관은 3년 뒤의 일이므로 현재로서는 3급 관장 직급책정이 불가하다고 통보하였다.

2008년 8월 8일, ㈜금성건축의 설계용역이 완료되었다. 건물은 기본적으로 인근 몽촌토성의 성벽 실루엣을 형태적 모티브로 삼고, 자연녹지 훼손을 최소화하며 올림픽공원의 기존 보행로와 연결되는 산책로를 조성한다는 개념에 입각한 건축설계였다. 9월초에는 지난 4월말에 신청해두었던 도시계획시설 변경 요청이 결정고시되었다. 박물관 건립부지가 기존에는 운동장 용도였는데, 이로써 문화시설 용도로 바뀐 것이다. 9월 19일, 건립추진위원회 전시소위원회 제1차 회의를 이존희 위원장 주재로 개최하여 안건 21건을 처리하였다. 조직담당관은 행정1부시장 직속의 T/F팀으로서 한성백제박물관건립추진단(3급)을 2009년 1월자로 설치하고, 2010년 5월에는 독립사업소를 설치하겠다고 계획하였다.

2008년 9월말에는 지난 2월에 한신대학교박물관에 의뢰했던 「풍납토성 내부 경당지구 재발굴조사 학술용역」을 준공하였다. 한신대학교박물관은 1999~2000년에 풍납토성 안 거의 중앙부에 위치한 경당연립의 재건축공사 부지를 발굴조사하여 왕궁시설의 일부로 추정되는 지상건물지와 우물지, 창고지 등을 발견하였으나 재건축조합이 파산하고 조사 경비 지원이 끊기는 바람에 발굴조사를 중단한 바 있다. 이에 한성백제박물관건립추진반은 박물관 전시자료 확보를 목적으로 4억원을 투입하는 경당연립지구 재발굴조사를 기획하였고, 문화재청의 승인을 받아 한신대학교박물관에 의뢰하여 28개 유구를 정밀조사하고, 600여점의 중요 유물을 수습하였다. 발굴조사보고서는 2010년 7월까지 제출하고 출토유물은 정리한 뒤 국가귀속 절차를 거쳐 한성백제박물관에 전시하기로 약속하였다.

2008년 10월, 서울시 건설안전본부의 후신인 도시기반시설본부 건축부가 박물관 건립공사 입찰을 조달청에 의뢰하고 공고하였다. 입찰에는 16개 업체가 응찰하였으며, 12월 19일 (주)포스코건설이 낙찰자로 결정되었다. 낙찰액 232억여원, 낙찰률 82.66%였다. 계약은 12월 24일 이루어졌으며, 포스코건설은 12월 26일 착공하였다. 도시기반시설본부가 건축공사업체를 결정하는 사이, 서울시 문화재과는 국민체육진흥공단과 박물관 건립부지 교환 절차를 진행하였다. 토지 감정평가 결과, 서울시 소유지의 재산가액은 500억원, 국민체육진흥공단 소유지의 재산가액은 505억원이었는데, 공단소유지에 수목이 많았기 때문이다. 11월 28일, 서울시가 국민체육진흥공단에 교환차액

(466,178,750원)을 지불하는 것으로 토지교환계약을 체결하였다. 부지교환차액 때문에 총사업비는 573억원에서 577억원으로 늘어났다.

2008년 12월 22일, 한성백제박물관건립추진단 기구설치를 시장방침으로 수립하였다. 3급 단장 하에 건립행정·전시기획·유물관리 3팀을 두는 임시기구였다. 이에 따라 12월말 사업추진 단계별 조직·인력구성안을 행정1부시장 방침으로 수립하였는데, 현재 건립추진반 11명을 기반으로 단장임용단계에는 1단·3팀 25명을 배치하고, 공사 준공단계에는 1부·1실(3과) 37명을 배치하며, 박물관 개관단계에는 1부·1실(3과) 42명을 배치한다는 계획이었다. 추진반 학예팀은 전시대상유물 목록 및 상세내역카드 작성 1차작업을 완료하였다. 유물 목록 13,500건, 상세카드 4,700건에 달하는 방대한 분량이었다. 이를 편집하여 『한성백제박물관 전시대상유물 자료집』(상·하권)을 간행하였는데, 1,700쪽 카드 6,750매 분량으로서, 서울·경기지역은 물론 전국의 주요유물과 해외소재 유물까지 망라한 자료집이었다.

2009년 1월, 한성백제박물관 전시유물 복제계획을 수립하였다. 한성백제박물관이 반드시 확보해야 할 전시품 가운데 공주 수촌리유적 출토 금동관모 2점과 금동신발 2켤레는 국립공주박물관의 주요 전시품이었으므로 진품확보가 사실상 불가능하였다. 이에 추진반은 4건 6점은 현재 모습대로 현상복제하고 3선 4점은 백세 때의 모습으로 복원복제하기로 결정하고, 유물을 임시보관중인 (재)충청남도역사문화연구원에 전통제작기법에 따라 복제해달라고

108. 전시소위원회 유물복제 자문회의(2009. 9. 28.)

의뢰하였다. 복원디자인을 학술적으로 검증하고 제작과정 전체를 영상으로 기록하는 일도 함께 요청하였다.

1월말부터 박물관 건립부지에 대한 매장문화재 발굴조사를 진행하였다. ㈜한강문화재연구원이 1개월간 조사하여 구릉 경사면에서 근대 민묘 1기 정도만 확인하였다. 3월초에는 지장물·조각품 이전 및 수목이식을 완료하였다. 그리고 2009년 3월 18일, 마침내 한성백제박물관건립추진단이 발족하였다. 당초 행정1부시장 소속이었으나 발족 2주전 문화국장 소속으로 바뀌었으며, 추진단장이 공석인 상태에서 11명이 발령받았다. 당시 서울시청은 신청사 건립으로 사무공간이 부족하여 서소문청사 인근 빌딩에 임대청사를 만들어 운영하였는데, 추진단은 알리안츠빌딩 10층에 사무실을 꾸렸다. 3월말에 문화국 문화정책과가 한성백제박물관건립추진단장 초빙공고를 냈다. 그러나 4월 초순 원서접수 마감일까지 응시자가 없었다. 박물관계의 유력한 인사들이 한성백제박물관 설립 절차, 전시공사 관리, 전시품 확보 등의 어려움을 지적하며 고사하였다. 두 번째 초빙공고에도 응시자가 없었다.

2009년 4월말에 토목공사가 시작되었다. 공사 막바지인 초여름에 현장사무실에서는 설계검토 실무자회의가 자주 열렸다. 추진단, 도시기반시설본부, 시공사, 감리단, 설계사 등의 실무자들이 모두 참석하였는데, 추진단에서는 주로 내가 참석하였다. 대개 건축공사의 설계검토회의는 발주처가 주관하므로 도시기반시설본부 건축부 직원이 회의를 주관해야 하지만, 당시 도시기반시설본부 건축부는 보라매병원 건축 등의 업무에 쫓기고 있었던 데다 담당 이경용 팀장이 박물관 시설에 대해서는 추진단 학예직원들이 제일 잘 알고 있을테니 추진단 주관 하에 추진하는 것이 좋겠다고 공언한 상태였으므로 시공사와 감리단도 우리와 긴밀히 상의하였다.

2009년 7월, 추진단은 풍납토성 성벽발굴조사 학술연구용역 계획을 수립하였다. 이미 박물관 로비에 풍납토성 성벽 단면을 잘라내 옮겨오겠다는 전시계획에 맞춰 길이 43m 규모의 철제 빔을 설치하기로 설계한 상태였으므로 성벽발굴조사는 반드시 해야 하는 일이었다. 성벽 발굴조사는 풍납토성 발굴을 전담하고 있는 국립문화재연

109. 전시연출실무위원회(2009. 12. 23.)

구소가 진행하기로 이미 협의해 둔 상태였다. 추진단은 전시대상유물 선정 작업도 완료하였다. 서울 및 기타지역 출토 선사~고대 유물 1,502건 1,635점에 달하는 분량이었다. 8월말에는 복제대상유물 선정 작업도 완료하였다. 토기, 석기, 금속기, 자기 등 402건 501점이었다.

8월 25일, 추진단 사무실을 서울시청 을지로 별관 1동으로 이전하였다. 10월 초에는 추진단장을 공개채용에서 특별채용(비공개채용)으로 변경하는 시장 방침을 수립하였다. 국립민속박물관 건립·운영을 성공적으로 추진하였고 한국전통문화학교 총장을 지낸 뒤 곧 퇴임할 것으로 알려진 이종철 총장을 문화국의 이충세 문화재과장이 삼고초려한 끝에 초빙하였다. 10월 하순에 나는 추진단의 전시기획팀장에 임용되었다. 유물관리팀장에는 서울역사박물관의 흰은희 학예연구사가 학예연구관으로 진급하며 부임하였다. 10월 말에는 전시기획팀이 제1회 전시연출실무위원회를 개최하여 상설전시실 전시주제를 비롯한 주요 쟁점사항에 대해 검토자문을 받았다. 서울시청 서소문청사에서 열린 첫 회의에는 노중국, 김장석, 권오영, 임기환, 송의정, 김정화, 김홍범 등 위원 7인이 모두 참석하였으나, 곧 김장석·김정화 위원이 개인사정을 이유로

110. 한성백제박물관 건립추진위원회 현장점검(2009. 12. 17.)

사퇴하여 내내 위원 5인으로 운영하였다. 12월초, 이종철 추진단장이 부임하였다.

　12월 중순, 제4회 한성백제박물관 건립추진위원회를 개최하여 건축외벽 마감재 시공, 수장고 구조물 설치 등 현안사항에 대해 보고하고 자문받았다. 건축외벽은 당초 인도사암으로 설계하였으나 실무진 검토회의를 거쳐 중국 동북지역산 철평석으로 바꾸는 내용이었다. 2010년 2월말까지 건립추진위원회, 전시소위원회, 전시연출실무위원회 등의 회의를 매월 2회 개최하며 건축현장을 점검하였다. 처음에는 지지부진해보이던 건축공사가 골조를 세운 뒤로는 급속히 진행되었다. 건축공사가 진행될수록 설계변경 안건도 자주 발생했는데, 대개 예산 변경사항이 수반되었으므로 예산관리부서인 추진단의 내용 검토·확인을 거쳤다. 추진단 직원들의 출근시간은 점점 더 빨라지고 퇴근시간은 점점 더 늦어지고 있었다. 나도 마찬가지였다.

5
두 번의 전시설계

2010년 3월, 추진단은 건립추진현황을 행정1부시장과 시장에게 차례로 보고하였다. 이때 이종철 추진단장은 2011년 12월 박물관을 개관하겠다는 기존 계획의 문제점을 지적하고 2012년 4월말 개관을 건의하였다. 이에 문화국장, 행정1부시장, 시장 등이 모두 동의하였다. 나는 이때까지만 해도 그저 개관을 4개월 정도 늦추게 되니 시간을 벌었다고만 생각했는데, 1년여를 지내고 나서야 탁월한 판단이었다며 이종철 추진단장의 경륜과 안목에 감탄하였다.

3월말, 추진단은 전시연출 전문업체를 대상으로 「한성백제박물관 전시물 제작·설치」에 대해 제안해달라고 공고하였다. 제안서 평가와 협상에 의한 계약 방식이었다. 지방자치단체가 발주한 사업을 민간업체가 대행하는 방법으로는 공사, 용역, 물품제작구매 등 3가지가 있다. 공사는 흔히 건축부문에 적용하는데, 설계를 이미 완료한 상태에서 최저가 입찰을 기준으로 업체를 선정하는 방식이기에, 재료 선정과 시공방식에 일정한 기준이 없고 심미적 요인이 크게 작용하는 전시분야에는 적절하지 않다. 용역은 인건비 비중이 큰 전시연출직입의 특성을 이느 정도 반영히는 측면이 있지만, 진열장·영상기기 등 물품자산이 다량 포함된 경우에는 적절하지 않다. 물품제작구매는 진열장·모형·영상기기 등 결과물을 기준으로 계상하기는 유리하지만 전시연출 전문가 등의 인건비를 반영하기에는 적절하지 않은 면이 있다.

사업 발주 담당자인 김버들 학예연구사와 나는 계약관련부서의 경험 많은

111. 한성백제박물관 심볼마크   112. 한성백제박물관 엠블렘

직원들과 여러 차례 상의한 뒤 현재 우리에게는 물품제작구매방식이 최선이라고 판단하였다. 당시 사업예정금액은 77억여원이었는데, 3개업체 이상이 컨소시엄을 형성하되 모형업체는 30억원, 영상업체는 20억원, 내부 인테리어업체는 30억원을 초과할 수 없도록 제한하였다. 이에 6개팀이 응찰하였으며, 5월말 제안서 심사를 거쳐 (주)리스피엔씨 컨소시엄이 우선협상자로 선정되었다. 업체들의 수주경쟁이 치열했기 때문인지 낙찰률은 78%에 불과하였다.

추진단이 전시업체를 선정할 때 핵심 평가기준은 업체가 제안하는 기본설계안이었다. 회사 규모·실적 등을 평가하는 정량적 평가 20%, 제안서 내용을 평가하는 정성적 평가 70%, 가격 평가 10%로 구성된 평가표에 따라 9명의 평가위원이 제안서를 평가하였는데, 제안서 평가가 사실상 결정적 역할을 할 수 있도록 평가표를 안배하였다. 업체 제안서의 골격이라고 할 수 있는 기본설계안은 이미 2008년 8월에 건축설계도서와 함께 납품된 바 있다. 이번에는 그 전시설계도서를 현재 상황에 맞게 얼마나 창의적, 합리적, 안정적으로 수정·보완했는가에 중점을 두었다. 결과적으로 가장 합리적인 전시설계수정안을 제출한 업체와 시공 계약하겠다는 뜻이다. 이는 건축처럼 설계와 시공

113. 풍납토성 성벽 절개 발굴조사

을 엄격히 구분하는 관점에서는 언뜻 불합리해보이지만, 설계와 시공의 구분
이 모호한 전시연출업계의 관행을 감안할 때 불가피한 선택이었다.

2010년 5월, 경희대학교 산학협력단에 한성백제박물관 운영방안 연구용
역을 의뢰하였다. 용역기간은 6개월이었다. 5월말에는 개인소장유물 수증계
획을 시장방침으로 수립하였다. 연세대학교 법학대학 이상윤교수가 소장한
유물 2만여 점을 수증하기 위한 것이었는데, 연초 나선화 자문위원의 추천과
이종철 단장의 지시에 따라 이상윤 교수의 개인 수장고를 방문해 방대한 유
물을 실견한 나는 그 종류가 다양하고 진정성도 충분하다는 점 때문에 자못
흥분하였다. 그러나 처음 방문한 것인데다 소장품 전부를 본 것도 아니고 진
위를 따져보고 싶은 것도 포함되어 있었기 때문에 나는 짐짓 태연을 가장하
였다가 사무실에 돌아오자마자 추진단장께 수증 가치가 충분하며 장차 전시
에 활용하고 싶다고 보고하였다. 이후 이종철단장의 진두지휘하에 유물관리
팀이 유상기증 절차를 진행하였는데, 유물의 가치와 기증자의 뜻을 훼손하는
모종의 유언비어가 일각에 나돌더니 2012년 봄 행정종합감사에서 기증 및

평가 절차를 일일이 문제 삼는 일이 벌어지기도 하였다. 이 때문에 수증절차를 진행한 이종철 단장, 한은희 유물관리팀장, 임종문 학예연구사 등이 고초를 겪었다. 결국 시비가 가려지고 모든 문제가 해결되었으나, 한때나마 오해가 발생해 기증자 예우 등 업무추진에 영향을 준 것은 참으로 유감스럽다.

6월말, 박물관 건축 준공 후 시설관리를 위해 공업·시설직 정원이 3명 증원되었다. 7월에는 유물관리팀이 금동관모를 비롯한 374점에 대하여 전시유물 복제 계약(9억원)을 체결하였으며, 8월에는 전시기획팀이 지리한 협상·조정기간을 거쳐 전시물제작설치 계약(60억원)을 체결하였다. 9월에는 2010년도 박물관건물 청소·경비·시설관리 용역 사업비 2억9천만원을 기관운영경비 및 예비비 명목으로 확보하였다. 그리고 독립사업소 설치를 위해 행정안전부 자치제도과에 3급 관장 및 그에 따른 인원 책정을 요청하였다. 추진단 건립행정팀에 건축·전기·기계·통신 등 기술직 인력들이 속속 인사발령되어 건축·시설 준공을 준비하였다.

7월 중순, 추진단 전시기획팀은 한성백제박물관 통합이미지(MI) 개발용역을 제안서 평가, 협상에 의한 계약방식으로 발주 공고하였다. 한성백제박물관의 심볼마크, 로고타입(국문·영문·한문), 색채계획, 지정서체(국문·영문), 시그니처 조합, 엠블렘, 응용시스템 등을 개발하는 용역사업이었다. 9월 중순 평가회의를 거쳐 (주)매스씨앤지를 용역업체로 선정하고 9,990만원에 계약하였다. 용역기간은 2011년 2월까지 총 166일이었다. 이 기간에 용역업체와 함께 서울시 디자인자문관, 서울디자인재단 대표이사 등의 자문을 받으며 사업을 진행하였다.

10월 중순에는 국립문화재연구소와 풍납토성 성벽·해자 발굴조사 대행사업 협약을 체결하였다. 협약내용은 최근 공터가 된 태양열주택부지 인근의 성벽을 절개하고 그와 연장해 해자 추정지까지 발굴조사하며, 성벽 단면 및 출토유물은 한성백제박물관 전시품으로 활용한다는 것이었다. 보고서는 2014년 10월까지 간행하기로 약속하였다. 사업비는 8억1천만원이었다. 이후 국립문화재연구소는 2011년 여름부터 성벽절개조사에 본격 착수하여 초겨울에 조사를 완료하였다. 그리고 계획대로라면 이듬해에는 성벽 바깥의 해자구간을 조사 완료해야 하는데, 조사부지의 표토를 제거하자 예전에 주택을 철거할 때 각종 쓰레기를 광범위하게 매립하고 복토한 사실이 밝혀져 경찰이 복토 관련자를 조사하는 등 문제가 복잡해졌다. 결국 박물관이 개관한 뒤 국립문화재연구소가 계획 변경을 요청해 해자발굴조사 건은 취소되었다. 그리고 송파구청 주관하에 쓰레기문제가 다 해결된 뒤, 2015년 국립문화재연구소가 단독으로 해자구간을 발굴조사하였다.

2010년 10월 20일, 마침내 한성백제박물관 건축이 준공되었다. 부지면적 14,894.2㎡, 건축면적 2,901.3㎡, 지하3층 지상 2층의 연면적 19,298㎡(5,838평) 규모였다. 우선, 시설물 유지관리를 위해 3개월 계약으로 청소·경비와 시설관리를 각각 용역 시행하였다. 이제 전시기획팀의 손길이 더욱 바빠졌다. 전시연출업체들과 협의해 박물관 개관 때까지 업체직원들이 현장에 상주하도록 박물관 내에 컨소시엄 합동사무실을 꾸렸다. 이에 전시시설·모형·영상 분야 업체직원 8~10명이 1년6개월여간 박물관의 합동사무실에서 함께 일했는데, 훗날 박물관을 개관한 뒤 그 시절을 되돌아본 업체직원들은 모두 업무협력을 통해 시행착오를 줄이는 등 시너지효과가 상당했다고 입을 모았다.

이 무렵, 추진단 전시기획팀은 지난 여름부터 구성·운영해온 전시설계자문위원회를 자주 개최하였다. 위원회에는 전시기획팀 소속 학예직원과 전시연출업체 직원들이 모두 참석하여 현안사항을 협의하고 자문의견을 청취하였는데, 전기·조명에 대해서는 김홍범 위원의 자문을 많이 받았으며, 선사시대 디오라마 모형, 백제 배 추정복원, 백제주거지 구조 복원, 고대 복식 복원 등 역사문화 복원 문제에 대해서는 전문가를 복수로 모셔서 자문의견을 듣고 관련자료를 협조 받는 방식으로 진행하였다. 당시 추진단은 역사학·고고학·인류학·국어학·의상학·건축학·식품학·조선공학·예술학 등 다양한 학문 분야 전문가 70여명을 전시물고증자문단으로 내정하고 필요할 때마다 자문의견을 청취하였다.

10월 29일, 박물관 강당에서 전시연출을 위한 학술회의를 개최하였다. 주제는 『백제 생활문화의 재발견』이었으며, 「선사 및 고대 서울·한강유역의 동식물과 음식」(김건수), 「백제 한성도읍기의 건물구조와 주거생활」(김왕직), 「백제인의 의례와 음악·놀이」(김성혜), 「삼국시대의 복식문화」(박가영) 등 4개 주제를 다루었다. 발표자 4인, 토론자 9인으로 진행하였다.

11월 15일, 추진단은 한성백제박물관 건축물(시설물)을 정식으로 인수하였다. 지하1층의 사무실 공간을 경량벽체로 4구분한 뒤 안쪽부터 건립행정팀, 회의실, 관장실, 유물관리팀·전시기획팀 등이 차례로 자리잡았다. 유물관리팀과 전시기획팀은 간벽 없이 통합사무실로 운영하였는데, 점차 업무가 폭증하고 내부회의가 잦아지면서 양팀 사이에 갈등이 빈발하자 전시기획팀이 이웃 유물정리실로 사무실을 옮겼다.

12월초에는 서울역사박물관 소장품 가운데 선사~고대유물 902점을 관리 전환하여 한성백제박물관 수장고로 이관하였다. 그리고 이 무렵 이상윤 기증유물에 대한 1차 목록 정리를 마쳤는데, 유물 수량이 수증 당시의 목록 2만여점보다 훨씬 더 늘어나 32,079점이었다. 12월말에는 원래 건축공사에 포함했다가 전시연출영역과 겹쳐서 미루어두었던 공조설비 등 전시실 내부시설 공사 및 영상장비 관련 예산 21억원을 전시물제작설치에 포함시켜 변경(증액)계약하였다.

6
전시품 확보

2011년 1월말부터 청소·경비·시설관리 3부문에 대해 각각 용역업체를 선정해서 1년 단위로 계약하였다. 전시실을 제외한 각종 시설이 완비되고 상시 시설관리 인력까지 투입되자, 전시연출과 전시품 확보가 추진단의 주요 관심사항으로 더욱 부각되었다. 이 무렵의 전시연출실무위원회는 전시연출실무위원 5인과 전시물고증자문단에 속한 특별자문위원 2~4인으로 구성하였는데, 주로 진열장·모형의 제작샘플mock-up과 영상 시안을 점검하고 유물복제 내용 및 상황을 검토하였다.

2월 하순에는 유물관리팀이 표준유물관리시스템을 구축하였고, 전시기획팀이 한성백제박물관 통합이미지MI 개발용역을 완료하였다. 3월초에는 나선화 건립추진위원이 경기 화성지역에서 나온 것으로 추정되는 백제토기 등 소장품 20점을 무상기증하였고, 3월말에는 최무장 연천선사박물관장이 구석기 긁개 등 11점을 무상기증하였다. 유물관리팀은 예산 2억원을 투입하는 유물구입계획을 수립하였다. 건립행정팀은 수장고 중층 마루공사, 정보통신망 및 장비 설치, 무선랜Wi-Fi 구축, 강당 AV설비 개선 등의 시설보완공사를 진행하였다.

2011년 4월, 몽촌토성·몽촌역사관·수혈주거지·야외조형전시관 등 올림픽공원내 서울시 소유지의 재산관리권이 문화재과와 서울역사박물관으로부터 한성백제박물관건립추진단으로 이관되었다. 몽촌토성과 부속토지 면적은 461,448㎡(139,833평), 몽촌역사관은 지하1층 지상1층의 연면적 1,666㎡, 수혈주거지는 지상 1층의 670.2㎡, 야외조형전시관은 지하1층 지상1층의 617.62㎡ 규모였는데, 향후 한성백제박물관이 3급 독립사업소가 되는 만큼 그에 걸맞는 규모의 시설을 관리해야 한다는 논리에 따른 조치였다. 4월 중순에는 서울역사박물관 소장품 중 마제석검 등 선사~고대유물 18점이 한성백제박물관으로 추가 이관되었다.

4월 21일, 향후 뮤지엄숍(74.7㎡) 자리에 홍보부스 「미리 보는 한성백제박물관」을 개관하였다. 한성백제박물관 상설전시실 투시도 및 투시모형, 석촌동 2호분 축조모형, 금동관모·환두대도 복제품, 백제토기 등을 독립진열장과 제작감실장에 전시하고, 박물관 건립경위·시설과 서울의 고대유적·유물 및 전시내용을 소개하는 공간이었다. 4월말에는 문화재청의 승인 하에 그간 한신대학교박물관이 관리해온 풍납토성 출토유물 510점을 이관해왔다. 5월 초순에는 수장고 유물정리실과 촬영실에 가구 및 집기류를 설치하였다. 5월 중순에는 방이동 주민인 전경미 선생이 대부장경호 등 소장품 41건을 박물관에 무상기증하였다. 전시 설계 및 시공자문위원회를 개최하여 전시실의 조명계획과 공조시스템 및 디퓨저 배치 등 시설관련사항을 집중 점검하였다. 이때 우리 학예직원들은 설비관련 전문지식 부족을 절감하였고, 전시물 제작설치 책임감리 용역사업을 추진해 6월 9일 ㈜금성건축과 10개월 기한으로 계약하였다. 계약금액은 8,400만원이었다.

5월 23일, 국립문화재연구소가 성벽 발굴조사에 착수하였다. 전시기획팀은 성벽 단면 전사작업을 준비하는 한편, 전시연출 영상팀에게 발굴과정을 촬영해달라고 요청하였다. 6월 초순부터 건립행정팀은 금요일 저녁마다 강당에서 영화를 상영하였다. 영화상영 프로그램 이름은 '한성백제금요시네

마'였는데, 인근지역 어린이들이 가족동반으로 많이 찾아왔다. 6월 중순에는 주남철 건립추진위원이 백제 수막새 등 소장품 12점을 박물관에 무상기증하였다.

6월 15일, 전시기획팀은 교사초청설명회를 처음 개최하였다. 서울·경기지역 초등학교 교사를 초청해서 서울의 선사~고대 유적·유물 및 한성백제박물관 전시콘텐츠를 소개하는 행사였는데, 11월 16일까지 총 10회를 개최하였고 도합 300명 가까이 참가하였다. 6월말에는 건립행정팀이 전시실의 전파식별RFID: Radio-frequency identification장치를 비롯해 박물관내 통신전자시스템과 홈페이지를 구축하는 U-smart 사이버한성백제박물관 구축사업을 발주해 ㈜KT 및 ㈜위주인포넷과 공동수급으로 계약하였다. 7월초에는 전국의 네비게이션 업체에 한성백제박물관의 위치를 등록하였다. 7월 중순에는 잠실역 사거리 등 4개소에 '한성백제박물관' 도로안내표지판을 설치하였고, 박물관 근처 정류장에 정차하는 버스에서 한성백제박물관을 소개하는 음성안내를 시작하였다.

7월 13일, 이상윤 기증유물에 대한 평가회의를 처음 개최하였다. 전문가 3인이 함께 평가하는 방식으로 같은 해 12월 5일까지 25회에 걸쳐 분야별로 34,341점을 진위 감정하고 가치 평가하였는데, 평가액이 119억여 원에 달했다. 이에 추진단은 일정 금액을 기증자에게 기증사례비로 지급하였다.

7월 하순, 전시기획팀은 「4D용 입체애니메이션영상 제작 및 캐릭터 개발」용역 제안시 평가회의외 「상설전시도록 및 어린이만화 제작」 제안서 평가회의를 연달아 개최해 업체를 선정하였다. 「4D용 입체애니메이션영상 제작 및 캐릭터 개발」용역사업은 4D영상과 캐릭터 10종을 제작·개발하는 사업으로서 5개 업체 컨소시엄이 제안서를 제출하였고, ㈜카프프러덕션과 ㈜디자인마인 컨소시엄이 우선협상대상자로 선정되어 8월 11일 738,800천원에 계

114. 한성백제 3D캐릭터그룹

115. 어린이만화(1~5권 표지)

약하였다. 개관 전 (주)카프프러덕션은 4D애니메이션영상 '담지의 모험'을 납품하였고, (주)디자인마인은 소서노, 온조왕, 근초고왕, 신제도원 공주, 왕인 박사 등 3D캐릭터 10종을 개발하였다.

「상설전시도록 및 어린이만화 제작」사업은 상설전시 대도록(국·영·일어) 2,000부, 소도록(국·영·일어) 7,000부, 어린이만화 1질 5권 30,000부 등을 제작하는 사업으로서 3개 업체 컨소시엄이 제안서를 제출하였고, (주)디자인인트로와 (주)비온뒤스튜디오 컨소시엄이 우선협상대상자로 선정되어 8월 9일 423,000천원에 계약하였다. 상설전시도록과 어린이만화는 박물관 개관 전날 모두 납품되었으며, 중국어 대도록은 개관한 뒤에 곧바로 제작에 착수해 연말 무렵에 간행하였다.

116. 백제를 빛낸 인물 일러스트_소서노

117. 백제를 빛낸 인물 일러스트_온조왕

7~8월에는 전시물 고증자문회의가 연달아 개최되었다. 제1전시실의 선사시대 디오라마 및 영상물, 제2전시실의 백제 배 복원 및 연출방법, 백제복식·장신구 복원, 백제무덤 종류와 축조방법, 풍납토성 내 지상건물 복원, '한성의 풍경' 모형 제작 등에 대한 집중검토회의였다. 같은 시기에 풍납토성 성벽발굴현장에서는 (주)서진문화유산이 성벽 단면에 대한 토층전사작업을 3차에 걸쳐 진행하였다. 발굴현장 토층전사작업은 11월초까지 총 5차례 진행하였다. 9월과 10월에도 전시연출실무위원회와 전시물 고증자문회의를 매주 1~3회씩 개최

하여 전시모형, 영상, 설명패널, 그래픽패널 내용 등의 세부사항을 함께 검토하였다. 가령, 제2전시실의 '백제를 빛낸 사람들' 일러스트의 경우, 일러스트 화가(최효애 작가 등), 자문위원, 학예직원, 업체직원 등이 함께 인물에 대한 사료분석, 묘사시점, 주변환경 등에 대해 협의하고 묘사관련 세부사항을 결정하였다.

11월초 풍납토성 성벽 단면 토층전사 현장작업이 모두 끝나자, (주)서진문화유산 작업실에서 조각맞추기, 경화처리, 색맞춤 등의 작업을 진행하였다. 작업실이 경기도 화성에 위치하였으므로 나는 정기적으로 출장하여 작업자들과 협의하였다.

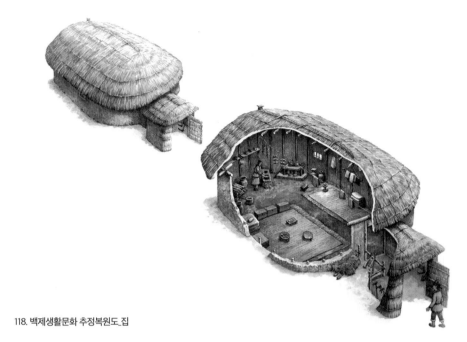

118. 백제생활문화 추정복원도_집

119. 백제생활문화 추정복원도_배

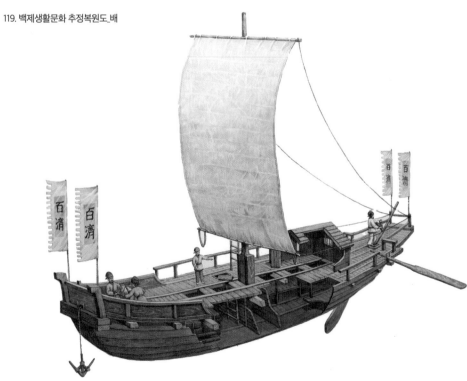

120. 풍납토성 성벽단면 전사작업

121. 풍납토성 성벽단면 전사작업

122. 풍납토성 성벽 전사작업   123. 풍납토성 성벽단면 전시연출작업

124. 풍납토성 성벽단면 전시연출작업

125. 풍납토성 성벽단면 전시

교란층

전시기획팀의 개관도록 제작 작업도 본격적으로 추진되었다. 그간 유물관리팀은 전시기획팀으로부터 받은 전시대상유물 목록에 근거하여 유물소장기관 31곳에 유물대여를 요청하였고, 21개 기관과 도합 320점에 대한 유물대여를 협의하였다. 대여하기로 한 유물의 사진을 개관도록에 싣기 위해서는 미리 사진을 촬영해야 했는데, 전시기획팀은 대여유물을 조속히 한성백제박물관으로 운송해온 뒤 수장고 사진촬영실에서 유물을 촬영하는 방안을 선호했지만, 유물관리팀은 아직 박물관 개관까지 5개월이 남은 시점이며 수장고의 작업인력이 부족하므로 불가하다고 주장하였다. 이에 전시기획팀 학예직원이 서헌강 사진작가와 함께 유물소장기관을 방문해 촬영하는 방법이 불가피해졌다. 11월 3일 연세대학교박물관과 한양대학교박물관, 11월 4일 성신여자대학교박물관, 11월 14일 국립부여박물관, 11월 16일 하남역사박물관, 11월 17일 중앙문화재연구원, 11월 18일 한신대학교박물관 등 일정이 계속 이어져 방문촬영은 12월 중순까지 계속되었다. 같은 시기, 박물관 전시실 공사현장에서는 자문위원들과 함께 진열장, 조명, 마감재, 그래픽 등 시설현황을 점검하는 자문회의가 자주 열렸다. 당시 자문위원으로는 박영복, 박영규, 김준기, 지환수 등 박물관전시 및 디자인 전문가들이 참여하였다.

12월 초, 건립행정팀이 교육동 정보자료실의 서가, 열람석, 검색대, 복사기, 스캐너 등 집기류를 조달 구매하고, 도서관리시스템과 인터넷 홈페이지를 구축하였다. DVD세트와 도서 13,814권도 구매하였다. 유물관리팀은 국립문화재연구소와 국가귀속문화재 위탁협약을 추진하였는데, 이로써 풍납토성 발굴유물 4,147점을 한성백제박물관으로 이관위탁하기로 하였다. 유물운송은 이듬해 1월 중순에 이루어졌다. 2011년도 유물구입비 예산은 2억원이었는데, 유물관리팀이 연말까지 168,100천원을 투입하여 116건 157점을 구입하였다.

2010년 8월 전시연출업체와 계약한 뒤 2011년 연말까지 1년 반 가까이 진열장, 모형, 영상, 설명패널, 전시시설물 등을 함께 제작·구현하는 사이에 설계변경이 불가피하였다. 우선 영상기기 제작기술 발전에 힘입어 전시연출기법에 크고 작은 진보가 있었으며, 조명기기 및 기술도 마찬가지였다. 색채디자인에도 유행 변화가 영향을 주었고, 진열장·모형·패널 제작에도 기술·기법 발전이 일어났다. 특히, 모형을 제작할 때에는 추상적인 관점에 익숙한 연구자 특유의 한계가 드러나 나를 비롯한 학예직원들은 작은 시행착오를 거듭하기도 하였다. 그리하여 2011년 12월말경에는 예산 증액을 수반하는 설계변경이 불가피해졌다. 약 8억원 정도의 예산증액이 필요하였는데, 새로 취임한 박원순 서울시장의 긴축재정정책에 부응하려는 안승일 문화관광디자인본부장이 서류를 반려하다가 계속 설득하자 난감해하면서도 결재하였다. 총사업비 8,998,175천원. 전시물제작설치 제3차 설계변경이 완료되었다.

2012년 1월, 대망의 한 해가 밝았다. 드디어 4월말에 한성백제박물관이 개관하는 것이다. 마침내 박물관이 문을 열게 되었다는 점에서는 속이 후련하지만, 앞으로 펼쳐질 개관까지의 일정을 따져보면서 나는 한없이 불안하고 가슴이 답답하였다. 1월 1일자로 서울시 조직이 개편되어 한성백제박물관건립추진단은 문화관광디자인본부 소속에서 서울역사박물관 소속으로 바뀌었다. 이로써 한성백제박물관을 3급 독립사업소로 만든다는 계획은 전면 취소되었다. 건립행정팀은 총무과, 전시기획팀은 전시기획과, 유물관리팀은 유물과학과로 명칭을 바꾸었으며, 교육홍보과를 신설하였다.

전시기획과는 시각장애인을 위한 촉각도록 제작사업을 본격 추진하였다. 그리고 1월 10일, 개관기념특별전 「백제의 맵시-옷과 꾸미개-」관련 프리세미나를 한국복식학회와 공동 주최하였다. 1월 16일에는 국립공주박물관 대여유물 11점을 운송해왔다. 당초 추진단은 대여유물 기관협의 및 운송 업무를 유물관리팀 담당업무로 계획하였다. 그러나 유물관리팀 직원들이 전시유물

대여 기관협의 및 운송 관리는 전시를 위한 업무이므로 전시기획팀이 맡아야 한다면서 책임소재 문제를 제기하였고, 결국 유물사진촬영 시점부터는 전시기획팀이 기관협의 및 운송 문제를 전담하게 되었다.

2012년 1월 20일, 전시물 제작설치 작업을 준공하였다. 2010년 8월 9일 계약부터 수행한 진열장, 설명패널, 모형, 성벽토층 전사, 전시영상, 정보영상, 전시조명, 전시시설 등 8개 분야에 대한 작업을 일단 완료한 것이다. 정산해보니 소요예산은 8,977,116천원이었다. 그러나 전시연출에서 전시품을 진열하지 않은 상태의 준공은 진정한 작업 완료가 아니다. 그저 계약한 시설물과 전시물을 차질 없이 모두 제작·설치·제출했다는 뜻일 뿐이다. (주)리스피엔씨를 비롯한 전시업체 컨소시엄도 박물관을 개관할 때까지는 직원들이 상주하며 전시물을 계속 수정·보완하겠다고 약속하였다. 1월말에는 유물과학과가 수장고 전체를 훈증 소독하였다.

2월초, 교육홍보과가 2012년도 박물관 교육 운영 계획을 수립하였다. 유아, 어린이, 청소년, 가족, 성인, 교사 대상 11개 프로그램을 기획하였는데, 총 234회 개최하여 1만여 명이 참여할 것으로 예상하였다. 전시기획과는 전시해설 자원봉사자를 모집 공고하고 응시자 58명에 대해 필기시험과 면접시험을 실시하였다. 그 결과 한국어(27), 영어(2), 중국어(1), 일본어(5) 총 35명을 선발하고, 3월 초순부터 매주 교육하였다. 일반안내 자원봉사자는 3월 중순에 면접시험을 거쳐 25명을 선발하였다. 오리엔테이션 및 교육은 3월말부터 진행하였으며, 교육자료 『자원봉사·전시해설사 자료집』은 4월초에 제작·배포하였다. 교육홍보과는 2월 하순부터 3월 초순까지 교육강사를 모집해 11명을 선발하였다.

대여유물도 운송하였다. 2월 6일 국립문화재연구소, 2월 9일 공주교육대학교박물관과 국립부여문화재연구소 대여유물을 운송하였으며, 나머지 20개

기관의 소장품은 4월에 운송하기로 예정하였다. 2월말에는 채금석 숙명여대 의류학과 교수가 「백제의 맵시」특별전에 전시할 백제복식원단 고증재현을 완료하고 의복 제작에 돌입하였다. 서울시는 3월 1일자로 행정·녹지·기능직 5명을 총무과에 충원해주었다.

3월 3일, 백제학회와 공동으로 춘계학술회의를 개최하였다. 주제는 「풍납토성의 성벽과 건물지」였는데, 작년 말의 풍납토성 성벽 절개조사와 한성백제박물관 로비의 상징전시물 '풍납토성 성벽 단면'을 염두에 둔 것이었다. 3월 중순에는 대구의 이재열 선생이 백제토기 등 소장품 114건을 박물관에 무상기증하였다. 이 무렵 총무과는 박물관 앞 횡단보도 설치를 추진하여 4월 중순에 개통하였다. 3월 하순에는 뮤지엄숍 자리에서 임시운영해온 홍보부스 「미리 보는 한성백제박물관」의 전시물을 철거하고 복제금동관모 등 전시품 10점을 유물과학과에 반납하였다. 유물과학과는 로비 한켠에 기증자명패를 설치하였다. 나는 유물과학과장 겸임발령을 받았다. 대여유물 운송·관리 문제로 전시기획과와 유물과학과 직원 사이에 생기는 갈등을 최소화하려는 이종철 추진단장의 고육지책이었다.

4월 12일, 전시물 제작설치 감리용역이 완료되었다. 이제 전시품 운송과 진열이 우리 추진단의 최대 현안으로 부각되었다. 대여유물에는 국립공주박물관의 무령왕릉 출토 은제 명문팔찌를 비롯해 국보·보물이 상당수 포함되었으며, 아직 국립문화재연구소가 관리하고 있는 부여 왕흥사지 출토 금동사리함을 비롯한 사리징임구, 익산 미륵사지 줄도 금제 사리호를 비롯한 사리장엄구 등 국보급 문화재도 많았다. 유물운송은 전시기획과 소속 학예연구사 중 5명이 주로 담당하였는데, 학예연구사들이 번갈아가며 새벽 또는 아침 일찍 운송업체 직원들과 함께 출장했다가 오후 또는 저녁 늦게 돌아오는 날이 계속되었다. 유물운송차가 퇴근시간을 지나 박물관에 도착하는 경우가 많앉으므로 유물과학과 직원들은 제때 퇴근하지 못하는 불편을 자주 겪었다. 이 때문에 불만의 목소리가 들리기도 했다. 나는 늘 긴장한 상태로 운송팀을 맞았다. 그런데 개관 일주일을 앞두고 걱정하던 사고가 났다. 이 때문에 나와 책임이 있는 학예연구사는 유물대여기관과 서울역사박물관에 각각 경위서를 제출하고 징계절차를 거쳤으며 벌금에 해당하는 상당액의 배상금까지 내야 했다. 운송회사와 보험사도 배상금의 일부를 책임졌다. 유물 운송은 4월 25일에야 완료되었다. 도합 30개 기관으로부터 6백여 점을 운송해오는 큰 작업이었다.

7
박물관 개관

박물관 개관을 앞두고 전시기획과 직원들은 모두 정신없이 바빴다. 개관 열흘 전부터는 아예 밤샘작업을 하였다. 설명패널 원고 및 그래픽패널 수정·보완, 진열장 및 보조대 조정, 유물 진열 등의 업무를 학예연구사 6명과 연구원 7명이 밤낮없이 반복하였지만, 밀린 일거리는 좀처럼 줄어들지 않았다. 설명패널은 한국고대사 전공자인 채미하 박사가 연구원들과 함께 작년 연말부터 정리한 원고와 참고자료를 나, 이경자 학예연구사, 문은순 학예연구사 등이 1차 검토·수정한 뒤 노중국·임기환·권오영·임영진 등 자문위원께 보내

검토의견을 받았다. 자문위원은 각각 전체 원고를 읽고 이의가 있는 부분에 메모한 다음 돌려주었으며, 이를 문은순 학예연구사가 수합해 메모 내용을 비교한 뒤 내부 검토회의를 통해 수정하였다. 수정원고는 동화작가이자 소설 가이며 수년간 KBS '다큐멘터리 역사를 찾아서' 작가로도 활동한 이상락 작가가 쉬운 문장으로 바꿔주었다. 이상락 작가가 수정한 원고를 다시 나와 문은순 학예연구사가 검토하면서 문장의 뉘앙스 등을 살펴 보완하였다. 그리고 번역이 필요한 부분은 영어·중국어·일본어 번역자에게 넘겼고, 번역문에 대해서는 추천받은 원어민 연구자들의 검수를 받았다. 약 100개의 설명패널을 계획했으나 개관에 임박해서 보니 부분적으로 원고 내용을 급히 보충해야 하는 부분도 생겼다. 이에 로비 및 프롤로그·에필로그 이경자, 제1전시실 최진석, 제2전시실 이효준·황경미·정효진, 제3전시실 문은순 등이 연구원들과 함께 각각 보충작업을 진행하였고 내가 검토하였다.

유물 진열은 각 전시실 별로 담당 학예연구사들이 연구원들과 함께 진행하였는데, 진열장 위치 잡기와 조도 맞추기 등에는 전시업체 직원들이 함께 밤을 새워가며 도와주었다. 이 무렵 나는 전시업체 직원들의 열정과 사명감을 여러 차례 체감하고 깊은 동지애를 느꼈는데, 모두 지난 1년 반 동안 전시실에 관한 거의 모든 일들을 함께 다투며 의논한 결과였다. 전시업체 직원들의 호의에도 불구하고 유물 진열은 처음부터 끝까지 학예연구사들의 몫이었다. 처음 며칠은 밤늦은 시간에도 유물 진열작업을 하였으나 점차 집중력이 떨어져 유물사고가 발생할 소지가 높아졌으므로 밤샘작업은 주로 패널작업에 한정하였다. 한번은 포장상자에서 유물을 다 꺼내지 않았다가 목록과 대조하면서 화살촉 3점이 빠진 사실을 알아내고 창고에 쌓아둔 포장상자를 일일이 뒤져 찾은 적이 있다. 이를 통해 나는 대여유물을 반납할 때까지 포장상자를 고스란히 보관해두어야 하는 이유를 절감하였다.

126. 한성백제박물관 개관(2012년 4월 30일)

한성백제박물관 개관 예정일 2012년 4월 30일에 맞춰 총무과와 교육홍보과가 개관행사와 홍보를 주관하였다. 3월초 개관행사 기본계획을 수립할 당시에는 행사장소를 강당으로 예정했으나 일주일 뒤 박물관 광장으로 장소를 바꾸었다. 3월 하순, 박물관 건물 외벽에 개관홍보 대형현수막을 설치하였고, 4월부터는 모바일 플렉스 조명광고와 서울지하철 5호선과 8호선에서 스크린도어 광고를 실시하였다. 4월 3일부터 매주 화요일 오후 2시에는 한성백제아카데미 강좌를 10회 개최하였는데, 2012년 상반기의 주제는 「동아시아 속 백제의 뿌리」였다. 4월 9일에는 사이버 한성백제박물관 홈페이지를 공식 가동하였다.

4월 중순부터 서울시가 운영하는 LED전광판에 한성백제박물관이 곧 개관한다는 홍보 영상을 올리고, 송파구의 송파대로 및 올림픽공원을 중심으로 가로배너와 가로현수막을 곳곳에 설치하였다. 개관홍보 포스터를 제작해 700여 기관에 배포했으며, 리플릿도 4개국어로 제작하였다. 4월 23일에는 서울시 출입기자단 프레스투어를 실시하였고, 27일에는 박물관 건물 옥상에 애드벌룬을 설치하였다. 지하철 8호선 몽촌토성역에 X-배너를 설치하고 박물관으로 통하는 도로에는 안내 스티커를 설치하였다.

마침내 4월 30일 오전 9시 40분, 한성백제박물관 개관행사를 개최하였다. 한국의집 공연단이 북소리로 박물관 개관을 알렸으며, 박원순 서울시장을 비롯해 곽영진 문화체육관광부 1차관, 박영아 국회의원, 박춘희 송파구청장, 진두생 서울시의회 부의장 등 정치인들이 시민들과 함께 오색 테이프를 잘랐다. 박물관 입구 도로변에서는 풍납동 주민들이 많이 몰려와 주민보상대책을 요구하며 시위하였으나 질서를 유지하였기에 개관행사에는 영향이 없었다.

이날은 한성백제박물관건립추진단이 해체되는 날이기도 하였다. 한성백제박물관이 무사히 개관했으므로 직원들의 안도감과 기대감이 컸으나, 이종철 추진단장이 퇴임하는 날이기도 했기에 착잡한 마음도 상당했다. 이종철 추진단장은 재임중 한성백제박물관이 순조롭게 개관할 수 있도록 모든 사항을 꼼꼼히 살펴 예비하였다. 그래서 2011년 12월 29일 추진단은 문화관광디자인본부장 방침으로 총무과, 전시기획과, 교육홍보과, 유물과학과, 유적발굴과 등으로 구성된 1관 5과 체제를 갖추었으며, 정원 43명을 확보하였다. 다만, 유적발굴과는 당분간 서울역사박물관에 두었다가 한성백제박물관이 개관한 뒤 옮기기로 했다. 그래서 현원은 37명이었다. 이미 2012년 4월 30일 퇴임이 예정된 상황에서, 이종철 추진단장은 한성백제박물관의 「2012~2014 사업 운영계획」을 세밀하게 수립하였다. 늘 친근하고 알기 쉬운 박물관, 쉽고 재미있는 전시·교육, 전문연구자가 많은 박물관을 주장하였고, 직원들이 그런 목표를 세우고 향하도록 지휘하였다.

127. 한성백제박물관 전경(서헌강 촬영)

한성백제박물관 전경

한성백제박물관 건축 조감도

한성백제박물관 건립부지 원경(2009.1월)

한성백제박물관 건립부지 원경(2009.2월)

한성백제박물관 건립부지 원경(2009.3월)

한성백제박물관 건립부지 문화재조사(2009.4월)

한성백제박물관 건립부지 토목공사(2009.5월)

한성백제박물관 건립부지 토목공사(2009.6월)

한성백제박물관 건립부지 토목공사(2009.7월)

한성백제박물관 건축공사(2009.8월)

한성백제박물관 건축공사(2009.9월)

한성백제박물관 건축공사(2009.10월)

한성백제박물관 건축공사(2009.11월)

한성백제박물관 건축공사(2009.12월)

한성백제박물관 건축공사(2009.12월말)

한성백제박물관 건축공사(2010.1월)

한성백제박물관 건축공사(2010.2월)

한성백제박물관 건축공사_내부전경(2010.3월)

한성백제박물관 건축공사_외부(2010.3월)

한성백제박물관 건축공사(2010.5월)

한성백제박물관 건축공사_수장고공사(2010.5월)

한성백제박물관 건축공사_수장고 자재점검(2010.5월)

한성백제박물관 건축공사(2010.6월)

한성백제박물관 건축공사_임시수장고(2010.6월)

한성백제박물관 건축공사(2010.8월)

한성백제박물관 건축공사_내부(2010.8월)

한성백제박물관 건축공사(2010.9월)

한성백제박물관 건축공사 준공(2010.10월)

한성백제박물관 건축공사 준공_내부(2010.10월)

한성백제박물관 임시수장고(2010.10월)

한성백제박물관 건축준공후 원경(2010.12월)

개관무렵의 한성백제박물관(2012.4월)

부록

박물관 관련 법령과
윤리강령

박물관 및 미술관 진흥법 (약칭: 박물관미술관법)

[시행 2016.11.30.] [법률 제14204호, 2016.5.29., 일부개정]

문화체육관광부(박물관정책과) 044-203-2640

제1장 총칙

제1조(목적) 이 법은 박물관과 미술관의 설립과 운영에 필요한 사항을 규정하여 박물관과 미술관을 건전하게 육성함으로써 문화·예술·학문의 발전과 일반 공중의 문화향유(文化享有) 및 평생교육 증진에 이바지함을 목적으로 한다. <개정 2016.2.3.>

제2조(정의) 이 법에서 사용하는 용어의 뜻은 다음과 같다. <개정 2007.7.27., 2009.3.5., 2016.2.3.>

1. "박물관"이란 문화·예술·학문의 발전과 일반 공중의 문화향유 및 평생교육 증진에 이바지하기 위하여 역사·고고(考古)·인류·민속·예술·동물·식물·광물·과학·기술·산업 등에 관한 자료를 수집·관리·보존·조사·연구·전시·교육하는 시설을 말한다.

2. "미술관"이란 문화·예술의 발전과 일반 공중의 문화향유 및 평생교육 증진에 이바지하기 위하여 박물관 중에서 특히 서화·조각·공예·건축·사진 등 미술에 관한 자료를 수집·관리·보존·조사·연구·전시·교육하는 시설을 말한다.

3. "박물관자료"란 박물관이 수집·관리·보존·조사·연구·전시하는 역사·고고·인류·민속·예술·동물·식물·광물·과학·기술·산업 등에 관한 인간과 환경의 유형적·무형적 증거물로서 학문적·예술적 가치가 있는 자료 중 대통령령으로 정하는 기준에 부합하는 것을 말한다.

4. "미술관자료"란 미술관이 수집·관리·보존·조사·연구·전시하는 예술에 관한 자료로서 학문적·예술적 가치가 있는 자료를 말한다.

제3조(박물관·미술관의 구분) ① 박물관은 그 설립·운영 주체에 따라 다음과 같이 구분한다.

1. 국립 박물관 : 국가가 설립·운영하는 박물관

2. 공립 박물관 : 지방자치단체가 설립·운영하는 박물관

3. 사립 박물관 : 「민법」, 「상법」, 그 밖의 특별법에 따라 설립된 법인·단체 또는 개인이 설립·운영하는 박물관

4. 대학 박물관 : 「고등교육법」에 따라 설립된 학교나 다른 법률에 따라 설립된 대학 교육과정의 교육기관이 설립·운영하는 박물관

② 미술관은 그 설립·운영 주체에 따라 국립 미술관, 공립 미술관, 사립 미술관, 대학 미술관으로 구분

하되, 그 설립·운영의 주체에 관하여는 제1항 각 호를 준용한다.

제4조(사업) ① 박물관은 다음 각 호의 사업을 수행한다. <개정 2007.7.27., 2016.2.3.>

1. 박물관자료의 수집·관리·보존·전시

2. 박물관자료에 관한 교육 및 전문적·학술적인 조사·연구

3. 박물관자료의 보존과 전시 등에 관한 기술적인 조사·연구

4. 박물관자료에 관한 강연회·강습회·영사회(映寫會)·연구회·전람회·전시회·발표회·감상회·탐사회·답사 등 각종 행사의 개최

5. 박물관자료에 관한 복제와 각종 간행물의 제작과 배포

6. 국내외 다른 박물관 및 미술관과의 박물관자료·미술관자료·간행물·프로그램과 정보의 교환, 박물관·미술관 학예사 교류 등의 유기적인 협력

6의2. 평생교육 관련 행사의 주최 또는 장려

7. 그 밖에 박물관의 설립 목적을 달성하기 위하여 필요한 사업 등

② 미술관 사업에 관하여는 제1항을 준용한다. 이 경우 제1호부터 제5호까지의 규정 중 "박물관자료"는 "미술관자료"로 보며, 제6호 및 제7호 중 "박물관"은 "미술관"으로 본다.

제5조(적용 범위) 이 법은 자료관, 사료관, 유물관, 전시장, 전시관, 향토관, 교육관, 문서관, 기념관, 보존소, 민속관, 민속촌, 문화관, 예술관, 문화의 집, 야외 전시 공원 및 이와 유사한 명칭과 기능을 갖는 문화시설 중 대통령령으로 정하는 바에 따라 문화체육관광부장관이 인정하는 시설에 대하여도 적용한다. 다만, 다른 법률에 따라 등록한 시설은 제외한다. <개정 2008.2.29., 2009.3.5.>

제6조(박물관·미술관 학예사) ① 박물관과 미술관은 대통령령으로 정하는 바에 따라 제4조에 따른 박물관·미술관 사업을 담당하는 박물관·미술관 학예사(이하 "학예사"라 한다)를 둘 수 있다.

② 학예사는 1급 정(正)학예사, 2급 정학예사, 3급 정학예사 및 준(準)학예사로 구분하고, 그 자격제도의 시행 방법과 절차 등에 필요한 사항은 대통령령으로 정한다.

③ 제2항에 따른 학예사 자격을 취득하려는 사람은 학예사 업무의 수행과 관련된 실무경력 등 대통령령으로 정하는 자격요건을 갖추어 문화체육관광부장관에게 자격요건의 심사와 자격증 발급을 신청하여야 한다. 이 경우 준학예사 자격을 취득하려는 사람은 문화체육관광부장관이 실시하는 준학예사 시험에 합격하여야 한다. <신설 2013.12.30.>

④ 제3항에 따른 준학예사 시험에 응시하려는 사람은 문화체육관광부령으로 정하는 바에 따라 응시 수수료를 납부하여야 한다. <신설 2013.12.30.>

⑤학예사는 국제박물관협의회의 윤리 강령과 국제 협약을 지켜야 한다. <개정 2013.12.30.>

제7조(운영 위원회) ① 제16조에 따라 등록한 국·공립의 박물관과 미술관(각 지방 분관을 포함한다)은 전문성 제고와 공공 시설물로서의 효율적 운영 및 경영 합리화를 위하여 그 박물관이나 미술관에 운영 위원회를 둔다.

② 운영 위원회의 구성과 운영에 필요한 사항은 대통령령으로 정한다.

제8조(재산의 기부 등) ① 「민법」, 「상법」, 그 밖의 특별법에 따라 설립된 법인·단체 및 개인은 박물관이나 미술관 시설의 설치, 박물관자료 또는 미술관자료의 확충 등 박물관이나 미술관의 설립·운영을 지원하기 위하여 금전이나 부동산, 박물관 또는 미술관 소장품으로서 가치가 있는 재산(이하 "기증품"이라 한다)을 박물관이나 미술관에 기부 또는 기증(이하 "기부 등"이라 한다)할 수 있다. <개정 2013.12.30., 2016.5.29.>

② 박물관 또는 미술관의 장이 기증품을 기증받고자 하는 경우에는 수증심의위원회를 두어 수증여부를 결정하여야 한다. <신설 2016.5.29.>

③ 국립 박물관 또는 미술관의 장은 제1항에 따른 법인·단체 및 개인이 해당 박물관이나 미술관에 기증품을 기증하여 감정평가를 신청한 경우 기증유물감정평가위원회를 두어 감정평가를 할 수 있다. <신설 2016.5.29.>

④ 수증심의위원회 및 기증유물감정평가위원회의 구성, 운영 및 그 밖에 필요한 사항은 대통령령으로 정한다. <신설 2016.5.29.>

⑤ 국가 또는 지방자치단체가 설립한 박물관이나 미술관은 제1항에 따른 기부 등이 있을 때에는 「기부금품의 모집 및 사용에 관한 법률」에도 불구하고 이를 접수할 수 있다. <신설 2013.12.30., 2016.5.29.>

⑥ 제1항 및 제5항에 따른 기부 등의 절차, 관리·운영 방법 등은 문화체육관광부령으로 정한다. <신설 2016.5.29.>

[제목개정 2016.5.29.]

제9조(박물관 및 미술관 진흥 시책 수립) ①문화체육관광부장관은 국·공·사립 박물관 및 미술관의 확충, 지역의 핵심 문화시설로서의 지원·육성, 학예사 양성 등 박물관 및 미술관 진흥을 위한 기본 시책을 수립·시행하여야 한다. <개정 2008.2.29.>

② 국립 박물관과 국립 미술관을 설립·운영하는 중앙 행정기관의 장은 제1항에 따른 기본 시책에 따라 소관 박물관과 미술관 진흥 계획을 수립·시행하여야 한다.

③ 지방자치단체의 장은 제1항에 따른 기본 시책에 따라 해당 지방자치단체의 박물관 및 미술관 진흥계획을 수립·시행하여야 한다.

제2장 국립 박물관과 국립 미술관

제10조(설립과 운영) ①국가를 대표하는 박물관과 미술관으로 문화체육관광부장관 소속으로 국립중앙박물관과 국립현대미술관을 둔다. <개정 2008.2.29.>

② 민속자료의 수집·보존·전시와 이의 체계적인 조사·연구를 위하여 문화체육관광부장관 소속으로 국립민속박물관을 둔다. <개정 2008.2.29.>

③ 국립중앙박물관은 제4조제1항의 사업 외에 다음 각 호의 업무를 수행한다. <개정 2008.2.29.>

1. 국내외 문화재의 보존·관리

2. 국내외 박물관자료의 체계적인 보존·관리

3. 국내 다른 박물관에 대한 지도·지원 및 업무 협조

4. 국내 박물관 협력망의 구성 및 운영

5. 그 밖에 국가를 대표하는 박물관으로서의 기능 수행에 필요한 업무

④ 문화체육관광부장관은 문화유산의 균형 있고 효율적인 수집·보존·조사·연구·전시 및 문화향유의 균형적인 증진을 꾀하기 위하여 필요한 곳에 국립중앙박물관, 국립민속박물관 또는 국립현대미술관의 지방 박물관 및 지방 미술관을 둘 수 있다. <개정 2008.2.29.>

⑤ 국립현대미술관은 제4조제1항의 사업 외에 제3항 각 호의 업무를 수행한다. 이 경우 각 호의 "박물관"은 "미술관"으로 본다.

⑥ 국립민속박물관은 민속에 관하여 제4조제1항의 사업 외에 제3항 각 호의 업무를 수행한다. 이 경우 각 호의 "박물관"은 "민속 박물관"으로 본다.

⑦ 국립중앙박물관과 국립현대미술관 및 국립민속박물관의 조직과 운영 등에 필요한 사항은 대통령령으로 정한다.

⑧ 국립중앙박물관에는 관장 1명을 두되, 관장은 정무직으로 한다.

제11조(설립 협의) ① 중앙 행정기관의 장은 소관 업무와 관련하여 국립 박물관이나 국립 미술관을 설립하려면 미리 문화체육관광부장관과 협의하여야 한다. <개정 2008.2.29.>

② 제1항의 협의에 필요한 사항은 대통령령으로 정한다.

제3장 공립 박물관과 공립 미술관

제12조(설립과 운영) ① 지방자치단체는 지역사회의 박물관자료 및 미술관자료의 구입·관리·보존·전시 및 지역 문화 발전과 지역 주민의 문화향유권 증진을 위하여 대통령령으로 정하는 절차와 기준에 따라 박물관과 미술관을 설립할 수 있다.

② 제1항에 따른 박물관과 미술관 운영에 필요한 사항은 지방자치단체의 조례로 정한다.

제12조의2(공립 박물관의 설립타당성 사전평가) ① 지방자치단체의 장이 제3조제1항제2호에 따른 공립 박물관을 설립하려는 경우에는 미리 박물관 설립·운영계획을 수립하여 문화체육관광부장관으로부터 설립타당성에 관한 사전평가(이하 "사전평가"라 한다)를 받아야 한다.

② 사전평가의 절차, 방법 등에 필요한 사항은 대통령령으로 정한다.

[본조신설 2016.5.29.]

제4장 사립 박물관과 사립 미술관

제13조(설립과 육성) ① 법인·단체 또는 개인은 박물관과 미술관을 설립할 수 있다. <개정 2007.7.27.>

② 국가나 지방자치단체는 제1항에 따른 박물관 및 미술관의 설립을 돕고, 문화유산의 보존·계승 및 창달(暢達)과 문화 향유를 증진하는 문화 기반 시설로서 지원·육성하여야 한다.

③ 사립 박물관과 사립 미술관은 제1조 및 제2조에 따른 목적과 기능에 맞도록 설립·운영하여야 한다.

제5장 대학 박물관과 대학 미술관

제14조(설립과 운영) ① 「고등교육법」에 따라 설립된 학교나 다른 법률에 따라 설립된 대학 교육과정의 교육기관은 교육 지원 시설로 대학 박물관과 대학 미술관을 설립할 수 있다.

② 대학 박물관과 대학 미술관은 대학의 중요한 교육 지원 시설로 평가되어야 한다.

③ 대학 박물관과 대학 미술관은 박물관자료나 미술관자료를 효율적으로 보존·관리하고 교육·학술 자료로 활용할 수 있도록 지원·육성되어야 한다.

제15조(업무) 대학 박물관과 대학 미술관은 제4조제1항의 사업 외에 다음 각 호의 업무를 수행한다.

1. 교수와 학생의 연구와 교육 활동에 필요한 박물관자료나 미술관자료의 수집·정리·관리·보존 및 전시

2. 박물관자료나 미술관자료의 학술적인 조사·연구

3. 교육과정에 대한 효율적 지원

4. 지역 문화 활동과 사회 문화 교육에 대한 지원

5. 국·공립 박물관 및 미술관, 다른 박물관 및 미술관과의 교류·협조

6. 박물관 및 미술관 이용의 체계적 지도

7. 그 밖에 교육 지원 시설로서의 기능 수행에 필요한 업무

제6장 등록

제16조(등록 등) ① 박물관과 미술관을 설립·운영하려는 자는 그 설립 목적을 달성하기 위하여 필요한 학예사와 박물관자료 또는 미술관자료 및 시설을 갖추어 대통령령으로 정하는 바에 따라 국립 박물관 및 미술관은 문화체육관광부장관에게, 공립 박물관 및 미술관은 특별시장·광역시장·특별자치시장·도지사·특별자치도지사(이하 "시·도지사"라 한다)에게 등록하여야 한다. 다만, 사립·대학 박물관 및 미술관은 시·도지사에게 등록할 수 있다. <개정 2009.3.5., 2016.5.29.>

② 제1항에 따라 등록하려는 자(이하 "신청인"이라 한다)는 대통령령으로 정하는 요건을 갖추어 개관 전까지 등록 신청을 하여야 한다. <개정 2016.5.29.>

③ 문화체육관광부장관 또는 시·도지사는 제2항에 따른 등록신청을 받은 경우 신청일부터 40일 이내에 등록심의를 거쳐 그 결과를 신청인에게 통보하여야 한다. <개정 2016.5.29.>

④ 제3항에 따른 등록, 심의방법 및 절차 등에 필요한 사항은 대통령령으로 정한다. <신설 2016.5.29.>

제17조(등록증과 등록 표시) ① 문화체육관광부장관 또는 시·도지사는 제16조제3항에 따른 등록심의 결과가 결정된 때에는 박물관 또는 미술관 등록원부에 필요한 사항을 기재하고, 신청인에게 문화체육관광부령으로 정하는 바에 따라 박물관 등록증 또는 미술관 등록증(이하 "등록증"이라 한다)을 발급하여야 한다. <개정 2016.5.29.>

② 등록증을 받은 박물관 또는 미술관(이하 "등록 박물관·미술관"이라 한다)은 국민의 박물관·미술관 이용 편의를 위하여 대통령령으로 정하는 바에 따라 옥외 간판, 각종 문서, 홍보물, 박물관·미술관 홈페이지 등에 등록 표시를 하여야 한다. <개정 2016.5.29.>

제17조의2(변경등록) ① 등록 박물관·미술관은 등록 사항에 변경이 발생하면 대통령령으로 정하는 바에 따라 문화체육관광부장관 또는 시·도지사에게 지체 없이 변경 등록을 신청하여야 한다.

② 제1항에 따른 변경 등록의 허용 범위 및 절차 등에 필요한 사항은 대통령령으로 정한다.

③ 문화체육관광부장관 또는 시·도지사는 제1항 및 제2항에 따른 변경 등록 시에 변경 사항이 대통령령으로 정하는 등록 요건을 충족시키지 못하거나 제2항에 따른 허용 범위 및 절차를 지키지 아니한

경우에는 제28조에 따라 시정 요구를 하여야 한다.

[본조신설 2016.5.29.]

제17조의3(등록 사실의 통지) 시·도지사는 신규로 등록하거나 변경 등록한 박물관이나 미술관이 발생하였을 경우에 매 반기별로 그 등록 또는 변경 등록 사실을 문화체육관광부장관에게 통지하여야 한다.

[본조신설 2016.5.29.]

제18조(사립 박물관·사립 미술관의 설립 계획 승인 등) ①시·도지사는 사립 박물관 또는 사립 미술관을 설립하려는 자가 신청하면 대통령령으로 정하는 바에 따라 박물관이나 미술관의 설립 계획을 승인할 수 있다.

②제1항에 따라 설립 계획의 승인을 받은 자가 그 설립 계획 중 대통령령으로 정하는 중요한 사항을 변경하려면 시·도지사의 변경 승인을 받아야 한다.

③시·도지사는 제1항과 제2항에 따라 설립 계획을 승인하거나 변경 승인하려면 미리 제20조제1항 각 호 해당 사항의 소관 행정기관의 장과 협의하여야 한다.

④시·도지사는 제1항에 따라 설립 계획의 승인을 받은 자의 사업 추진 실적이 극히 불량할 때에는 대통령령으로 정하는 바에 따라 그 승인을 취소할 수 있다.

⑤시·도지사는 제1항·제2항 및 제4항에 따라 설립 계획을 승인 또는 변경 승인하거나 승인을 취소한 때에는 지체 없이 제3항에 따른 협의 기관이나 이해관계가 있는 자에게 그 사실을 알려야 한다.

제19조(유휴 공간 활용) ①지방자치단체의 장은 그 소유의 유휴 부동산 또는 건물을 「공유재산 및 물품 관리법」으로 정하는 바에 따라 박물관, 미술관 또는 문화의 집 등 지역 문화 공간으로 용도 변경하여 활용할 수 있다. <개정 2016.5.29.>

②지방자치단체의 장은 박물관, 미술관 또는 문화의 집 등을 설립·운영하려는 자가 제1항에 따른 유휴 부동산 또는 건물을 대여(貸與)할 것을 요청하면 유상 또는 무상으로 대여할 수 있다. 다만, 제1항의 유휴 부동산 또는 건물 중 폐교시설에 관하여는 「폐교재산의 활용촉진을 위한 특별법」이 정하는 바에 따른다. <개정 2016.5.29.>

제20조(다른 법률과의 관계) ①시·도지사가 제18조제1항과 제2항에 따라 사립 박물관 또는 사립 미술관 설립 계획을 승인하거나 변경 승인하는 경우 같은 조 제3항에 따라 다음 각 호의 어느 하나에 해당하는 사항에 관하여 소관 행정기관의 장과 협의를 한 때에는 그에 해당하는 허가·인가·지정을 받거나 신고나 협의(이하 이 조에서 "허가·인가등"이라 한다)를 한 것으로 본다. <개정 2008.3.21., 2009.6.9., 2010.5.31., 2014.1.14.>

1. 「국토의 계획 및 이용에 관한 법률」 제56조제1항제1호 및 제2호에 따른 개발 행위의 허가, 같은 법 제86조에 따른 도시 계획 시설 사업 시행자의 지정, 같은 법 제88조에 따른 실시 계획의 인가

2. 「도로법」 제36조에 따른 도로공사 시행 또는 유지의 허가, 같은 법 제61조에 따른 도로의 점용허가

3. 「수도법」 제52조에 따른 전용상수도의 인가

4. 「하수도법」 제16조에 따른 공공하수도에 관한 공사 또는 유지의 허가

5. 「농지법」 제34조에 따른 농지전용의 허가 및 협의

6. 「산지관리법」 제14조 및 제15조에 따른 산지전용허가와 산지전용신고, 같은 법 제15조의2에 따른 산지일시사용허가·신고, 「산림자원의 조성 및 관리에 관한 법률」 제36조제1항·제4항에 따른 입목·벌채등의 허가·신고 및 「산림보호법」 제9조제1항 및 제2항제1호·제2호에 따른 산림보호구역(산림유전자원보호구역은 제외한다)에서의 행위의 허가·신고와 같은 법 제11조제1항제1호에 따른 산림보호구역의 지정해제

②제18조제1항에 따라 사립 박물관이나 사립 미술관 설립 계획의 승인을 받은 자가 그 승인 내용을 다른 목적으로 용도 변경한 때 또는 제22조에 따라 폐관 신고를 하거나 제29조에 따라 등록이 취소된 경우에는 제1항 각 호의 허가나 인가는 취소된 것으로 본다. <개정 2016.5.29.>

③제1항에 따라 소관 행정기관의 장이 협의에 응할 때 관련 법률에서 규정한 그 허가·인가등의 기준을 위반하여 협의에 응할 수 없다.

제7장 관리와 운영·지원 <개정 2016.5.29.>

제21조(개관) 제16조제1항에 따라 등록한 박물관 또는 미술관은 연간 문화체육관광부령으로 정한 일수 이상 일반 공중이 이용할 수 있도록 개방하여야 한다. <개정 2008.2.29.>

제22조(폐관 신고) ①등록한 박물관이나 미술관을 운영하는 자가 박물관이나 미술관을 폐관하려면 대통령령으로 정하는 바에 따라 문화체육관광부장관 또는 시·도지사에게 신고하여야 한다. <개정 2009.3.5.>

②문화체육관광부장관 또는 시·도지사는 제1항에 따라 신고를 받으면 그 등록을 취소하여야 한다. <개정 2009.3.5.>

제23조(자료의 양여 등) ①박물관이나 미술관은 상호간에 박물관자료나 미술관자료를 교환·양여(讓與) 또는 대여하거나 그 자료의 보관을 위탁할 수 있다.

②국가나 지방자치단체는 박물관자료나 미술관자료로 활용할 수 있는 자료를 「국유재산법」, 「지방재

정법」 또는 「물품관리법」에 따라 박물관이나 미술관에 무상이나 유상으로 양여·대여하거나 그 자료의 보관을 위탁할 수 있다.

③박물관이나 미술관은 제2항에 따라 박물관자료나 미술관자료를 대여받거나 보관을 위탁받은 경우에는 선량한 관리자의 주의 의무를 다하여야 한다.

④국가나 지방자치단체는 제2항에 따라 자료의 보관을 위탁할 경우에는 예산의 범위에서 그 보존·처리 및 관리에 필요한 경비를 지원할 수 있다.

제24조(경비 보조 등) ①국가나 지방자치단체는 제18조제1항에 따라 사립 박물관이나 사립 미술관 설립 계획의 승인을 받은 자에게는 설립에 필요한 경비를, 등록한 박물관이나 미술관에 대하여는 운영에 필요한 경비를 예산의 범위에서 각각 보조할 수 있다.

②정부는 국영 수송 기관에 의한 박물관자료나 미술관자료의 수송에 관하여 운임이나 그 밖의 요금을 할인하거나 감면할 수 있다.

③ 다른 법률에 따라 설립 또는 운영에 필요한 경비 등의 지원을 받고 있는 시설에 대하여는 제1항 또는 는 제2항에 따른 지원을 하지 아니할 수 있다. <신설 2009.3.5.>

제25조(관람료와 이용료) ①박물관이나 미술관은 관람료, 그 밖에 박물관자료나 미술관자료의 이용에 대한 대가를 받을 수 있다.

②공립 박물관이나 공립 미술관의 관람료, 그 밖에 박물관자료나 미술관자료의 이용에 대한 대가는 지방자치단체의 조례로 정한다.

제8장 평가와 지도·감독 <개정 2016.5.29.>

제26조(박물관 및 미술관의 평가인증) ① 문화체육관광부장관은 박물관 및 미술관의 운영의 질적 수준을 향상시키기 위하여 제16조에 따라 등록한 후 3년이 지난 국·공립 박물관 및 미술관에 대하여 평가를 실시하여야 한다.

② 문화체육관광부장관은 제1항에 따른 평가결과를 대통령령으로 정하는 바에 따라 공표하고, 관계 행정기관의 장에게 행정기관평가에 반영하도록 협조 요청할 수 있다.

③ 문화체육관광부장관은 제1항에 따른 평가결과에 따라 우수한 박물관 및 미술관을 인증할 수 있다.

④ 문화체육관광부장관은 제3항에 따른 인증 박물관 또는 미술관(이하 "인증 박물관·미술관"이라 한다)에 대하여 문화체육관광부령으로 정하는 바에 따라 인증서를 발급하고 인증사실 등을 공표하여야 한다.

⑤ 제1항, 제3항 및 제4항에 따른 평가실시, 평가인증의 기준·절차 및 방법과 인증 유효기간, 인증표시 등에 필요한 사항은 대통령령으로 정한다.

[본조신설 2016.5.29.]

[종전 제26조는 제28조로 이동 <2016.5.29.>]

제27조(인증 박물관·미술관의 평가인증 취소) ① 문화체육관광부장관은 제26조제3항에 따른 인증 박물관·미술관이 다음 각 호의 어느 하나에 해당하는 경우에는 인증을 취소할 수 있다.

1. 거짓이나 부정한 방법으로 평가인증을 받은 경우

2. 제29조제1항에 따른 등록취소 및 제22조에 따른 폐관 신고를 받은 경우

3. 그 밖에 인증자격을 유지하기 어렵다고 문화체육관광부장관이 인정하는 경우

② 문화체육관광부장관은 제1항에 따라 인증을 취소한 경우에는 그 사실을 공표하여야 한다.

[본조신설 2016.5.29.]

[종전 제27조는 제29조로 이동 <2016.5.29.>]

제28조(시정 요구와 정관) ①문화체육관광부장관 또는 시·도지사는 박물관이나 미술관이 그 시설과 관리·운영에 관하여 이 법이나 설립 목적을 위반하면 시정할 것을 요구할 수 있다. <개정 2009.3.5.>

②제1항에 따른 시정 요구를 받은 박물관이나 미술관은 정당한 사유가 없는 한 이에 따라야 한다.

③문화체육관광부장관 또는 시·도지사는 제1항에 따라 시정 요구를 받은 박물관이나 미술관이 정당한 사유 없이 이에 따르지 아니하면 6개월 이내의 기간을 정하여 정관(停館)을 명할 수 있다. <개정 2009.3.5.>

④문화체육관광부장관 또는 시·도지사는 제1항에 따른 시정 요구를 위하여 필요하다고 인정하면 그 시설과 관리·운영에 관한 자료를 제출하게 할 수 있다. <개정 2009.3.5.>

[제26조에서 이동, 종전 제28조는 제30조로 이동 <2016.5.29.>]

제29조(등록취소) ①문화체육관광부장관 또는 시·도지사는 등록한 박물관이나 미술관이 다음 각 호의 어느 하나에 해당하면 그 등록을 취소할 수 있다. 다만, 천재지변이나 그 밖의 부득이한 사유로 제3호에 해당하게 된 경우 6개월 이내에 그 사유가 해소된 때에는 그러하지 아니하다. <개정 2009.3.5., 2016.5.29.>

1. 속임수나 그 밖의 부정한 방법으로 등록을 한 경우

2. 제17조의2에 따른 변경 등록을 하지 아니한 경우

3. 제16조제2항에 따른 등록 요건을 유지하지 못하여 제4조에 따른 사업을 수행할 수 없다고 인정되

는 경우

4. 제21조를 위반하여 제28조제1항에 따른 시정 요구를 받고도 이에 따르지 아니한 경우

5. 제28조제3항에 따른 정관명령을 받고도 박물관이나 미술관의 정관을 하지 아니한 경우

6. 그 밖에 이 법에 따른 박물관이나 미술관의 설립 목적을 위반하여 박물관자료나 미술관자료를 취득·알선·중개·관리한 경우

② 제1항에 따라 등록이 취소된 경우에 그 박물관 또는 미술관의 대표자는 7일 이내에 등록증을 문화체육관광부장관 또는 시·도지사에게 반납하여야 한다. <개정 2009.3.5.>

③ 제1항에 따라 박물관이나 미술관의 등록이 취소되면 취소된 날부터 2년 이내에 취소된 등록 사항을 다시 등록할 수 없다.

[제27조에서 이동, 종전 제29조는 제31조로 이동 <2016.5.29.>]

제30조(보고) ① 제16조에 따라 등록한 국립 박물관과 미술관의 장 또는 시·도지사는 매년 대통령령으로 정하는 바에 따라 해당 국립 박물관과 미술관 또는 관할 등록 박물관과 미술관의 관리·운영, 관람료와 이용료, 지도·감독 현황 등의 운영 현황을 다음 해 1월 20일까지 문화체육관광부장관에게 보고하여야 한다. <개정 2008.2.29., 2009.3.5.>

② 시·도지사는 제16조에 따른 박물관·미술관의 등록이나 제22조제2항 또는 제29조제1항에 따른 등록취소의 처분을 하면 그 처분을 한 날부터 7일 이내에 문화체육관광부장관에게 그 사실을 보고하여야 한다. <개정 2008.2.29., 2016.5.29.>

[제28조에서 이동, 종전 제30조는 제32조로 이동 <2016.5.29.>]

제31조(청문) 문화체육관광부장관 또는 시·도지사는 다음 각 호의 어느 하나에 해당하는 처분을 하려면 청문을 하여야 한다. <개정 2009.3.5., 2016.5.29.>

1. 제18조제4항에 따른 설립 계획의 승인취소

2. 제28조제3항에 따른 정관명령

3. 제29조제1항에 따른 등록취소

[제29조에서 이동, 종전 제31조는 제33조로 이동 <2016.5.29.>]

제9장 운영자문·협력 등 <신설 2016.5.29.>

제32조(중요 사항의 자문) ① 문화체육관광부장관은 다음 각 호의 사항에 관하여 필요한 경우 「문화재보호법」 제8조에 따라 설치된 문화재위원회에 자문을 할 수 있다. <개정 2008.2.29., 2013.12.30.>

1. 제9조제1항에 따른 박물관과 미술관 진흥을 위한 기본 시책

2. 제11조에 따른 관계 중앙행정기관의 장과의 협의에 관한 사항

3. 그 밖에 박물관 또는 미술관의 진흥에 관하여 자문할 필요성이 있다고 인정되는 사항

② 시·도지사는 다음 각 호의 사항에 관하여 「문화재보호법」 제71조제1항에 따라 설치된 시·도문화재위원회에 자문을 하거나 제34조제1항에 따라 설립된 박물관 협회나 미술관 협회에 자문을 할 수 있다. <개정 2013.12.30., 2016.5.29.>

1. 제9조제3항에 따른 박물관 및 미술관 진흥 계획

2. 박물관 또는 미술관의 등록과 그 취소에 관한 사항

3. 제18조에 따른 사립 박물관이나 사립 미술관 설립 계획 승인에 관한 사항

4. 사립 박물관 또는 사립 미술관에 대한 지원의 방향 및 지원사업의 평가에 관한 사항

5. 그 밖에 박물관 또는 미술관의 진흥에 관하여 자문할 필요성이 있다고 인정되는 사항

[제30조에서 이동, 종전 제32조는 제34조로 이동 <2016.5.29.>]

제33조(박물관·미술관 협력망) ① 문화체육관광부장관은 박물관 또는 미술관에 관한 자료의 효율적인 유통·관리 및 이용과 각종 박물관 또는 미술관의 상호 협력을 도모하기 위한 협력 체제로서 다음 각 호의 기능을 수행하는 박물관·미술관 협력망(이하 "협력망"이라 한다)을 구성한다. <개정 2008.2.29.>

1. 전산 정보 체계를 통한 정보와 자료의 유통

2. 박물관자료나 미술관자료의 정리, 정보처리 및 시설 등의 표준화

3. 통합 데이터베이스 구축, 상호 대여 체계 구비 등 박물관이나 미술관 운영의 정보화·효율화

4. 그 밖에 박물관이나 미술관의 상호 협력에 관한 사항

② 박물관이나 미술관은 그 설립 목적을 달성하기 위하여 「지방문화원진흥법」, 「도서관법」 및 「문화예술진흥법」에 따라 설립된 문화원·도서관·문화예술회관 등 다른 문화시설과 협력하여야 한다.

③ 협력망의 조직과 운영을 위하여 필요한 사항은 대통령령으로 정한다.

[제31조에서 이동, 종전 제33조는 제35조로 이동 <2016.5.29.>]

제34조(협회) ① 문화체육관광부장관은 박물관 또는 미술관에 관한 정보 자료의 교환과 업무협조, 박물관이나 미술관의 관리·운영 등에 관한 연구, 외국의 박물관이나 미술관과의 교류, 그 밖에 박물관이나 미술관 종사자의 자질 향상을 위하여 필요한 경우 박물관 협회 또는 미술관 협회(이하 "협회"라 한다)의 법인 설립을 각각 허가할 수 있다. <개정 2007.7.27., 2008.2.29.>

②국가는 제1항에 따른 협회의 운영에 필요한 경비를 보조할 수 있다.

③협회에 관하여는 이 법에 규정된 것 외에는 「민법」 중 사단법인의 규정을 준용한다.

[제32조에서 이동 <2016.5.29.>]

제35조(국립박물관문화재단의 설립) ① 정부는 문화유산의 보존·계승 및 이용촉진과 국민의 문화향유 증진을 위하여 국립박물관문화재단(이하 "문화재단"이라 한다)을 설립한다.

② 문화재단은 법인으로 한다.

③ 문화재단에는 정관으로 정하는 바에 따라 임원과 필요한 직원을 둔다.

④ 문화재단은 다음 각 호의 사업을 한다.

1. 국립 박물관 공연장 운영

2. 문화예술 창작품 개발·보급

3. 문화관광상품의 개발과 제작 및 보급

4. 문화상품점, 식음료 매장, 그 밖의 편의 시설 등의 운영

5. 국가, 지방자치단체 및 공공기관 등으로부터 위탁받은 사업

6. 그 밖에 문화재단의 설립목적에 필요한 사업

⑤ 문화재단에 관하여 이 법에서 정한 것을 제외하고는 「민법」 중 재단법인에 관한 규정을 준용한다.

⑥ 정부는 예산의 범위에서 문화재단의 사업과 운영에 필요한 재정상의 지원을 할 수 있다.

⑦ 정부는 문화재단의 사업을 위하여 필요하다고 인정하는 경우 「국유재산법」에도 불구하고 국유재산을 문화재단에 무상으로 대부하거나 사용·수익하게 할 수 있다.

[본조신설 2010.6.10.]

[제33조에서 이동 <2016.5.29.>]

부칙<제14204호, 2016.5.29.>

제1조(시행일) 이 법은 공포 후 6개월이 경과한 날부터 시행한다.

제2조(국·공립 박물관 및 미술관 등록에 관한 경과조치) 이 법 시행 당시 설립 후 등록하지 못하고 있는 국·공립 박물관 및 미술관은 이 법 시행 후 1년 이내에 제16조의 개정규정에 따라 등록하여야 한다.

박물관 및 미술관 진흥법 시행령 (약칭: 박물관미술관법 시행령)

[시행 2017.1.1.] [대통령령 제27751호, 2016.12.30., 타법개정]

문화체육관광부(박물관정책과) 044-203-2640

제1조(목적) 이 영은 「박물관 및 미술관 진흥법」에서 위임된 사항과 그 시행에 필요한 사항을 규정함을 목적으로 한다.

제1조의2(박물관자료의 기준) 「박물관 및 미술관 진흥법」(이하 "법"이라 한다) 제2조제3호에서 "대통령령으로 정하는 기준"이란 다음 각 호와 같다.

1. 박물관의 설립목적 달성과 법 제4조의 사업 수행을 위하여 보존 또는 활용이 가능한 증거물일 것
2. 무형적 증거물의 경우 부호·문자·음성·음향·영상 등으로 표현된 자료나 정보일 것

[본조신설 2009.6.4.]

제2조(문화시설의 인정) ① 문화체육관광부장관이 법 제5조에 따라 법이 적용되는 문화시설을 인정하려면 법 제4조제1항 각 호에 따른 사업을 수행할 목적으로 설치·운영되는 동물원이나 식물원 또는 수족관 중에서 인정하여야 한다. <개정 2008.2.29., 2009.6.4.>

② 문화체육관광부장관은 제1항에 따라 법의 적용을 받는 문화시설을 인정하려면 「문화재보호법」에 따른 문화재위원회의 의견을 들을 수 있다. <개정 2008.2.29.>

제3조(학예사 자격요건 등) ① 법 제6조제3항 전단에 따른 박물관·미술관 학예사(이하 "학예사"라 한다)의 자격요건은 별표 1과 같다. <개정 2014.8.12.>

② 문화체육관광부장관은 신청인의 자격요건을 심사한 후 별표 1의 자격요건을 갖춘 자에게는 자격증을 내주어야 한다. <개정 2008.2.29.>

③ 학예사 자격요건의 심사, 자격증의 발급신청과 발급 등에 필요한 사항은 문화체육관광부령으로 정한다. <개정 2008.2.29.>

제4조(준학예사 시험) ①법 제6조제3항 후단에 따른 준학예사 시험은 연 1회 실시하는 것을 원칙으로 한다. <개정 2008.2.29., 2009.1.14., 2014.8.12.>

② 문화체육관광부장관은 제1항에 따라 준학예사 시험을 실시할 때에는 준학예사 시험의 시행 일시 및 장소를 시험 시행일 90일 전까지 공고하여야 한다. <신설 2012.5.1.>

③ 제1항에 따른 준학예사 시험의 방법은 필기시험에 의하되, 공통과목은 객관식으로, 선택과목은 주관식으로 시행한다. <개정 2012.5.1.>

④ 준학예사 시험 과목은 다음 각 호와 같다. <개정 2012.5.1., 2016.11.29.>

1. 공통과목 : 박물관학 및 외국어(영어·불어·독어·일어·중국어·한문·스페인어·러시아어 및 이탈리아어 중 1과목 선택). 다만, 외국어 과목은 별표 1의2에 따른 외국어능력검정시험으로 대체할 수 있다.

2. 선택과목 : 고고학·미술사학·예술학·민속학·서지학·한국사·인류학·자연사·과학사·문화사·보존과학·전시기획론 및 문학사 중 2과목 선택

⑤ 준학예사 시험은 매 과목(제4항제1호 단서에 따라 외국어 과목을 외국어능력검정시험으로 대체하는 경우에는 해당 과목은 제외한다) 100점 만점을 기준으로 하여 매 과목 40점 이상과 전 과목 평균 60점 이상을 득점한 자를 합격자로 한다. <개정 2012.5.1., 2016.11.29.>

⑥ 준학예사 시험의 응시원서 제출과 합격증 발급, 그 밖에 시험을 실시하는 데에 필요한 사항은 문화체육관광부령으로 정한다. <개정 2008.2.29., 2012.5.1.>

제5조(학예사 운영 위원회) 문화체육관광부장관은 제3조에 따른 학예사 자격요건의 심사나 그 밖에 학예사 자격제도의 시행에 필요한 사항을 심의하기 위하여 그 소속으로 박물관·미술관 학예사 운영 위원회를 구성하여 운영할 수 있다. <개정 2008.2.29.>

제6조(박물관·미술관 운영 위원회) ①법 제7조제1항에 따라 등록한 국공립의 박물관 또는 미술관에 두는 박물관·미술관 운영 위원회(이하 "운영 위원회"라 한다)는 위원장 1명을 포함하여 10명 이상 15명 이내의 위원으로 구성한다.

② 운영 위원회의 위원장은 위원 중에서 호선(互選)한다.

③ 운영 위원회의 위원은 해당 박물관·미술관이 소재한 지역의 문화·예술계 인사 중에서 그 박물관·미술관의 장이 위촉하는 자와 그 박물관·미술관의 장이 된다.

④ 운영 위원회는 다음 각 호의 사항을 심의한다.

1. 박물관·미술관의 운영과 발전을 위한 기본방침에 관한 사항

2. 박물관·미술관의 운영 개선에 관한 사항

3. 박물관·미술관의 후원에 관한 사항

4. 다른 박물관·미술관과 각종 문화시설과의 업무협력에 관한 사항

제6조의2(수증심의위원회의 구성 등) ① 법 제8조제2항에 따른 수증심의위원회(이하 "수증심의위원회"라 한다)는 위원장 1명을 포함하여 3명 이상의 위원으로 구성한다.

② 수증심의위원회의 위원은 박물관 또는 미술관의 자료 등에 관하여 학식과 경험이 풍부한 사람 중에서 박물관 또는 미술관의 장이 위촉한다.

③ 수증심의위원회의 위원장은 박물관 또는 미술관의 장이 된다.

④ 위원회의 회의는 위원 과반수의 찬성으로 의결한다.

⑤ 박물관 또는 미술관의 장은 수증심의위원회의 심의를 거쳐 법 제8조제1항에 따른 기증품(이하 "기증품"이라 한다)을 기증받을지 여부를 결정한 후 기증을 하려는 자에게 서면으로 그 결과를 통보하여야 한다. 이 경우 기증받지 아니하는 것으로 결정하면 그 사유를 명시하여 즉시 해당 기증품을 반환하여야 한다.

⑥ 제1항부터 제5항까지에서 규정한 사항 외에 수증심의위원회의 운영 등에 필요한 사항은 박물관 또는 미술관의 장이 정한다.

[본조신설 2016.11.29.]

제6조의3(기증유물감정평가위원회의 구성 등) ① 법 제8조제3항에 따른 기증유물감정평가위원회(이하 "기증유물감정평가위원회"라 한다)는 위원장 1명을 포함하여 5명 이상의 위원으로 구성한다.

② 기증유물감정평가위원회의 위원은 박물관 또는 미술관 자료의 감정평가에 관하여 학식과 경험이 풍부한 사람 중에서 국립 박물관 또는 미술관의 장이 위촉한다.

③ 기증유물감정평가위원회의 위원장은 국립 박물관 또는 미술관의 장이 된다.

④ 위원회의 회의는 위원 과반수의 찬성으로 의결한다.

⑤ 제1항부터 제4항까지에서 규정한 사항 외에 기증유물감정평가위원회의 운영 등에 필요한 사항은 국립 박물관 또는 미술관의 장이 정한다.

[본조신설 2016.11.29.]

제7조(협의) ①중앙행정기관의 장은 법 제11조제2항에 따라 국립박물관이나 국립미술관을 설립하려면 다음 각 호의 서류를 첨부하여 문화체육관광부장관에게 협의를 요청하여야 한다. <개정 2008.2.29.>

1. 사업계획서

2. 시설의 명세서 및 평면도.

3. 박물관 자료 또는 미술관 자료 내역서

4. 조직 및 정원

② 지방자치단체의 장은 법 제12조제1항에 따라 공립박물관이나 공립미술관을 설립하려면 제1항 각 호의 서류를 첨부하여 문화체육관광부장관에게 협의를 요청하여야 한다. <개정 2008.2.29.>

제7조의2(공립 박물관의 설립타당성 사전평가) ① 지방자치단체의 장은 법 제12조의2제1항에 따라

공립 박물관의 설립타당성에 관한 사전평가(이하 "사전평가"라 한다)를 받으려면 문화체육관광부령으로 정하는 사전평가 신청서에 다음 각 호의 사항에 관한 서류를 첨부하여 문화체육관광부장관에게 제출하여야 한다.

1. 설립의 목적 및 필요성

2. 설립 추진계획 및 박물관 운영계획

3. 운영 조직 및 인력구성계획

4. 부지 및 시설 명세

5. 박물관 자료의 목록 및 수집계획

② 사전평가는 반기별로 실시한다.

③ 지방자치단체의 장은 상반기에 실시되는 사전평가를 받으려면 1월 31일까지, 하반기에 실시되는 사전평가를 받으려면 7월 31일까지 제1항에 따른 사전평가 신청서와 첨부 서류를 문화체육관광부장관에게 제출하여야 한다.

④ 문화체육관광부장관은 상반기에 실시되는 사전평가의 경우에는 4월 30일까지, 하반기에 실시되는 사전평가의 경우에는 10월 31일까지 해당 사전평가를 완료하여야 한다.

⑤ 문화체육관광부장관은 제4항에 따른 사전평가 결과를 사전평가 완료일부터 14일 이내에 해당 지방자치단체의 장 및 관계 중앙행정기관의 장에게 통보하여야 한다.

⑥ 제1항부터 제5항까지에서 규정한 사항 외에 사전평가의 운영 등에 필요한 사항은 문화체육관광부장관이 정한다.

[본조신설 2016.11.29.]

제8조(등록신청 등) ① 법 제16조제1항에 따라 박물관이나 미술관을 등록하려는 자는 등록신청서에 다음 각 호의 서류를 첨부하여 국립 박물관 및 미술관은 문화체육관광부장관에게, 공립·사립·대학 박물관 및 미술관은 관할 특별시장·광역시장·특별자치시장·도지사 또는 특별자치도지사(이하 "시·도지사"라 한다)에게 제출(전자문서에 의한 제출을 포함한다)하여야 한다. <개정 2007.12.31., 2009.6.4., 2016.11.29.>

1. 시설명세서

2. 박물관 자료 또는 미술관 자료의 목록

3. 학예사 명단

4. 관람료 및 자료의 이용료

② 제1항에 따른 신청을 받은 문화체육관광부장관 또는 시·도지사는 박물관 또는 미술관 자료의 규모와 가치, 학예사의 보유, 시설의 규모와 적정성 등에 대하여 심의한 후 박물관 또는 미술관의 등록 여부를 결정하여야 한다. <신설 2016.11.29.>

③ 문화체육관광부장관 또는 시·도지사는 제2항에 따라 등록을 하면 법 제17조제1항에 따라 문화체육관광부령으로 정하는 등록증을 내주어야 한다. <개정 2008.2.29., 2009.6.4., 2016.11.29.>

제9조(등록요건) ① 법 제16조에 따른 박물관 또는 미술관의 등록은 박물관 또는 미술관의 자료, 학예사, 시설의 규모 등에 따라 제1종 박물관 또는 미술관, 제2종 박물관 또는 미술관으로 구분하여 등록한다. <개정 2016.11.29.>

② 법 제16조제2항에서 "대통령령으로 정하는 요건"이란 별표 2에 따른 요건을 말한다. <신설 2016.11.29.>

[제10조에서 이동, 종전 제9조는 제10조로 이동 <2016.11.29.>]

제10조(변경 등록) ① 법 제17조제1항에 따라 등록증을 받은 박물관 또는 미술관(이하 "등록 박물관·미술관"이라 한다)은 다음 각 호의 어느 하나에 해당하는 등록 사항에 변경이 발생하면 법 제17조의2 제1항에 따라 그 등록 사항이 변경된 날부터 14일 이내에 문화체육관광부장관 또는 시·도지사에게 변경 등록을 신청하여야 한다.

1. 명칭, 설립자 또는 대표자

2. 종류

3. 소재지

4. 설립자 또는 대표자의 주소

5. 시설명세서

6. 박물관 자료 또는 미술관 자료의 목록

7. 학예사 명단

8. 관람료 및 자료의 이용료

② 제1항에 따라 변경 등록을 신청하려는 등록 박물관·미술관은 문화체육관광부령으로 정하는 변경 등록 신청서에 다음 각 호의 서류를 첨부하여 문화체육관광부장관 또는 시·도지사에게 제출(전자문서에 의한 제출을 포함한다)하여야 한다.

1. 등록증(제1항제1호부터 제4호까지의 변경에 한정한다)

2. 변경 사항을 증명하는 서류

③ 문화체육관광부장관 또는 시·도지사는 제1항에 따른 변경 등록의 신청이 있는 날부터 30일 이내에 변경 사항이 기재된 등록증을 내주어야 한다.

[전문개정 2016.11.29.]

[제9조에서 이동, 종전 제10조는 제9조로 이동 <2016.11.29.>]

제11조(등록표시) 제8조제2항에 따라 등록증을 받은 박물관과 미술관은 법 제17조제2항에 따라 옥외간판 등에 "문화체육관광부장관 또는 ○○시·도 등록 제○○호"를 표시하여야 한다. <개정 2009.6.4.>

제12조(사립박물관 또는 사립미술관의 설립계획 승인신청) ①법 제18조제1항에 따라 사립박물관 또는 사립미술관의 설립계획을 승인받으려는 자는 설립계획 승인 신청서에 다음 각 호의 서류를 첨부하여 시·도지사에게 제출(전자문서에 의한 제출을 포함한다)하여야 한다. <개정 2007.12.31.>

1. 사업계획서

2. 토지의 조서(위치·지번·지목·면적, 소유권 외의 권리명세, 소유자의 성명·주소, 지상권·지역권·전세권·저당권·사용대차 또는 임대차에 관한 권리, 토지에 관한 그 밖의 권리를 가진 자의 성명·주소를 적은 것)

3. 건물의 조서(위치·대지지번·건물구조·바닥면적·연면적, 소유권 외의 권리명세, 소유자의 성명·주소, 전세권·저당권·사용대차 또는 임대차에 관한 권리, 건물에 관한 그 밖의 권리를 가진 자의 성명·주소를 적은 것)

4. 위치도

5. 개략설계도

6. 박물관 자료 또는 미술관 자료의 목록과 내역서

② 법 제18조제2항에 따라 설립계획의 변경승인을 받으려는 자는 설립계획 변경승인 신청서에 문화체육관광부령으로 정하는 서류를 첨부하여 시·도지사에게 제출(전자문서에 의한 제출을 포함한다)하여야 한다. <개정 2007.12.31., 2008.2.29.>

제13조(중요 사항의 변경) 법 제18조제2항에서 "대통령령으로 정하는 중요한 사항"이란 승인된 해당 설립계획 중 다음 각 호의 어느 하나에 해당하는 사항을 말한다.

1. 박물관·미술관의 명칭 및 별표 2에 따른 종류·유형

2. 박물관·미술관의 설립위치 및 면적

3. 전시실·야외전시장 또는 수장고(收藏庫) 시설의 위치 및 면적

4. 전시실·야외전시장 또는 수장고 시설을 제외한 시설의 면적(해당 면적의 10분의 1 이상의 면적을 변경하는 경우로 한정한다)

5. 사업시행기간(해당 사업시행기간을 3개월 이상 연장하는 경우로 한정한다)

제14조(설립계획 승인 등의 협의) ①시·도지사는 법 제18조제3항에 따라 소관 행정기관의 장에게 설립계획의 승인 또는 변경승인의 협의를 요청하는 때에는 각각 제12조제1항 또는 같은 조 제2항에 따른 서류의 사본을 첨부하여야 한다.

② 제1항에 따라 협의를 요청받은 소관 행정기관의 장은 특별한 사유가 없으면 협의요청을 받은 날부터 30일 이내에 의견을 통보하여야 한다.

제15조(설립계획 승인의 취소) 법 제18조제4항에 따라 시·도지사는 제12조에 따른 설립계획의 승인 또는 변경승인을 받은 자가 그 승인내용을 1년 이내에 추진하지 아니하거나 정당한 사유 없이 6개월 이상 사업추진을 중단하면 시정을 명할 수 있으며, 시정명령에 따르지 아니하면 그 승인을 취소할 수 있다.

제16조(대관 및 편의시설) ① 등록한 박물관 또는 미술관은 필요한 경우 그 설립목적에 지장을 주지 아니하는 범위에서 그 시설의 일부를 대관(貸館)할 수 있다. <개정 2015.1.6.>

② 등록한 박물관 또는 미술관은 그 설립목적을 달성하기 위하여 필요한 범위에서 매점·기념품 판매소, 그 밖의 편의시설을 설치하여 운영할 수 있다.

제17조(폐관신고) 등록한 박물관 또는 미술관을 폐관한 자는 법 제22조제1항에 따라 폐관 즉시 폐관신고서에 등록증을 첨부하여 문화체육관광부장관 또는 시·도지사에게 신고하여야 한다. <개정 2009.6.4.>

제17조의2(박물관 및 미술관의 평가인증) ① 문화체육관광부장관은 법 제26조제1항에 따라 박물관 및 미술관에 대한 평가를 실시하려면 해당 연도의 평가대상을 매년 1월 31일까지 고시하여야 한다.

② 문화체육관광부장관은 다음 각 호의 기준에 따라 평가를 실시한다.

1. 설립 목적의 달성도

2. 조직·인력·시설 및 재정 관리의 적정성

3. 자료의 수집 및 관리의 충실성

4. 전시 개최 및 교육프로그램 실시 실적

5. 그 밖에 박물관 또는 미술관 운영의 적정성을 평가하는 데 필요하다고 인정되어 문화체육관광부장관이 정하는 사항

③ 문화체육관광부장관은 평가에 필요한 자료를 해당 박물관 및 미술관에 요청할 수 있다.

④ 문화체육관광부장관은 해당 박물관 및 미술관에 대한 평가 결과를 해당 연도의 12월 31일까지 해당 지방자치단체의 장, 박물관 및 미술관의 장에게 통보하고, 그 평가결과를 문화체육관광부 홈페이지 등에 공표하여야 한다.

⑤ 법 제26조제3항에 따른 인증의 유효기간은 2년으로 한다.

⑥ 법 제26조제4항에 따른 인증 박물관·미술관은 옥외간판, 각종 문서, 홍보물 및 박물관 또는 미술관 홈페이지 등에 해당 인증사실 및 내용을 표시할 수 있다.

⑦ 제1항부터 제6항까지에서 규정한 사항 외에 평가 실시 및 평가인증의 운영 등에 필요한 사항은 문화체육관광부장관이 정하여 고시한다.

[본조신설 2016.11.29.]

제18조(시정요구 및 정관) ①문화체육관광부장관 또는 시·도지사는 법 제28조제1항에 따라 시정을 요구하려면 해당 박물관이나 미술관이 위반한 내용, 시정할 사항과 시정기한 등을 명확하게 밝혀 서면으로 알려야 한다. <개정 2009.6.4., 2016.11.29.>

② 문화체육관광부장관 또는 시·도지사는 법 제28조제3항에 따라 정관(停館)을 명하려면 그 사유와 정관기간 등을 명확하게 밝혀 서면으로 알려야 한다. <개정 2009.6.4., 2016.11.29.>

제19조(공고) 문화체육관광부장관 또는 시·도지사는 다음 각 호의 사항이 발생하면 7일 이내에 공고하여야 한다. <개정 2009.6.4., 2016.11.29.>

1. 법 제16조제1항에 따른 박물관 또는 미술관의 등록

2. 법 제18조제1항에 따른 사립박물관 또는 사립미술관 설립계획의 승인

3. 법 제18조제4항에 따른 사립박물관 또는 사립미술관 설립계획승인의 취소

4. 법 제29조제1항에 따른 박물관 또는 미술관 등록의 취소

제20조(협력망 구성 등) ① 법 제33조제1항에 따른 박물관·미술관 협력망은 박물관 협력망과 미술관 협력망으로 구분한다. <개정 2016.11.29.>

② 박물관 협력망과 미술관 협력망에 각각 중앙관과 지역대표관을 두되, 박물관 협력망의 중앙관은 국립중앙박물관과 국립민속박물관이, 미술관 협력망의 중앙관은 국립현대미술관이 되며, 박물관 협력망과 미술관 협력망의 지역대표관은 시·도지사가 지정하여 중앙관에 통보한다.

③ 문화체육관광부장관은 법 제33조제1항에 따른 박물관·미술관 협력망의 기능을 효율적으로 수행하기 위하여 협력망 운영계획을 수립하여 시행할 수 있다. <개정 2008.2.29., 2016.11.29.>

제21조(고유식별정보의 처리) 문화체육관광부장관(해당 권한이 위임·위탁된 경우에는 그 권한을 위임·위탁받은 자를 포함한다) 또는 시·도지사(해당 권한이 위임·위탁된 경우에는 그 권한을 위임·위탁받은 자를 포함한다)는 다음 각 호의 사무를 수행하기 위하여 불가피한 경우 「개인정보 보호법 시행령」 제19조제1호 또는 제4호에 따른 주민등록번호 또는 외국인등록번호가 포함된 자료를 처리할 수 있다. <개정 2016.11.29.>

1. 법 제6조제3항 전단에 따른 학예사 자격 취득 신청의 접수, 자격요건의 심사 및 자격증 발급

2. 법 제6조제3항 후단에 따른 준학예사 시험의 관리에 관한 사무

3. 법 제16조제1항 및 제17조의2제1항에 따른 박물관·미술관 등록 및 변경등록에 관한 사무

4. 법 제18조제1항 및 제2항에 따른 사립 박물관 또는 사립 미술관 설립 계획의 승인 또는 변경 승인에 관한 사무

[본조신설 2014.8.12.]

제22조(규제의 재검토) 문화체육관광부장관은 제13조에 따른 설립계획 중 변경승인을 받아야 하는 중요 사항에 대하여 2017년 1월 1일을 기준으로 3년마다(매 3년이 되는 해의 1월 1일 전까지를 말한다) 그 타당성을 검토하여 개선 등의 조치를 하여야 한다. <개정 2016.12.30.>

[본조신설 2014.12.9.]

부칙<제27751호, 2016.12.30.>(규제 재검토기한 설정 등을 위한 가맹사업거래의 공정화에 관한 법률 시행령 등 일부개정령)

제1조(시행일) 이 영은 2017년 1월 1일부터 시행한다. <단서 생략>

제2조부터 제12조까지 생략

별표 / 서식

[별표 1] 학예사 등급별 자격요건(제3조 관련)

[별표 1의2] 외국어 과목을 대체하는 외국어능력검정시험의 종류 및 기준점수(등급)표(제4조제4항제1호 관련)

[별표 2] 박물관 또는 미술관 등록요건(제9조 관련)

학예사 등급별 자격요건(제3조 관련)

등급	자격요건
1급 정학예사	2급 정학예사 자격을 취득한 후 다음 각 호의 기관(이하 "경력인정대상기관"이라 한다)에서의 재직경력이 7년 이상인 자 1. 국공립 박물관 2. 국공립 미술관 3. 삭제<2015.10.6.> 4. 삭제<2015.10.6.> 5. 삭제<2015.10.6.> 6. 박물관·미술관 학예사 운영 위원회가 등록된 사립박물관·사립미술관, 등록된 대학박물관·대학미술관 및 외국박물관 등의 기관 중에서 인력·시설·자료의 관리실태 및 업무실적에 대한 전문가의 실사를 거쳐 인정한 기관
2급 정학예사	3급 정학예사 자격을 취득한 후 경력인정대상기관에서의 재직경력이 5년 이상인 자
3급 정학예사	1. 박사학위 취득자로서 경력인정대상기관에서의 실무경력이 1년 이상인 자 2. 석사학위 취득자로서 경력인정대상기관에서의 실무경력이 2년 이상인 자 3. 준학예사 자격을 취득한 후 경력인정대상기관에서의 재직경력이 4년 이상인 자
준학예사	1. 「고등교육법」에 따라 학사학위 이상을 취득하고 준학예사 시험에 합격한 자로서 경력인정대상기관에서의 실무경력이 1년 이상인 자 2. 「고등교육법」에 따라 3년제 전문학사학위를 취득하고 준학예사 시험에 합격한 사람으로서 경력인정대상기관에서의 실무경력이 2년 이상인 사람 3. 「고등교육법」에 따라 2년제 전문학사학위를 취득하고 준학예사 시험에 합격한 사람으로서 경력인정대상기관에서의 실무경력이 3년 이상인 사람 4. 제1호부터 제3호까지의 규정에 따른 학사 또는 전문학사학위를 취득하지 아니하고 준학예사 시험에 합격한 자로서 경력인정대상기관에서의 실무경력이 5년 이상인 자

※ 비고

1. 삭제<2009.1.14>

2. 실무경력은 재직경력·실습경력 및 실무연수과정 이수경력 등을 포함한다.

3. 등록된 박물관·미술관에서 학예사로 재직한 경력은 경력인정대상기관 여부에 관계없이 재직경력으로 인정할 수 있다.

[별표 1의2] <신설 2016. 11. 29.>

외국어 과목을 대체하는 외국어능력검정시험의 종류 및 기준점수(등급)표
(제4조제4항제1호 관련)

구분		시험의 종류	기준점수
1. 영어	가. 토플 (TOEFL)	미국의 교육평가원(Education Testing Service)에서 시행하는 시험(Test of English as a Foreign Language)으로서 그 실시방식에 따라 피.비.티.(PBT: Paper Based Test), 시.비.티.(CBT: Computer Based Test) 및 아이.비.티.(IBT: Internet Based Test)로 구분한다.	PBT 490점 이상 CBT 165점 이상 IBT 58점 이상
	나. 토익 (TOEIC)	미국의 교육평가원(Education Testing Service)에서 시행하는 시험(Test of English for International Communication)을 말한다.	625점 이상
	다. 텝스 (TEPS)	서울대학교 영어능력검정시험(Test of English Proficiency, Seoul National University)을 말한다.	520점 이상
	라. 지텔프 (G-TELP)	미국의 국제테스트연구원(International Testing Services Center)에서 주관하는 시험(General Tests of English Language Proficiency)을 말한다.	Level 2의 50점 이상
	마. 플렉스 (FLEX)	한국외국어대학교 어학능력검정시험(Foreign Language Efficiency Examination)을 말한다.	520점 이상
2. 불어	가. 플렉스 (FLEX)	한국외국어대학교 어학능력검정시험(Foreign Language Efficiency Examination)을 말한다.	520점 이상
	나. 델프 (DELF)달프 (DALF)	알리앙스 프랑세즈 프랑스어 자격증시험 델프(Diploma d'Etudes en Langue Francaise), 달프(Diploma approfondi de Langue Francaise)를 말한다.	DELF B1 이상
3. 독어	가. 플렉스 (FLEX)	한국외국어대학교 어학능력검정시험(Foreign Language Efficiency Examination)을 말한다.	520점 이상
	나. 괴테어학검 정시험 (Goethe Zer- tifikat)	독일문화원 독일어능력시험(Goethe-Zertifikat)를 말한다.	GZ B1 이상

4. 일본어	가. 플렉스 (FLEX)	한국외국어대학교 어학능력검정시험(Foreign Language Efficiency Examination)을 말한다.	520점 이상
	나. 일본어 능력시험 (JPT)	일본순다이학원 일본어능력시험(Japanese Proficiency Test)를 말한다.	510점 이상
	다. 일본어 능력시험 (JLPT)	일본국제교류기금 및 일본국제교육지원협회 일본어능력시험(Japanese Language Proficiency Test)를 말한다.	N2 120점 이상
5. 중국어	가. 플렉스 (FLEX)	한국외국어대학교 어학능력검정시험(Foreign Language Efficiency Examination)을 말한다.	520점 이상
	나. 한어수평 고시(신HSK)	중국국가한반 한어수평고시(신HSK)를 말한다.	4급 194점 이상
6. 한문	가. 한자능력 검정	한국어문회에서 시행하는 한자시험을 말한다.	4급 이상
	나. 상공회의소 한자	대한상공회의소에서 시행하는 한자시험을 말한다.	3급 이상
7. 스페인 어	가. 플렉스 (FLEX)	한국외국어대학교 어학능력검정시험(Foreign Language Efficiency Examination)을 말한다.	520점 이상
	나. 델레 (DELE)	스페인 문화교육부 스페인어 자격증시험 델레(Diplomas de Espanol como Lengua Extranjera)를 말한다.	B1 이상
8. 러시아 어	가. 플렉스 (FLEX)	한국외국어대학교 어학능력검정시험(Foreign Language Efficiency Examination)을 말한다.	520점 이상
	나. 토르플 (TORFL)	러시아 교육부 러시아어능력시험 토르플(Test of Russian as a Foreign Language)를 말한다.	기본단계 이상
9. 이탈리 아어	가. 칠스 (CILS)	이탈리아 시에나 외국인 대학에서 시행하는 이탈리아어 자격증명시험(Certificazione di Italiano come Lingua Straniera)를 말한다.	B1 이상
	나. 첼리 (CELI)	이탈리아 페루지아 국립언어대학에서 시행하는 이탈리아어 자격증명시험(Certificato di Conoscenza della Lingua Italiana)를 말한다.	Level 2 이상

비고

1. 위 표에서 정한 시험의 종류 및 기준점수는 준학예사 시험예정일부터 역산(逆算)하여 3년이 되는 해의 1월 1일 이후 실시된 시험으로서, 시험 접수마감일까지 점수가 발표된 시험에 대해서만 인정한다.

2. 시험 응시원서를 제출할 때에는 위 표에서 정한 기준점수를 확인할 수 있어야 한다.

[별표 2] <개정 2016. 11. 29.>

박물관 또는 미술관 등록요건(제9조 관련)

1. 공통요건

가. 「화재예방, 소방시설 설치·유지 및 안전관리에 관한 법률」 제9조제1항에 따른 소방시설의 설치

나. 「화재예방, 소방시설 설치·유지 및 안전관리에 관한 법률」 제21조의2제3항에 따른 피난유도 안내 정보의 부착(「소방시설 설치·유지 및 안전관리에 관한 법률」 제20조제2항 전단에 따른 소방안전 관리대상물에 해당하는 박물관 또는 미술관으로 한정한다)

다. 박물관 또는 미술관 자료의 가치는 다음의 기준에 따라 평가한다.

    1) 자료의 해당 분야에의 적합성

    2) 자료 수집의 적정성

    3) 자료의 학술적·예술적·교육적·역사적 가치

    4) 자료의 희소성

    5) 그 밖에 박물관 또는 미술관의 자료가 해당 박물관 또는 미술관에서 소장할 가치가 있다고 판단할 수 있는 기준으로서 문화체육관광부장관 또는 시·도지사가 정하는 기준

2. 개별요건

가. 제1종 박물관 또는 미술관

유형	박물관자료 또는 미술관자료	학예사	시설
종합 박물관	각 분야별 100점 이상	각 분야별 1명 이상	1) 각 분야별 전문박물관의 해당 전시실 2) 수장고(收藏庫) 3) 작업실 또는 준비실 4) 사무실 또는 연구실 5) 자료실·도서실·강당 중 1개 시설 6) 도난 방지시설, 온습도 조절장치
전문 박물관	100점 이상	1명 이상	1) 100제곱미터 이상의 전시실 또는 2,000제곱미터 이상의 야외전시장 2) 수장고 3) 사무실 또는 연구실 4) 자료실·도서실·강당 중 1개 시설 5) 도난 방지시설, 온습도 조절장치

미술관	100점 이상	1명 이상	1) 100제곱미터 이상의 전시실 또는 2,000제곱미터 이상의 야외전시장 2) 수장고 3) 사무실 또는 연구실 4) 자료실·도서실·강당 중 1개 시설 5) 도난 방지시설, 온습도 조절장치
동물원	100종 이상	1명 이상	1) 300제곱미터 이상의 야외전시장(전시실을 포함한다) 2) 사무실 또는 연구실 3) 동물 사육·수용 시설 4) 동물 진료·검역 시설 5) 사료창고 6) 오물·오수 처리시설
식물원	실내: 100종 이상 야외: 200종 이상	1명 이상	1) 200제곱미터 이상의 전시실 또는 6,000제곱미터 이상의 야외전시장 2) 사무실 또는 연구실 3) 육종실 4) 묘포장 5) 식물병리시설 6) 비료저장시설
수족관	100종 이상	1명 이상	1) 200제곱미터 이상의 전시실 2) 사무실 또는 연구실 3) 수족치료시설 4) 순환장치 5) 예비수조

나. 제2종 박물관 또는 미술관

유형	박물관자료 또는 미술관자료	학예사	시설
자료관·사료관·유물관·전시장·전시관·향토관·교육관·문서관·기념관·보존소·민속관·민속촌·문화관 및 예술관	60점 이상	1명 이상	1) 82제곱미터 이상의 전시실 2) 수장고 3) 사무실 또는 연구실·자료실·도서실 및 강당 중 1개 시설 4) 도난 방지시설, 온습도 조절장치

문화의 집	도서·비디오테이프 및 콤팩트디스크 각각 300점 이상		1) 다음의 시설을 갖춘 363제곱미터 이상의 문화공간
			  가) 인터넷 부스(개인용 컴퓨터 4대 이상 설치)
			  나) 비디오 부스(비디오테이프 레코더 2대 이상 설치)
			  다) 콤팩트디스크 부스(콤팩트디스크 플레이어 4대 이상 설치)
			  라) 문화관람실(빔 프로젝터 1대 설치)
			  마) 문화창작실(공방 포함)
			  바) 안내데스크 및 정보자료실
			  사) 문화사랑방(전통문화사랑방 포함)
			2) 도난 방지시설

박물관 및 미술관 진흥법 시행규칙 (약칭: 박물관미술관법 시행규칙)

[시행 2017.1.1.] [문화체육관광부령 제281호, 2016.12.28., 타법개정]

문화체육관광부(박물관정책과) 044-203-2645

제1조(목적) 이 규칙은 「박물관 및 미술관 진흥법」과 같은 법 시행령에서 위임된 사항과 그 시행에 필요한 사항을 규정함을 목적으로 한다.

제2조(학예사 자격요건 심사 및 자격증 발급 신청서 등) ① 「박물관 및 미술관 진흥법」(이하 "법"이라 한다) 제6조제3항에 따른 박물관·미술관 학예사(이하 "학예사"라 한다)의 등급별 자격을 취득하려는 자는 별지 제1호서식의 학예사 자격요건 심사 및 자격증 발급 신청서에 다음 각 호의 서류 중 해당 서류와 반명함판 사진 2장을 첨부하여 문화체육관광부장관에게 제출하여야 한다. <개정 2008.3.6., 2014.8.28., 2016.11.29.>

1. 해당 기관에서 발급한 재직경력증명서 또는 실무경력확인서

2. 학예사 자격증 사본

3. 최종학교 졸업증명서 또는 최종학교 학위증 사본

4. 삭제 <2016.11.29.>

② 제1항제1호에 따른 재직경력증명서와 실무경력확인서는 각각 별지 제2호서식과 별지 제3호서식에 따른다.

③ 「박물관 및 미술관 진흥법 시행령」(이하 "영"이라 한다) 제3조제2항에 따른 학예사 자격증은 별지 제4호서식에 따른다. <개정 2014.8.28.>

제3조(응시원서 및 응시수수료) ① 영 제4조에 따른 준학예사 시험에 응시하려는 자는 별지 제5호서식의 준학예사 시험 응시원서를 작성하여 문화체육관광부장관에게 제출하여야 한다. <개정 2008.3.6., 2008.8.27., 2014.8.28.>

1. 삭제 <2008.8.27.>

2. 삭제 <2008.8.27.>

② 법 제6조제4항에 따른 준학예사 시험의 응시수수료는 실비(實費) 등을 고려하여 문화체육관광부장관이 정하여 고시한다. <개정 2014.8.28.>

③ 준학예사 시험에 응시하려는 사람이 납부한 응시수수료에 대한 반환기준은 다음 각 호와 같다. <신설 2011.3.17.>

1. 응시수수료를 과오납한 경우: 그 과오납한 금액의 전부

2. 시험 시행일 20일 전까지 접수를 취소하는 경우: 납입한 응시수수료의 전부

3. 시험관리기관의 귀책사유로 인해 시험에 응시하지 못한 경우: 납입한 응시수수료의 전부

4. 시험 시행일 10일 전까지 접수를 취소하는 경우: 납입한 응시수수료의 100분의 50

제4조(박물관·미술관 학예사 운영 위원회의 구성 및 운영) ① 영 제5조에 따른 박물관·미술관 학예사 운영 위원회는 박물관·미술관계 및 학계 등의 인사 중에서 문화체육관광부장관이 위촉하는 15명 이내의 위원으로 구성한다. <개정 2008.3.6., 2016.11.29.>

② 제1항에 따른 박물관·미술관 학예사 운영 위원회는 다음 각 호의 사항을 심의한다.

1. 준학예사 시험의 기본 방향

2. 학예사 자격 취득 신청자의 등급별 학예사 자격요건의 심사

3. 영 별표 1에 따른 경력인정 대상기관의 인정

4. 삭제 <2009.6.3.>

제4조의2(기증의 절차 등) ① 법 제8조제1항에 따른 기증품(이하 "기증품"이라 한다)을 기증하려는 자는 기증품과 별지 제5호의2서식의 기증서약서를 박물관 또는 미술관의 장에게 제출하여야 한다.

② 박물관 또는 미술관의 장은 영 제6조의2제5항에 따라 기증품을 기증받는 것으로 결정하면 해당 기증품에 관한 사항을 별지 제5호의3서식의 기증품 관리대장에 기록·관리하여야 한다.

③ 박물관 또는 미술관의 장은 기증받는 것으로 결정한 기증품의 명칭·수량·크기 및 사진을 박물관 또는 미술관의 홈페이지 등에 게시하여야 한다.

[본조신설 2016.11.29.]

제4조의3(공립박물관 사전평가 신청서) 영 제7조의2제1항에 따른 사전평가 신청서는 별지 제5호의4서식에 따른다.

[본조신설 2016.11.29.]

제5조(등록 신청서 등) ① 영 제8조제1항에 따른 박물관 또는 미술관 등록 신청서는 별지 제6호서식에 따르고, 등록 신청서에 첨부하는 서류의 서식은 다음 각 호와 같다.

1. 시설명세서 : 별지 제7호서식

2. 박물관 자료 또는 미술관 자료의 목록 : 별지 제8호서식

3. 학예사 명단 : 별지 제9호서식

4. 관람료 및 자료의 이용료 : 별지 제10호서식

② 영 제8조제3항에 따른 박물관 또는 미술관 등록증은 별지 제11호서식에 따른다. <개정 2016.11.29.>

제6조(변경등록 신청서 등) ①영 제10조제2항에 따른 변경등록 신청서는 별지 제6호서식에 따른다. <개정 2016.11.29.>

② 삭제 <2016.11.29.>

제7조(사립박물관 또는 사립미술관 설립계획 승인 신청서) ① 영 제12조에 따른 사립박물관 또는 사립미술관의 설립계획 승인 신청서와 설립계획 변경승인 신청서는 별지 제12호서식에 따른다.

②영 제12조제2항에서 "문화체육관광부령으로 정하는 서류"란 설립계획 승인사항의 변경을 증명하는 서류를 말한다. <개정 2008.3.6.>

제8조(개방일수) 법 제16조제1항에 따라 등록한 박물관 또는 미술관은 법 제21조에 따라 연간 90일 이상 개방하되, 1일 개방시간은 4시간 이상이 되도록 하여야 한다.

제9조(폐관신고) 영 제17조에 따른 박물관 또는 미술관의 폐관신고서는 별지 제13호서식에 따른다.

제9조의2(인증서) 법 제26조제4항에 따른 인증서는 별지 제13호의2서식에 따른다.

[본조신설 2016.11.29.]

제10조(등록박물관 및 등록미술관의 운영현황 보고서) 법 제28조에 따른 등록박물관 및 등록미술관의 운영현황 보고서는 별지 제14호서식에 따른다.

제11조(규제의 재검토) ① 문화체육관광부장관은 다음 각 호의 사항에 대하여 다음 각 호의 기준일을 기준으로 3년마다(매 3년이 되는 해의 기준일과 같은 날 전까지를 말한다) 그 타당성을 검토하여 개선 등의 조치를 하여야 한다. <개정 2015.12.30.>

1. 제2조에 따른 학예사 자격요건 심사 및 자격증 발급 신청서 제출 등: 2014년 1월 1일

2. 제3조에 따른 응시원서 제출 및 응시수수료 납부: 2014년 1월 1일

3. 삭제 <2016.12.28.>

② 문화체육관광부장관은 제8조에 따른 개방일수에 대하여 2016년 1월 1일을 기준으로 2년마다(매 2년이 되는 해의 1월 1일 전까지를 말한다) 그 타당성을 검토하여 개선 등의 조치를 하여야 한다. <신설 2015.12.30.>

[본조신설 2013.12.31.]

부칙<제281호, 2016.12.28.>(2016년도 재검토형 일몰규제 일괄 개정을 위한 게임산업진흥에 관한 법률 시행규칙 등 일부개정령)

이 규칙은 2017년 1월 1일부터 시행한다.

별표 / 서식

　[별지 제1호서식] 학예사 자격요건 심사 및 자격증 발급 신청서

　[별지 제2호서식] 재직경력증명서

　[별지 제3호서식] 실무경력확인서

　[별지 제4호서식] 박물관·미술관 학예사 자격증

　[별지 제5호서식] 응시원서

　[별지 제5호의2서식] 기증서약서

　[별지 제5호의3서식] 기증품 관리대장

　[별지 제5호의4서식] 공립박물관 설립타당성 사전평가신청서

　[별지 제6호서식] [박물관, 미술관(등록, 변경등록)] 신청서

　[별지 제7호서식] 박물관(미술관) 시설명세서

　[별지 제8호서식] 박물관 자료 또는 미술관 자료의 목록

　[별지 제9호서식] 학예사 명단

　[별지 제10호서식] 관람료 및 자료의 이용료

　[별지 제11호서식] 박물관(미술관) 등록증

　[별지 제12호서식] [사립박물관 설립계획, 사립미술관 설립계획(승인, 변경승인)]신청서

　[별지 제13호서식] (박물관, 미술관) 폐관신고서

　[별지 제13호의2서식] (박물관, 미술관) 평가인증서

　[별지 제14호서식] 등록박물관·등록미술관 운영현황보고

산업디자인진흥법

[시행 2015.12.22.] [법률 제13595호, 2015.12.22., 일부개정]

산업통상자원부(디자인생활산업과) 044-203-4371

제1조(목적) 이 법은 산업디자인의 연구 및 개발을 촉진하고, 산업디자인을 진흥하기 위한 사업을 지원함으로써 산업의 경쟁력 강화에 이바지함을 목적으로 한다.

[전문개정 2009.5.21.]

제2조(정의) 이 법에서 "산업디자인"이란 제품 및 서비스 등의 미적·기능적·경제적 가치를 최적화함으로써 생산자 및 소비자의 물질적·심리적 욕구를 충족시키기 위한 창작 및 개선 행위(창작·개선을 위한 기술개발행위를 포함한다)와 그 결과물을 말하며, 제품디자인·포장디자인·환경디자인·시각디자인·서비스디자인 등을 포함한다. <개정 2014.12.30.>

[전문개정 2009.5.21.]

제3조(산업디자인진흥종합계획의 수립 등) ① 산업통상자원부장관은 산업디자인의 개발촉진과 진흥을 위한 종합적인 계획(이하 "산업디자인진흥종합계획"이라 한다)을 수립하고 공고하여야 한다. 산업디자인진흥종합계획을 변경한 때에도 또한 같다. <개정 2013.3.23.>

② 산업디자인진흥종합계획에는 산업디자인에 관한 다음 각 호의 사항이 포함되어야 한다.

1. 기본정책 방향

2. 개발촉진 및 진흥의 목표·대상 및 실시방법에 관한 사항

3. 개발촉진 및 진흥에 필요한 자금지원에 관한 사항

4. 그 밖에 개발촉진 및 진흥에 관한 사항

[전문개정 2009.5.21.]

제4조(연구 및 진흥사업의 실시 등) ① 산업통상자원부장관은 산업디자인진흥종합계획을 효율적으로 실시하기 위하여 산업디자인에 관한 연구 및 진흥사업을 할 수 있다. <개정 2013.3.23.>

② 다음 각 호의 기관 등은 대통령령으로 정하는 바에 따라 제1항에 따른 연구 및 진흥사업에 참여할 수 있다. <개정 2013.3.23.>

1. 제9조에 따른 산업디자인전문회사

2. 제11조에 따른 한국디자인진흥원

3. 산업통상자원부장관이 지정하는 산업디자인에 관한 기업부설연구소

4. 「고등교육법」에 따른 대학, 산업대학, 전문대학 및 기술대학

5. 국립·공립연구기관

6. 그 밖에 대통령령으로 정하는 기관 또는 단체

③ 산업통상자원부장관은 제2항에 따라 연구 및 진흥사업에 참여하는 기관 등이 그 사업을 하는 데 드는 자금의 전부 또는 일부를 「산업기술혁신 촉진법」 제11조제2항 및 제19조제2항에 따라 예산의 범위에서 출연(出捐)할 수 있다. <개정 2013.3.23.>

④ 제3항에 따른 출연금의 지급·사용 및 관리에 필요한 사항은 대통령령으로 정한다.

[전문개정 2009.5.21.]

제5조(산업디자인의 육성·개발사업) ① 정부는 산업디자인에 관한 국가경쟁력 향상을 위하여 다음 각 호의 사업을 할 수 있다.

1. 산업디자인 개발 등을 통하여 산업경쟁력을 높인 기업 및 개인에 대한 시상 및 지원

2. 산업디자인 개발을 통한 우수브랜드의 육성·지원

3. 그 밖에 산업디자인 개발 등을 통한 산업경쟁력의 향상을 위한 지원

② 산업통상자원부장관은 우수한 산업디자인을 개발하기 위하여 다음 각 호의 사업을 할 수 있다. <개정 2013.3.23., 2014.12.30.>

1. 산업디자인전람회의 개최 및 지원

2. 산업디자인 분야의 벤처기업이나 그 밖에 기술성이 우수한 기업의 선정 및 지원

3. 산업디자인 정보시스템의 구축 및 지원

4. 산업디자인 거래의 지원 및 활성화를 위한 사업

5. 개발된 산업디자인의 사업화 및 창업보육 지원 사업

6. 그 밖에 산업디자인을 육성 및 개발하기 위하여 필요한 사업으로서 대통령령으로 정하는 사업

③ 제1항 및 제2항에 따른 사업의 세부 내용과 지원의 범위, 절차 등에 관하여 필요한 사항은 대통령령으로 정한다.

[전문개정 2009.5.21.]

제5조의2(표준계약서의 제정·보급) ① 산업통상자원부장관은 공정거래위원회와 협의하여 산업디자인용역과 관련된 표준계약서를 마련하고 사업자 및 사업자단체에게 이를 사용하도록 권고할 수 있다.

② 산업통상자원부장관은 제1항에 따른 표준계약서를 제정 또는 개정하는 경우에 관련 사업자단

체 등 이해관계자와 전문가의 의견을 들어야 한다.

[본조신설 2015.12.22.]

제6조(우수산업디자인상품의 선정 등) ① 산업통상자원부장관은 우수한 산업디자인의 개발을 촉진하기 위하여 디자인이 우수한 상품(이하 "우수산업디자인상품"이라 한다)을 선정하는 등 필요한 조치를 할 수 있다. <개정 2009.5.21., 2013.3.23.>

② 산업통상자원부장관은 제1항에 따라 선정된 우수산업디자인상품에 대하여 필요하다고 인정하는 경우에는 시상을 할 수 있다. <개정 2009.5.21., 2013.3.23.>

③ 삭제 <1999.2.5.>

④ 산업통상자원부장관은 제1항에 따라 선정된 우수산업디자인상품에 대하여는 그 상품이 우수산업디자인상품임을 나타내는 표지(이하 "우수산업디자인표지"라 한다)를 붙여서 판매하게 할 수 있다. <개정 2009.5.21., 2013.3.23.>

⑤ 삭제 <2014.12.30.>

⑥ 제1항 및 제2항에 따른 우수산업디자인상품의 선정기준 및 방법, 시상, 지원과 제4항에 따른 우수산업디자인표지의 사용기준 등에 관하여 필요한 사항은 대통령령으로 정한다. <개정 2009.5.21., 2014.12.30.>

[제목개정 2009.5.21.]

제7조 삭제 <2014.12.30.>

제8조(전문인력의 양성 등) ① 국가 또는 특별시·광역시·특별자치시·도·특별자치도(이하 "시·도"라 한다)는 산업디자인에 관한 전문인력을 양성하기 위하여 노력하여야 한다. <개정 2014.5.20.>

② 정부는 산업디자인에 관한 산학협동(産學協同)과 전문인력의 자질향상을 위한 재교육을 장려하여야 한다.

③ 산업통상자원부장관 또는 특별시장·광역시장·특별자치시장·도지사·특별자치도지사(이하 "시·도지사"라 한다)는 필요하면 디자인 관련 전문인력의 실태를 조사하고, 전문인력의 수급(需給)에 관한 개선방안을 수립할 수 있다. <개정 2013.3.23., 2014.5.20.>

[전문개정 2009.5.21.]

제9조(산업디자인전문회사에 대한 지원) ① 정부는 산업디자인에 관한 개발·조사·분석·자문 등을 전문으로 하는 회사(이하 "산업디자인전문회사"라 한다)로서 산업통상자원부령으로 정하는 기준에 해당하는 회사에 대하여 다음 각 호의 지원을 할 수 있다. <개정 2013.3.23.>

1. 연구 성과의 제공 및 첨단 개발기법의 지도

2. 산업디자인전문회사의 창업을 지원하기 위한 창업보육시설의 설치·운영

3. 고가(高價) 장비의 공동 사용

4. 그 밖에 산업디자인을 진흥하기 위하여 필요한 사항으로서 대통령령으로 정하는 사항

② 제1항에 따른 지원을 받으려는 산업디자인전문회사는 산업통상자원부령으로 정하는 바에 따라 산업통상자원부장관에게 신고를 하여야 한다. <개정 2013.3.23.>

③ 산업통상자원부장관은 제2항에 따른 신고를 처리하기 위한 업무를 대통령령으로 정하는 바에 따라 시·도지사에게 위임하거나 제11조에 따른 한국디자인진흥원에 위탁할 수 있다. <개정 2013.3.23.>

[전문개정 2009.5.21.]

제9조의2(산업디자인 개발의 대가기준 등) ① 국가, 지방자치단체 및 「공공기관의 운영에 관한 법률」 제4조에 따른 공공기관(이하 이 조에서 "국가기관등"이라 한다)은 산업디자인의 개발에 관한 계약을 체결하는 경우 산업디자인 개발의 품질 보장을 위하여 적정한 대가를 지급하도록 노력하여야 한다.

② 산업통상자원부장관은 국가기관등의 장이 제1항에 따라 적정한 대가를 지급하도록 하기 위하여 산업디자인 개발의 수행여건, 노임단가 등 대가기준 산정에 필요한 사항을 국가기관등에 제공하여야 한다.

③ 산업통상자원부장관은 제2항에 따른 대가기준 산정에 관한 정보를 종합적으로 관리하기 위하여 국가기관등의 장에게 필요한 자료의 제출을 요청할 수 있다. 이 경우 요청을 받은 국가기관등의 장은 특별한 사유가 없으면 이에 협조하여야 한다.

④ 국가기관등의 장은 시설물의 제작·설치 등 산업디자인의 개발이 필요한 사업에 관한 계약을 체결하는 경우에는 산업디자인 개발에 대한 대가를 별도로 산정하여 계상할 수 있다.

⑤ 산업통상자원부장관은 제2항의 업무를 효율적으로 추진하기 위하여 대통령령으로 정하는 바에 따라 전문기관을 지정하여 위탁할 수 있다.

[본조신설 2014.12.30.]

제10조(산업디자인의 보호) ① 국가 또는 시·도는 산업디자인의 개발을 촉진하고 모방을 방지하기 위하여 산업디자인을 보호하는 데 노력하여야 한다.

② 산업통상자원부장관 또는 시·도지사는 산업디자인을 보호하기 위하여 필요하다고 인정하면

관련 제도의 개선 및 운영합리화 등에 관하여 관계 행정기관의 장에게 협조를 요청할 수 있다. <개정 2013.3.23.>

[전문개정 2009.5.21.]

제10조의2(산업디자인통계의 조사) ① 산업통상자원부장관 또는 시·도지사는 산업디자인진흥종합계획을 효과적으로 수립·시행하기 위하여 국내외의 산업디자인통계를 작성하기 위한 조사를 할 수 있다. <개정 2013.3.23.>

② 산업디자인통계의 작성·관리에 필요한 사항은 대통령령으로 정한다.

[전문개정 2009.5.21.]

제10조의3(분쟁조정위원회의 설치) ① 산업디자인과 관련된 분쟁을 조정하기 위하여 디자인분쟁조정위원회(이하 "조정위원회"라 한다)를 둔다. 다만, 산업재산권과 관련한 분쟁은 「발명진흥법」 제41조에 따른다.

② 조정위원회는 위원장 1명을 포함한 20명 이내의 위원으로 구성하며, 다음 각 호에 해당하는 자 중에서 산업통상자원부장관이 위촉한다.

1. 「고등교육법」에 따른 대학의 법학 또는 디자인 관련 학과에서 부교수 이상의 직에 있는 자

2. 판사·검사 또는 변호사의 자격이 있는 자

3. 변리사, 회계사의 자격이 있는 자

4. 디자인 분야에 학식과 경험이 풍부한 자

③ 분쟁의 조정은 분쟁당사자 일방 또는 쌍방의 신청에 의하여 개시되며 조정위원회는 조정신청이 있은 날부터 3개월 이내에 조정안을 작성하여야 한다.

④ 조정위원회는 다음 각 호의 어느 하나에 해당하는 경우에는 조정을 거부하거나 중지할 수 있다. 이 경우 조정 거부 또는 중지의 사유 등을 신청인에게 통보하여야 한다.

1. 분쟁당사자의 일방이 조정을 거부한 경우

2. 분쟁당사자 중 일방이 법원에 소를 제기한 경우

3. 분쟁의 성질상 조정위원회에서 조정하는 것이 적합하지 아니하다고 명백하게 인정되거나 부정한 목적으로 신청되었다고 인정되는 경우

⑤ 조정위원회는 제3항에 따라 작성된 조정안을 각 당사자에게 지체 없이 제시하여야 하며, 각 당사자가 15일 이내에 조정안을 수락하면 조정이 성립된다. 조정의 성립은 재판상 화해와 같은 효력을 갖는다.

⑥ 조정위원회는 분쟁의 조정을 신청한 자에게 대통령령으로 정하는 바에 따라 조정 비용을 부담하게 할 수 있다. 다만, 조정이 성립된 경우에는 그 결과에 따라 분쟁당사자에게 조정 비용을 분담하게 할 수 있다.

⑦ 산업통상자원부장관은 조정위원회의 업무를 지원하기 위하여 제11조에 따른 한국디자인진흥원에 사무국을 두며, 예산의 범위에서 조정위원회의 운영에 필요한 경비를 보조할 수 있다.

⑧ 제2항부터 제7항까지의 규정 외에 조정위원회의 조직 및 운영, 분쟁의 조정방법, 절차, 비용분담 등에 필요한 사항은 대통령령으로 정한다.

[본조신설 2015.12.22.]

제11조(한국디자인진흥원의 설립 등) ① 산업디자인의 개발촉진 및 진흥을 위한 사업을 효율적이고 체계적으로 추진하기 위하여 한국디자인진흥원(이하 "진흥원"이라 한다)을 설립한다.

② 진흥원은 법인으로 한다.

③ 진흥원은 정관으로 정하는 바에 따라 국내외의 필요한 곳에 분원(分院) 또는 사무소를 둘 수 있다.

④ 진흥원은 산업디자인에 관한 다음 각 호의 사업을 한다.

1. 개발 지원사업

2. 전시사업

3. 출판 및 홍보사업

4. 정보화사업

5. 교육·연수사업

6. 지방의 산업디자인 진흥을 위한 사업

7. 국제교류·협력사업

8. 정부의 위촉사업

9. 그 밖에 대통령령으로 정하는 사업

⑤ 진흥원은 제1항에 따른 목적을 달성하는 데 필요한 경비를 조달하기 위하여 대통령령으로 정하는 바에 따라 수익사업을 할 수 있다.

⑥ 진흥원에 관하여 이 법과 「공공기관의 운영에 관한 법률」에 규정된 것을 제외하고는 「민법」 중 재단법인에 관한 규정을 준용한다.

[전문개정 2009.5.21.]

제11조의2(지역디자인센터의 설치 등) ① 시·도지사는 지역 디자인 특화사업·진흥사업·기반구축사업 등(이하 이 조에서 "지역 디자인 사업"이라 한다)을 수행하기 위하여 산업통상자원부장관과의 협의를 거쳐 인근 시·도지사와 공동 또는 단독으로 지역디자인센터를 설치할 수 있다.

② 지역디자인센터는 법인으로 하고, 주된 사무소의 소재지에 설립등기를 함으로써 성립한다.

③ 국가, 지방자치단체 및 「공공기관의 운영에 관한 법률」 제4조에 따른 공공기관의 장은 필요한 경우 공동 또는 단독으로 지역 디자인 사업을 지역디자인센터에게 위탁하거나 대행하게 할 수 있다.

④ 지역디자인센터의 설립 및 운영과 관련한 그 밖의 사항은 산업통상자원부령으로 정한다.

[본조신설 2015.12.22.]

제12조(진흥원의 경비 지원) 정부는 예산의 범위에서 진흥원의 운영에 필요한 경비의 전부 또는 일부를 출연하거나 보조할 수 있다.

[전문개정 2009.5.21.]

제13조(자료의 제공요청 등) ① 진흥원은 국가, 지방자치단체, 공공단체, 「공공기관의 운영에 관한 법률」에 따른 공공기관, 연구기관이나 교육기관 등에 사업수행에 필요한 자료의 수집 및 제공을 요청할 수 있다.

② 진흥원은 지방자치단체에 지방의 산업디자인 진흥을 위한 사업에 필요한 협력을 요청할 수 있다.

③ 제1항 및 제2항에 따라 자료의 수집·제공 또는 협력을 요청받은 자는 특별한 사유가 없으면 이에 협조하여야 한다.

[전문개정 2009.5.21.]

제14조(사업계획서 등의 제출) ① 진흥원은 대통령령으로 정하는 바에 따라 매 사업연도 개시일까지 사업계획서와 예산서를 산업통상자원부장관에게 제출하여야 한다. <개정 2013.3.23.>

② 진흥원은 매 사업연도익 결산서를 작성하여 다음 사업여도 2월 말일까지 산업통상자원부장관에게 제출하고, 3월 말일까지 승인을 받아 결산을 확정하여야 한다. <개정 2013.3.23., 2014.5.20.>

[전문개정 2009.5.21.]

제15조(보고 및 검사) ① 산업통상자원부장관은 이 법을 시행하기 위하여 필요하다고 인정하면 진흥원에 대하여 그 업무 상황에 관한 보고를 명하거나, 소속 공무원으로 하여금 진흥원에 출입하여 장부, 서류나 그 밖의 물건을 검사하게 할 수 있다. <개정 2013.3.23.>

② 제1항에 따른 검사를 하는 공무원은 그 권한을 표시하는 증표를 지니고 이를 관계인에게 내보여야 한다.

[전문개정 2009.5.21.]

제16조(비밀엄수의 의무) 진흥원의 임원이나 직원 또는 그 직에 있었던 사람은 직무상 알게 된 비밀을 누설하거나 도용하여서는 아니 된다. <개정 2015.12.22.>

[전문개정 2009.5.21.]

제17조 삭제 <1999.2.5.>

제18조 삭제 <1999.2.5.>

제19조(벌칙) 제16조를 위반한 자는 1년 이하의 징역 또는 1천만원 이하의 벌금에 처한다. <개정 2014.1.14., 2014.12.30.>

[전문개정 2009.5.21.]

제20조 삭제 <1999.2.5.>

부칙<제5214호, 1996.12.30.>

제1조 (시행일) 이 법은 1997년 1월 1일부터 시행한다.

제2조 (산업디자인포장개발원의 명칭등의 변경에 관한 경과조치) ①이 법 시행당시의 산업디자인포장개발원은 이 법에 의한 한국산업디자인진흥원으로 본다.

② 이 법 시행당시의 산업디자인포장개발원이 행한 행위 기타 법률관계에 있어서 산업디자인포장개발원은 이를 한국산업디자인진흥원으로 본다.

제3조 (정관변경등) 산업디자인포장개발원은 지체없이 통상산업부장관의 승인을 얻어 이 법에 적합하도록 정관을 변경하고, 명칭등의 변경에 따른 변경등기를 신청하여야 한다.

제4조 (다른 법률의 개정) ①공업발전법중 다음과 같이 개정한다.

제13조제1항제6호를 다음과 같이 한다.

6. 산업디자인진흥법에 의한 한국산업디자인진흥원 및 산업디자인전문회사

② 조세감면규제법중 다음과 같이 개정한다.

별표중 제110호란을 다음과 같이 한다.

110 산업디자인진흥법에 의하여 설립된 한국산업디자인진흥원

제5조 (다른 법령과의 관계) ① 이 법 시행당시 다른 법령에서 종전의 산업디자인·포장진흥법 또는 그 규정을 인용한 경우 이 법중 그에 해당하는 조항이 있을 때에는 종전의 규정에 갈음하여 이 법 또는 이 법의 해당 조항을 인용한 것으로 본다.

② 이 법 시행당시 다른 법령에서 종전의 산업디자인·포장진흥법에 의한 산업디자인포장개발원을 인용한 경우에는 이 법에 의한 한국산업디자인진흥원을 인용한 것으로 본다.

부칙<제5773호, 1999.2.5.>

이 법은 공포한 날부터 시행한다.

부칙<제6415호, 2001.2.3.>

제1조 (시행일) 이 법은 2001년 4월 1일부터 시행한다.

제2조 (한국산업디자인진흥원의 명칭 변경에 관한 경과조치) ① 이 법 시행 당시 한국산업디자인진흥원은 한국디자인진흥원으로 본다.

② 이 법 시행 당시 한국산업디자인진흥원의 모든 재산과 권리·의무는 한국디자인진흥원이 포괄 승계한다. 이 경우 종전의 재산과 권리·의무에 대한 등기부 기타 공부상의 한국산업디자인진흥원의 명의는 한국디자인진흥원의 명의로 본다.

제3조 (다른 법률의 개정) ① 산업발전법중 다음과 같이 개정한다.

제24조제1항제6호중 "한국산업디자인진흥원"을 "한국디자인진흥원"으로 한다.

② 여성기업지원에관한법률중 다음과 같이 개정한다.

제12조중 "한국산업디자인진흥원"을 "한국디자인진흥원"으로 한다.

부칙<제7506호, 2005.5.26.>

이 법은 공포 후 3월이 경과한 날부터 시행한다.

부칙<제7949호, 2006.4.28.>(산업기술혁신 촉진법)

제1조 (시행일) 이 법은 공포 후 6개월이 경과한 날부터 시행한다.

제2조 내지 제5조 생략

제6조 (다른 법률의 개정) ① 내지 ③ 생략

④ 산업디자인진흥법 일부를 다음과 같이 개정한다.

제4조제3항 중 "「산업발전법」 제24조제2항 또는 「산업기술기반 조성에 관한 법률」 제5조제3항의 규정"을 "「산업기술혁신 촉진법」 제11조제2항 및 제19조제2항의 규정"으로 한다.

⑤ 내지 ⑩ 생략

제7조 생략

부칙<제8852호, 2008.2.29.>(정부조직법)

제1조 (시행일) 이 법은 공포한 날부터 시행한다. 다만, ···<생략>···, 부칙 제6조에 따라 개정되는 법률 중 이 법의 시행 전에 공포되었으나 시행일이 도래하지 아니한 법률을 개정한 부분은 각각 해당 법률의 시행일부터 시행한다.

제2조부터 제5조까지 생략

제6조 (다른 법률의 개정) ① 부터 <358> 까지 생략

<359> 산업디자인진흥법 일부를 다음과 같이 개정한다.

제3조제1항, 제4조제1항·제2항제3호·제3항, 제5조제2항, 제6조제1항·제2항·제4항·제5항, 제8조제3항, 제9조제2항·제3항, 제10조제2항, 제10조의2제1항, 제14조제1항·제2항, 제15조제1항 중 "산업자원부장관"을 각각 "지식경제부장관"으로 한다.

제9조제1항·제2항 중 "산업자원부령"을 각각 "지식경제부령"으로 한다.

<360> 부터 <760> 까지 생략

제7조 생략

부칙<제9688호, 2009.5.21.>

이 법은 공포한 날부터 시행한다.

부칙<제11690호, 2013.3.23.>(정부조직법)

제1조(시행일) ① 이 법은 공포한 날부터 시행한다.

② 생략

제2조부터 제5조까지 생략

제6조(다른 법률의 개정) ① 부터 <385>까지 생략

<386> 산업디자인진흥법 일부를 다음과 같이 개정한다.

제3조제1항 전단, 제4조제1항, 같은 조 제2항제3호, 같은 조 제3항, 제5조제2항 각 호 외의 부분, 제6조제1항·제2항·제4항·제5항, 제8조제3항, 제9조제2항·제3항, 제10조제2항, 제10조의2제1항, 제14조제1항·제2항 및 제15조제1항 중 "지식경제부장관"을 각각 "산업통상자원부장관"으로 한다.

제9조제1항 각 호 외의 부분 및 같은 조 제2항 중 "지식경제부령"을 각각 "산업통상자원부령"으로 한다.

<387>부터 <710>까지 생략

제7조 생략

부칙<제12238호, 2014.1.14.>

　　이 법은 공포한 날부터 시행한다.

부칙<제12608호, 2014.5.20.>

　　이 법은 공포한 날부터 시행한다.

부칙<제12928호, 2014.12.30.>

제1조(시행일) 이 법은 공포 후 6개월이 경과한 날부터 시행한다.

제2조(벌칙에 관한 경과조치) 이 법 시행 전 행위에 대한 벌칙의 적용에 있어서는 종전의 규정에 따른다.

부칙<제13595호, 2015.12.22.>

제1조(시행일) 이 법은 공포한 날부터 시행한다.

제2조(지역디자인센터 설치에 관한 경과조치) 이 법 시행 당시 설치·운영 중인 지역디자인센터(광주, 부산, 대구·경북)는 이 법에 의하여 설치된 것으로 본다.

산업디자인진흥법 시행령

[시행 2017.1.17.] [대통령령 제27791호, 2017.1.17., 일부개정]

산업통상자원부(디자인생활산업과) 044-203-4371

제1조(목적) 이 영은 「산업디자인진흥법」에서 위임된 사항과 그 시행에 관하여 필요한 사항을 정함을 목적으로 한다. <개정 2015.6.22.>

제2조 삭제 <1999.4.9.>

제3조(연구 및 진흥사업의 실시) ① 산업통상자원부장관은 「산업디자인진흥법」(이하 "법"이라 한다) 제4조제1항에 따른 산업디자인에 관한 연구 및 진흥사업(이하 "연구 및 진흥사업"이라 한다)을 효율적으로 실시하기 위하여 연구 및 진흥사업에 관한 연간계획을 수립하여 이를 공고하여야 한다. 이를 변경한 때에도 또한 같다. <개정 1999.4.9., 2008.2.29., 2013.3.23., 2015.6.22.>

② 산업통상자원부장관은 연구 및 진흥사업을 실시하고자 하는 경우에는 법 제4조제2항 각호의 기관 또는 단체중에서 당해 연구 및 진흥사업을 주관할 기관 또는 단체를 지정하여 당해 연구 및 진흥사업에 관한 협약을 체결하여야 한다. <개정 1999.4.9., 2008.2.29., 2013.3.23.>

③ 제2항의 규정에 의한 협약에는 다음 각호의 사항이 포함되어야 한다.

1. 연구 및 진흥사업의 과제에 관한 사항

2. 연구 및 진흥사업의 실시책임자에 관한 사항

3. 법 제4조제3항의 규정에 의한 출연금에 관한 사항

4. 연구 및 진흥사업의 성과의 활용 및 활용대가에 관한 사항

5. 협약의 변경에 관한 사항

④ 제2항의 규정에 의하여 지정을 받은 기관 또는 단체는 당해 연구 및 진흥사업의 일부를 법 제4조제2항 각호의 기관 또는 단체에 위탁하여 수행하게 할 수 있다.

제4조(연구 및 진흥사업의 참여기관 등) 법 제4조제2항제6호에서 "그 밖에 대통령령으로 정하는 기관 또는 단체"란 다음 각 호의 기관 또는 단체를 말한다. <개정 1999.2.26., 1999.4.9., 2001.5.24., 2003.6.30., 2006.10.27., 2007.6.29., 2008.2.29., 2009.4.30., 2009.8.18., 2009.11.20., 2011.1.17., 2013.3.23., 2015.6.22., 2017.1.17.>

1. 「특정연구기관 육성법」에 따른 특정연구기관

2. 「산업기술연구조합 육성법」에 따른 산업기술연구조합

3. 「산업기술혁신 촉진법」 제42조에 따른 전문생산기술연구소

4. 「대한무역투자진흥공사법」에 따른 대한무역투자진흥공사

5. 「정부출연연구기관 등의 설립·운영 및 육성에 관한 법률」 별표 제8호에 따른 산업연구원

6. 「중소기업진흥에 관한 법률」 제68조에 따른 중소기업진흥공단

7. 「정보통신산업 진흥법」 제26조에 따른 정보통신산업진흥원

8. 「산업집적활성화 및 공장설립에 관한 법률」 제45조의9에 따른 한국산업단지공단

9. 「산업기술혁신 촉진법」 제38조에 따른 한국산업기술진흥원

10. 「엔지니어링산업 진흥법」 제21조에 따라 신고한 엔지니어링사업자 또는 「기술사법」에 따라 기술사사무소의 개설등록을 한 기술사

10의2. 법 제11조의2에 따른 지역디자인센터

11. 그 밖에 연구 및 진흥사업의 실시를 위하여 필요하다고 산업통상자원부장관이 인정하는 기관 또는 단체

[제목개정 2015.6.22.]

제5조(연구 및 진흥사업의 평가 및 기획 등) ① 산업통상자원부장관은 법 제4조제3항의 규정에 의하여 연구 및 진흥사업에 출연함에 있어서 당해 사업에 참여하는 기관 등의 사업계획 또는 실적 등을 평가하여 그 결과에 따라 출연금을 지급할 수 있다. <개정 2008.2.29., 2013.3.23.>

② 산업통상자원부장관은 제1항의 규정에 의한 연구 및 진흥사업에 대한 평가 및 지원에 관한 기획·관리 등의 업무를 산업통상자원부장관이 지정한 기관으로 하여금 수행하게 할 수 있다. <개정 2008.2.29., 2013.3.23.>

[본조신설 2001.5.24.]

제6조(출연금의 지급 및 관리 등) ① 산업통상자원부장관은 법 제4조제3항의 규정에 의한 출연금을 연구 및 진흥사업의 추진상황 등을 고려하여 분할하여 지급할 수 있다. <개정 2008.2.29., 2013.3.23.>

② 법 제4조제3항의 규정에 의한 출연금을 지급받은 자는 별도의 계정을 설정하여 이를 관리하여야 하며, 출연금을 연구 및 진흥사업에 수반되는 비용에만 사용하여야 한다.

③ 산업통상자원부장관은 출연금을 지급받은 자가 정당한 사유없이 제2항의 규정에 의한 용도외의 목적으로 출연금을 사용한 경우에는 출연금의 전부 또는 일부를 회수할 수 있다. <개정 2008.2.29., 2013.3.23.>

제7조(시상 및 지원계획 공고) 산업통상자원부장관은 법 제5조제1항제1호의 규정에 의한 시상 및 지원에 관한 매년도의 실시계획을 정하여 이를 미리 공고하여야 한다. <개정 2008.2.29., 2013.3.23.>

제8조(산업디자인전람회의 개최) ① 산업통상자원부장관은 법 제5조제2항제1호의 규정에 의한 산업디자인전람회(이하 "전람회"라 한다)를 매년 1회 이상 개최하여야 한다. <개정 2008.2.29., 2013.3.23.>

② 전람회는 다음 각 호의 부문으로 구분한다. <개정 2008.2.29., 2013.3.23., 2015.6.22.>

1. 제품디자인 부문

2. 포장디자인 부문

3. 환경디자인 부문

4. 시각디자인 부문

5. 서비스디자인 부문

6. 그 밖에 제1호부터 제5호까지의 부문에 준하는 것으로서 산업통상자원부장관이 정하는 부문

③ 산업통상자원부장관은 제1항의 규정에 의하여 전람회를 개최하고자 하는 때에는 전람회의 개최일시·출품물·출품료 및 시상 등에 관한 사항을 전람회 개최일의 4월 이전에 미리 공고하여야 한다. <개정 2008.2.29., 2013.3.23.>

제8조의2 삭제 <2008.10.20.>

제8조의3(초대디자이너 및 추천디자이너) ①산업통상자원부장관은 전람회의 수준향상을 위하여 제8조제2항 각호의 부문별로 초대디자이너 및 추천디자이너제도를 둔다. <개정 2008.2.29., 2013.3.23.>

② 제1항의 규정에 의한 초대디자이너 및 추천디자이너제도의 운영에 관하여 필요한 사항은 산업통상자원부장관이 이를 정한다. <개정 2008.2.29., 2013.3.23.>

제9조(제품화에 대한 지원) 산업통상자원부장관은 전시출품물의 제품화에 필요한 금융지원, 기술지도 및 보급에 관한 지원 등 필요한 조치를 할 수 있다. <개정 2008.2.29., 2013.3.23.>

제10조(선정신청) ① 법 제6조제1항의 규정에 의한 우수산업디자인상품(이하 "우수산업디자인상품"
이라 한다)의 선정을 받고자 하는 자는 제14조의 규정에 의한 계획에서 정하는 바에 따라 산업통
상자원부장관에게 우수산업디자인상품의 선정신청을 하여야 한다. <개정 1999.4.9., 2008.2.29.,
2013.3.23.>

② 우수산업디자인상품의 선정신청을 할 수 있는 상품은 우수산업디자인상품의 선정을 신청한
날의 2년 전부터 국내 또는 국외에서 판매중이거나 판매예정인 상품으로 한다. 다만, 다음 각 호
의 어느 하나에 해당하는 상품을 제외한다. <개정 1999.4.9., 2001.5.24., 2008.2.29., 2013.3.23.,
2015.6.22.>

1. 산업디자인과 관련하여 법적 분쟁이 있는 상품

2. 다른 상품을 모방한 것으로 인정되는 상품

3. 공공질서 또는 미풍양속을 해한다고 인정되는 상품

4. 그 밖에 우수산업디자인상품의 선정에 적합하지 아니하다고 산업통상자원부장관이 정하는
상품

제11조(선정기준) 우수산업디자인상품의 선정기준은 다음 각호와 같다.

1. 외관을 구성하는 형상·모양 및 색채등의 요소가 판매를 촉진할 수 있도록 종합적으로 아름답게
구성되고 독창성이 있을 것

2. 사용목적에 적합한 기능을 갖추고 사용이 편리하며 유지관리가 쉬울 것

3. 적합한 재료를 유효하게 사용하고 있을 것

4. 상업적 생산에 적합하고 경제성이 있을 것

제12조 삭제 <2008.10.20.>

제13조(선정 및 시상) ① 산업통상자원부장관은 우수산업디자인상품을 선정한 때에는 선정한 날부
터 20일이내에 이를 공고하여야 한다. <개정 1999.4.9., 2008.2.29., 2013.3.23.>

② 삭제 <1999.4.9.>

③ 산업통상자원부장관은 제1항의 규정에 의하여 선정된 우수산업디자인상품(이하 "선정상품"
이라 한다)중 특히 우수하다고 인정되는 상품에 대하여는 시상을 할 수 있다. <개정 1999.4.9.,
2008.2.29., 2013.3.23.>

제14조(우수산업디자인상품선정계획의 공고) 산업통상자원부장관은 우수산업디자인상품의 선정
을 위하여 선정대상품목·선정기준 및 선정절차등에 관한 계획을 공고하여야 한다. 이를 변경한

때에도 또한 같다. <개정 1999.4.9., 2008.2.29., 2013.3.23.>

제15조 삭제 <1999.4.9.>

제16조(우수산업디자인표지의 사용기준) 법 제6조제4항에 따른 우수산업디자인표지의 사용기준은 다음 각 호와 같다. <개정 1999.4.9., 2008.2.29., 2013.3.23., 2015.6.22.>

　1. 우수산업디자인표지는 선정상품에 대하여만 사용할 것

　2. 선정상품의 외관·기능 등 상태가 선정당시와 동일할 것

　3. 선정상품을 선전하면서 다른 상품을 등록상품으로 오인하게 하지 아니할 것

　4. 우수산업디자인표지는 다음 각 목의 어느 하나에 해당하는 경우에만 사용할 것

　가. 해당 상품

　나. 해당 상품의 포장·설명서·보증서 및 선전유인물

　다. 그 밖에 우수산업디자인표지의 사용이 적절하다고 산업통상자원부장관이 인정하는 것

제17조 삭제 <1999.4.9.>

제18조 삭제 <2015.6.22.>

제19조 삭제 <1999.4.9.>

제20조(산업디자인전문회사에 대한 지원사항) 법 제9조제1항제4호에서 "대통령령으로 정하는 사항"이란 다음 각 호의 사항을 말한다. <개정 1999.4.9., 2008.2.29., 2013.3.23., 2015.6.22.>

　1. 법 제9조제1항의 규정에 의한 산업디자인전문회사(이하 "산업디자인전문회사"라 한다)에 대한 경영지도 또는 정보자료의 제공에 관한 사항

　2. 산업디자인전문회사에 필요한 인력개발지원에 관한 사항

　3. 산업디자인전문회사의 산업디자인 개발활동에 필요한 자금지원에 관한 사항

　4. 산업디자인전문회사의 개발성과의 보급지원에 관한 사항

　5. 기타 산업통상자원부장관이 산업디자인전문회사의 육성등을 위하여 필요하다고 인정하는 사항

제20조의2(디자인모방방지시스템의 개발·운영) 법 제10조의 규정에 의하여 산업통상자원부장관은 관계 행정기관의 장과 협의하여 산업디자인의 모방을 방지하기 위한 시스템을 개발·운영할 수 있다. <개정 2008.2.29., 2013.3.23.>

　[본조신설 2001.5.24.]

제20조의3(산업디자인통계의 작성 및 관리) 산업통상자원부장관은 법 제10조의2제1항에 따른

산업디자인통계를 작성하기 위한 조사를 매년 실시하여야 한다. <개정 2008.2.29., 2013.3.23., 2015.6.22.>

[본조신설 2001.5.24.]

제20조의4(디자인분쟁조정위원회의 구성) ① 법 제10조의3제1항 본문에 따른 디자인분쟁조정위원회(이하 "조정위원회"라 한다)의 위원장(이하 "위원장"이라 한다)은 조정위원회의 위원 중에서 호선(互選)한다.

② 위원의 임기는 2년으로 하고, 한 차례만 연임할 수 있다.

[본조신설 2017.1.17.]

제20조의5(위원의 제척·기피·회피) ① 조정위원회의 위원은 다음 각 호의 어느 하나에 해당하는 경우 조정을 위한 의결에서 제척된다.

1. 위원 또는 그 배우자나 배우자였던 사람이 해당 사건의 당사자(당사자가 법인·단체 등인 경우에는 그 임원을 포함한다. 이하 제2호에서 같다)가 되거나 그 사건에 관하여 공동권리자 또는 공동의무자인 경우

2. 위원이 해당 사건의 당사자와 친족관계에 있거나 있었던 경우

3. 위원이 해당 사건에 관하여 재판에 직접 관여한 경우

4. 위원 또는 위원이 속한 법인이 해당 사건에 관하여 당사자의 증인, 감정인 또는 대리인으로서 관여하거나 관여하였던 경우

5. 위원이 해당 사건에 관하여 직접 이해관계를 가진 경우

② 당사자는 위원에게 공정한 조정을 기대하기 어려운 사유가 있는 경우 조정위원회에 기피신청을 할 수 있다.

③ 제2항의 경우 조정위원회는 기피신청이 타당하다고 인정하는 때에는 해당 위원에 대하여 기피의 결정을 하여야 한다.

④ 위원은 제1항 각 호의 어느 하나에 해당하거나 제2항의 사유에 해당하는 경우에는 스스로 그 사건의 조정을 회피하여야 한다.

[본조신설 2017.1.17.]

제20조의6(조정위원회의 운영) ① 위원장은 조정위원회의 회의를 소집하고, 그 회의의 의장이 된다.

② 위원장은 회의를 소집하려면 회의의 일시·장소 및 회의에 상정할 안건을 회의 개최 7일 전까지 각 위원에게 통지하여야 한다. 다만, 긴급한 경우에는 회의 개최 전날까지 통지할 수 있다.

③ 조정위원회의 회의는 재적위원 과반수의 출석으로 개의하고, 출석위원 과반수의 찬성으로 의결한다.

④ 조정위원회는 분쟁조정 업무를 효율적으로 수행하기 위하여 필요한 경우 디자인의 분야에 따른 분과위원회를 둘 수 있다.

[본조신설 2017.1.17.]

제20조의7(조정의 절차) ① 법 제10조의3제3항에 따라 분쟁의 조정을 신청하려는 자는 조정위원회가 정하는 조정신청서를 조정위원회에 제출하여야 한다.

② 위원장은 제1항에 따른 조정신청서에 보완이 필요하다고 인정하는 경우 상당한 기간을 정하여 보완을 요구할 수 있다.

③ 조정위원회는 제1항에 따라 제출된 조정신청서 및 관련 자료의 사본을 분쟁의 조정을 신청한 자(이하 "신청인"이라 한다)의 상대방(이하 "피신청인"이라 한다)에게 송부하여야 한다.

④ 피신청인은 제3항에 따른 조정신청서의 사본을 받은 날부터 5일 이내에 조정위원회에 답변서를 제출하여야 한다.

[본조신설 2017.1.17.]

제20조의8(조정서의 작성) 조정위원회는 법 제10조의3제5항에 따라 조정이 성립된 경우 조정서를 작성하고, 위원장·신청인 및 피신청인은 그 조정서에 기명·날인하여야 한다.

[본조신설 2017.1.17.]

제20조의9(조정비용) 조정위원회는 조정 과정에서 통역 및 번역 등에 드는 비용 등 조정위원회가 정하는 비용이 발생하는 때에는 법 제10조의3제6항에 따라 신청인에게 그 비용을 부담하게 할 수 있다.

[본조신설 2017.1.17.]

제20조의10(조정위원회의 운영세칙) 이 영에서 규정한 사항 외에 조정위원회의 운영 및 조정절차에 필요한 사항은 조정위원회의 의결을 거쳐 위원장이 정한다.

[본조신설 2017.1.17.]

제21조(전문인력의 양성 및 재교육) ① 법 제11조에 따른 한국디자인진흥원(이하 "진흥원"이라 한다)은 산업디자인전문인력의 양성 및 재교육을 실시하기 위한 교육·연수과정을 둘 수 있다. <개정 2015.6.22.>

② 진흥원은 제1항의 규정에 의한 교육·연수과정의 대상자의 자격 및 선발방법 등에 관하여 필요

한 사항을 정하여 산업통상자원부장관에게 제출하여야 한다. 이를 변경한 때에도 또한 같다. <개정 1999.4.9., 2008.2.29., 2013.3.23.>

제22조(산학협동의 촉진) ① 진흥원의 장(이하 "진흥원장"이라 한다)은 「고등교육법」 제2조제1호부터 제6호까지 규정에 따른 대학(이하 "대학"이라 한다)의 장과 협약을 체결하여 해당 대학에서 산업디자인에 관련된 학위과정을 이수하고 있는 자를 진흥원이 수행하는 개발지원사업등에 참여하도록 할 수 있다. <개정 1999.4.9., 2015.6.22.>

② 대학의 장은 「직업교육훈련 촉진법」 제7조에 따른 현장실습을 진흥원장에게 요청할 수 있다. <개정 2015.6.22.>

③ 진흥원장은 제2항에 따른 요청을 받은 경우에는 사업수행에 지장이 없는 범위에서 연구시설·장비 및 정보자료의 제공등의 방법으로 현장실습에 협조하여야 한다. <개정 2015.6.22.>

제23조(공동연구 등의 촉진) 진흥원장은 공동연구·연구인력의 교류 및 정보의 교환을 촉진하기 위하여 필요하다고 인정하는 경우에는 법 제4조제2항제1호 및 제3호부터 제6호까지의 규정에 따른 기관 또는 단체와 협약을 체결하여 교수등 연구인력을 상호파견할 수 있다. <개정 2015.6.22.>

[제목개정 2015.6.22.]

제24조(진흥원의 사업) 법 제11조제4항제9호에서 "그 밖에 대통령령으로 정하는 사업"이란 다음 각호의 사업을 말한다. <개정 1999.4.9., 2001.5.24., 2008.2.29., 2013.3.23., 2015.6.22>

1. 산업디자인에 관한 조사·연구사업

2. 산업디자인에 관한 기술·기능의 보급

3. 산업디자인이 적용된 생활용품 등의 제작·유통 활성화, 창업·경영지원, 마케팅·해외진출 지원 등 생활산업 육성에 관한 사업

4. 산업통상자원부장관이 필요하다고 인정하는 시범사업

[제목개정 2015.6.22.]

제25조(진흥원의 수익사업) 법 제11조제5항의 규정에 의하여 진흥원이 수익사업을 하고자 할 때에는 수익사업계획서를 산업통상자원부장관에게 제출하여야 한다. 이를 변경한 때에도 또한 같다. <개정 1999.4.9., 2001.5.24., 2008.2.29., 2013.3.23.>

제26조 삭제 <2001.5.24.>

제27조 삭제 <1999.4.9.>

제28조 삭제 <2001.5.24.>

제29조 삭제 <2001.5.24.>

제30조 삭제 <2001.5.24.>

제31조 삭제 <2001.5.24.>

제32조 삭제 <2001.5.24.>

제33조(업무의 위탁) ① 법 제9조제3항의 규정에 의하여 산업통상자원부장관은 산업디자인전문회사의 신고수리에 관한 업무를 진흥원에 위탁한다. <개정 1999.4.9., 2008.2.29., 2013.3.23.>

② 산업통상자원부장관은 법 제9조의2제5항에 따라 다음 각 호의 기관을 전문기관으로 지정하여 법 제9조의2제2항에 따른 산업디자인 개발의 수행여건, 노임단가 등 대가기준 산정에 관한 조사 및 분석 업무를 위탁한다. 이 경우 산업통상자원부장관은 수탁자 및 수탁업무 등을 고시하여야 한다. <신설 2015.6.22.>

1. 진흥원

2. 산업디자인전문회사의 진흥을 목적으로 「민법」 제32조에 따라 설립된 비영리법인

[제목개정 2015.6.22.]

부칙<제15349호, 1997.4.15.>

이 영은 공포한 날부터 시행한다.

부칙<제15598호, 1997.12.31.>(행정절차법의시행에따른관세법시행령등의개정령)

이 영은 1998년 1월 1일부터 시행한다.

부칙<제16131호, 1999.2.26.>(산업기술기반조성에관한법률시행령)

제1조 (시행일) 이 영은 공포한 날부터 시행한다.

제2조 (다른 법령의 개정) ① 내지 ④ 생략

⑤ 산업디자인진흥법시행령중 다음과 같이 개정한다.

제4조제3호를 다음과 같이 한다.

3. 산업기술기반조성에관한법률 제18조의 규정에 의한 전문생산기술연구소

⑥ 내지 ⑩ 생략

부칙<제16238호, 1999.4.9.>

이 영은 공포한 날부터 시행한다.

부칙<제17227호, 2001.5.24.>

제1조 (시행일) 이 영은 공포한 날부터 시행한다.

제2조 (다른 법령의 개정) ① 무역거래기반조성에관한법률시행령중 다음과 같이 개정한다.

제5조제2호중 "한국산업디자인진흥원"을 "한국디자인진흥원"으로 한다.

② 산업기술단지지원에관한특례법시행령중 다음과 같이 개정한다.

제15조제4호중 "한국산업디자인진흥원"을 "한국디자인진흥원"으로 한다.

③ 산업발전법시행령중 다음과 같이 개정한다.

제7조제6호중 "한국산업디자인진흥원"을 "한국디자인진흥원"으로 한다.

④ 중소기업진흥및제품구매촉진에관한법률시행령중 다음과 같이 개정한다.

제18조제2항제4호 및 제28조제4호중 "한국산업디자인진흥원"을 각각 "한국디자인진흥원"으로 한다.

⑤ 중소기업수출지원센터의설치및운영에관한규정 제2조제15호중 "한국산업디자인진흥원"을 "한국디자인진흥원"으로 한다.

⑥ 공직자윤리법시행령중 다음과 같이 개정한다.

별표 1 제4호의 기관·단체란의 제69호를 다음과 같이 한다.

69. 한국디자인진흥원

⑦ 조세특례제한법시행령중 다음과 같이 개정한다.

별표 6 제1호란의 나목①㉙중 "한국산업디자인진흥원"을 "한국디자인진흥원"으로 한다.

부칙<제18039호, 2003.6.30.>(산업집적활성화및공장설립에관한법률시행령)

제1조 (시행일) 이 영은 2003년 7월 1일부터 시행한다.

제2조 내지 제4조 생략

제5조 (다른 법령의 개정) ① 내지 ⑬ 생략

⑭ 산업디자인진흥법시행령중 다음과 같이 개정한다.

제4조제8호중 "공업배치및공장설립에관한법률"을 "산업집적활성화및공장설립에관한법률"로 한다.

⑮ 내지 ㊸ 생략

제6조 생략

부칙<제19719호, 2006.10.27.>(산업기술혁신 촉진법 시행령)

제1조 (시행일) 이 영은 2006년 10월 29일부터 시행한다.

제2조 내지 제4조 생략

제5조 (다른 법령의 개정) ① 내지 ⑤ 생략

⑥산업디자인진흥법시행령 일부를 다음과 같이 개정한다.

제4조제3호를 다음과 같이 한다.

3. 「산업기술혁신 촉진법」 제42조에 따른 전문생산기술연구소

⑦ 내지 ⑲ 생략

제6조 생략

부칙<제20137호, 2007.6.29.>(기술의 이전 및 사업화 촉진에 관한 법률 시행령)

제1조 (시행일) 이 영은 공포한 날부터 시행한다.

제2조 및 제3조 생략

제4조 (다른 법령의 개정) ① 부터 ⑦ 까지 생략

⑧ 산업디자인진흥법시행령 일부를 다음과 같이 개정한다.

제4조제9호 중 "「기술이전촉진법」 제6조"를 "「기술의 이전 및 사업화 촉진에 관한 법률」 제9조"
로 한다.

⑨ 부터 ⑫ 까지 생략

제5조 생략

부칙<제20678호, 2008.2.29.>(지식경제부와 그 소속기관 직제)

제1조(시행일) 이 영은 공포한 날부터 시행한다. <단서 생략>

제2조부터 제6조까지 생략

제7조(다른 법령의 개정) ① 부터 ㉚ 까지 생략

㉛ 산업디자인진흥법시행령 일부를 다음과 같이 개정한다.

제3조제1항 전단·제2항, 제4조제11호, 제5조제1항·제2항, 제6조제1항·제3항, 제7조, 제8조제1항·
제2항제5호·제3항, 제8조의2제2항·제5항, 제8조의3제1항·제2항, 제9조, 제10조제1항·제2항제4
호, 제12조제2항, 제13조제1항·제3항, 제14조, 제16조제4호다목, 제18조, 제20조제5호, 제20조의2,
제20조의3, 제21조제2항, 제24조제3호, 제25조 및 제33조제1항 중 "산업자원부장관"을 각각 "지
식경제부장관"으로 한다.

제8조의2제1항 및 제12조제1항 중 "산업자원부"를 각각 "지식경제부"로 한다.

제12조제5항 중 "산업자원부령"을 "지식경제부령"으로 한다.

㉜ 부터 <86> 까지 생략

부칙<제21087호, 2008.10.20.>(행정기관 소속 위원회의 정비를 위한 평생교육법 시행령 등 일부개정령)

제1조 (시행일) 이 영은 공포한 날부터 시행한다. <단서 생략>

제2조부터 제4조까지 생략

부칙<제21461호, 2009.4.30.>(산업기술혁신 촉진법 시행령)

제1조(시행일) 이 영은 2009년 5월 1일부터 시행한다.

제2조(다른 법령의 개정) ① 부터 ⑨ 까지 생략

⑩ 산업디자인진흥법시행령 일부를 다음과 같이 개정한다.

제4조제9호를 다음과 같이 한다.

9. 「산업기술혁신 촉진법」 제38조에 따른 한국산업기술진흥원

⑪ 부터 ㉑ 까지 생략

부칙<제21692호, 2009.8.18.>(정보통신산업 진흥법 시행령)

제1조(시행일) 이 영은 2009년 8월 23일부터 시행한다.

제2조부터 제4조까지 생략

제5조(다른 법령의 개정) ① 부터 ⑨ 까지 생략

⑩ 산업디자인진흥법시행령 일부를 다음과 같이 개정한다.

제4조제7호를 다음과 같이 한다.

7. 「정보통신산업 진흥법」 제26조에 따른 정보통신산업진흥원

⑪ 부터 ㉘ 까지 생략

제6조 생략

부칙<제21835호, 2009.11.20.>(중소기업진흥에 관한 법률 시행령)

제1조(시행일) 이 영은 2009년 11월 22일부터 시행한다.

제2조(다른 법령의 개정) ① 부터 ㉔ 까지 생략

㉕ 산업디자인진흥법 시행령 일부를 다음과 같이 개정한다.

제4조제6호 중 "중소기업진흥및제품구매촉진에관한법률 제47조의 규정에 의한"을 "「중소기업진흥에 관한 법률」 제68조에 따른"으로 한다.

㉖ 부터 <64> 까지 생략

제3조 생략

부칙<제22626호, 2011.1.17.>(엔지니어링산업 진흥법 시행령)

제1조(시행일) 이 영은 공포한 날부터 시행한다.

제2조부터 제4조까지 생략

제5조(다른 법령의 개정) ① 부터 ⑮ 까지 생략

⑯ 산업디자인진흥법 시행령 일부를 다음과 같이 개정한다.

제4조제10호 중 "엔지니어링기술진흥법에 의한 엔지니어링활동주체"를 "「엔지니어링산업 진흥법」 제21조에 따라 신고한 엔지니어링사업자"로 한다.

⑰ 부터 ㉙ 까지 생략

제6조 생략

부칙<제24442호, 2013.3.23.>(산업통상자원부와 그 소속기관 직제)

제1조(시행일) 이 영은 공포한 날부터 시행한다. <단서 생략>

제2조부터 제11조까지 생략

제12조(다른 법령의 개정) ① 부터 ㉜ 까지 생략

㉝ 산업디자인진흥법시행령 일부를 다음과 같이 개정한다.

제3조제1항 전단, 같은 조 제2항, 제4조제11호, 제5조제1항·제2항, 제6조제1항·제3항 , 제7조, 제8조제1항, 같은 조 제2항제5호, 같은 조 제3항, 제8조의3제1항·제2항, 제9조, 제10조제1항, 같은 조 제2항제4호, 제13조제1항·제3항, 제14조 전단, 제16조제4호다목, 제18조, 제20조제5호, 제20조의2, 제20조의3, 제21조제2항 전단, 제24조제3호, 제25조 전단 및 제33조제1항 중 "지식경제부장관"을 각각 "산업통상자원부장관"으로 한다.

㉞ 부터 <92>까지 생략

부칙<제26329호, 2015.6.22.>

이 영은 2015년 7월 1일부터 시행한다.

부칙<제27791호, 2017.1.17.>

이 영은 공포한 날부터 시행한다.

산업디자인진흥법 시행규칙

[시행 2017.3.31.] [산업통상자원부령 제251호, 2017.3.31., 일부개정]

산업통상자원부(디자인생활산업과) 044-203-4371

제1조(목적) 이 규칙은 「산업디자인진흥법」 및 같은 법 시행령에서 위임된 사항과 그 시행에 관하여 필요한 사항을 정함을 목적으로 한다. <개정 2005.12.16., 2015.7.1.>

제2조 삭제 <2015.7.1.>

제3조 삭제 <2015.7.1.>

제4조 삭제 <2015.7.1.>

제5조(선정계획의 공고) 산업통상자원부장관은 「산업디자인진흥법 시행령」(이하 "영"이라 한다) 제14조에 따라 우수산업디자인상품선정계획을 공고하려는 경우에는 우수산업디자인상품선정 신청일 2개월 전까지 이를 공고하여야 한다.

[전문개정 2015.7.1.]

제6조 삭제 <1999.4.16.>

제7조(우수산업디자인상품선정증) 법 제11조에 따른 한국디자인진흥원(이하 "진흥원"이라 한다)이 법 제6조제1항에 따른 우수산업디자인상품의 선정을 한 경우에는 별지 제2호서식의 우수산업디자인상품선정증을 교부하여야 한다. <개정 2015.7.1.>

[본조신설 2004.11.17.]

제8조(우수산업디자인표지) 「산업디자인진흥법」(이하 "법"이라 한다) 제6조제4항에 따른 우수산업디자인표지는 별표와 같다. <개정 1999.4.16., 2005.12.16., 2015.7.1.>

제9조(산업디자인전문회사의 신고 등) ① 법 제9조제1항에서 "산업통상자원부령이 정하는 기준"이라 함은 다음 각 호의 기준을 말한다. <개정 2005.12.16., 2008.3.3., 2013.3.23., 2013.12.5., 2015.7.1.>

1. 해당 회사가 다음 각 목의 전문분야별로 산업통상자원부장관이 정하는 전문인력을 3인 이상 보유하고 있을 것. 다만, 사목의 경우에는 9인 이상으로 한다.

가. 시각디자인 분야

나. 포장디자인 분야

다. 제품디자인 분야

라. 환경디자인 분야

마. 멀티미디어디자인 분야

바. 서비스디자인 분야

사. 종합디자인분야(가목부터 바목까지의 분야 중에서 3개 이상의 분야에 해당하는 경우를 말한다)

2. 직전 사업연도 매출액 또는 직전 3개 사업연도의 평균매출액이 1억원 이상일 것. 다만, 제1호마목의 종합디자인분야를 전문으로 하는 회사의 경우에는 직전 사업연도 매출액 또는 직전 3개 사업연도의 평균매출액을 3억원 이상으로 한다.

② 법 제9조제2항에 따라 신고하려는 산업디자인전문회사는 별지 제3호서식의 신고서에 다음 각 호의 서류를 첨부하여 진흥원에 제출하여야 한다. <개정 1999.4.16., 2004.11.17., 2015.7.1.>

1. 정관(법인인 경우로 한정한다)

2. 제1항 각 호의 기준을 갖추고 있음을 증명하는 서류

3. 삭제 <1999.4.16.>

③ 진흥원은 제2항에 따른 신고를 받은 때에는 별지 제4호서식의 신고확인증을 발급하여야 한다. <개정 2012.10.5.>

④ 제3항에 따라 신고확인증을 발급받은 자는 신고한 사항의 변경이 있는 경우에는 그 변경사유가 발생한 날부터 30일이내에 별지 제5호서식의 신고서에 변경된 사항을 증명하는 서류를 첨부하여 진흥원에 제출하여야 한다. <개정 2012.10.5.>

⑤ 진흥원은 제4항에 따른 신고를 받은 때에는 변경된 내용을 반영하여 별지 제4호서식의 신고확인증을 발급하여야 한다. <개정 2012.10.5.>

⑥ 삭제 <2015.7.1.>

[제목개정 2004.11.17.]

제10조(지역디자인센터의 운영 사업) 지역디자인센터는 다음 각 호의 사업을 운영한다.

1. 지역 특화산업의 디자인 경쟁력 강화를 위한 사업

2. 지역의 공공서비스 디자인 향상을 위한 사업

3. 지역의 디자인전문인력 양성을 위한 사업

4. 지역 중소기업의 디자인 개발 지원을 위한 사업

5. 지역 산업디자인전문회사의 역량 강화를 위한 사업

6. 지역의 디자인 전시 및 홍보를 위한 사업

7. 디자인을 위하여 필요한 장비 및 시설 지원을 위한 사업

8. 지역의 디자인 관련 정보 수집 및 보급을 위한 사업

[본조신설 2017.3.31.]

부칙<제55호, 1997.5.1.>

① (시행일) 이 규칙은 공포한 날부터 시행한다.

② (산업디자인전문회사의 신고에 관한 경과조치) 이 규칙 시행당시 종전의 규정에 의하여 신고를 한 산업디자인전문회사는 이 규칙에 의하여 신고를 한 산업디자인전문회사로 본다.

부칙<제43호, 1999.4.16.>

이규칙은 공포한 날부터 시행한다.

부칙<제248호, 2004.11.17.>

이 규칙은 공포한 날부터 시행한다.

부칙<제314호, 2005.12.16.>

① (시행일) 이 규칙은 2007년 1월 1일부터 시행한다.

② (산업디자인전문회사의 신고에 관한 경과조치) 이 규칙 시행 전에 법 제9조제2항의 규정에 의한 신고를 한 산업디자인전문회사가 이 규칙 시행 후 법 제9조제1항의 규정에 의한 지원을 받고자 하는 경우에는 2007년 2월 28일까지 제9조제1항 각 호의 기준을 갖추고 있음을 증명하는 서류(이 규칙 공포 후 최초로 도래하는 사업연도의 말일이 2007년 1월 1일 이후인 산업디자인전문회사의 경우에는 2006년도 매출액에 관한 서류로 직전 사업연도의 매출액에 관한 서류를 갈음할 수 있다)를 진흥원에 제출하여야 한다.

부칙<제1호, 2008.3.3.>(지식경제부와 그 소속기관 직제 시행규칙)

제1조(시행일) 이 규칙은 공포한 날부터 시행한다.

제2조부터 제4조까지 생략

제5조(다른 법령의 개정) ① 부터 ⑱ 까지 생략

⑲ 산업디자인진흥법 시행규칙 일부를 다음과 같이 개정한다.

제4조제1항, 제5조, 제9조제1항제1호 중 "산업자원부장관"을 각각 "지식경제부장관"으로 한다.

제9조제1항 중 "산업자원부령"을 "지식경제부령"으로 한다.

별표 제3호가목 및 나목 중 "산업자원부"를 각각 "지식경제부"로 한다.

⑳ 부터 <64> 까지 생략

부칙<제271호, 2012.10.5.>(법령서식 개선을 위한 계량에 관한 법률 시행규칙 등 일부개정령)

제1조(시행일) 이 규칙은 공포일부터 시행한다.

제2조(서식 개정에 관한 경과조치) 이 규칙 시행 당시 종전의 규정에 따른 서식은 계속하여 사용하되, 이 규칙에 따라 개정된 부분은 수정하여 사용한다.

부칙<제1호, 2013.3.23.>(산업통상자원부와 그 소속기관 직제 시행규칙)

제1조(시행일) 이 규칙은 공포한 날부터 시행한다. <단서 생략>

제2조부터 제6조까지 생략

제7조(다른 법령의 개정) ① 부터 ⑳ 까지 생략

㉑ 산업디자인진흥법 시행규칙 일부를 다음과 같이 개정한다.

제4조제1항, 제5조 및 제9조제1항제1호 각 목 외의 부분 본문 중 "지식경제부장관"을 각각 "산업통상자원부장관"으로 한다.

제9조제1항 각 호 외의 부분 중 "지식경제부령"을 "산업통상자원부령"으로 한다.

별표 제3호가목 중 "지식경제부"를 각각 "산업통상자원부"로 하고, 같은 호 나목 중 "산업자원부"를 "산업통상자원부"로 한다.

㉒ 부터 <63>까지 생략

부칙<제34호, 2013.12.5.>

이 규칙은 공포한 날부터 시행한다.

부칙<제135호, 2015.7.1.>

이 규칙은 2015년 7월 1일부터 시행한다.

부칙<제251호, 2017.3.31.>

이 규칙은 공포한 날부터 시행한다.

별표 / 서식

[별표] 우수산업디자인표지·작도법·표시방법(제8조관련)

[별지 제1호서식] 삭제(99.4.16)

[별지 제2호서식] 우수산업디자인상품선정증

[별지 제3호서식] 산업디자인전문회사 신고서

[별지 제4호서식] 산업디자인전문회사 신고확인증

[별지 제5호서식] 산업디자인전문회사 변경신고서

박물관 윤리강령(국제박물관협의회_ICOM Korea)

국제박물관협의회(ICOM) 전문직 윤리강령은 1986년 11월 4일 아르헨티나 부에노스아이레스에서 개최된 제15차 총회에서 만장일치로 채택되었다. 2001년 7월 6일 스페인 바르셀로나에서 개최된 제20차 총회에서 국제박물관협의회(ICOM) 박물관 윤리강령으로 개명되어 수정되었으며 2004년 10월 8일 대한민국 서울에서 개최된 제21차 총회에서 개정되었다.

1. 박물관은 인류의 자연과 문화유산을 보전, 해석하고 장려한다.

원칙 : 박물관은 유형·무형의 자연과 문화유산에 대한 책임을 져야 한다. 박물관의 전략적 지도감독에 관여하는 관리주체는 박물관의 역할수행을 위한 인적, 물적, 재정적 자원뿐만 아니라 위와 같은 유산을 보호하고 장려해야 할 일차적 책임을 지닌다.

기관으로서의 적격성

1.1 합법적 설립의 문서화

관리주체는 박물관의 법적 지위, 사명, 영속성 및 비영리적 성격을 명확하게 명시하여 공표한 성문화된 정관, 규칙 또는 국내법에 따라 작성된 공문서를 박물관이 가지고 있음을 확인해야 한다.

1.2 사명, 목적, 정책에 대한 성명서

관리주체는 박물관의 사명, 목적, 정책 및 관리주체의 역할과 구성에 대한 성명서를 작성, 공표하고 이에 따라 업무를 수행해야 한다.

물적 자원

1.3 건물

관리주체는 박물관의 사명에 명시된 기본적 역할을 충실히 수행하는 데 적합한 환경이 구비된 알맞은 건물을 갖추고 있어야 한다.

1.4 접근성

관리주체는 박물관과 소장품을 적당한 시간과 정기적인 기간에 모든 사람들이 이용 가능하도록 해야 한다. 특별한 요구사항이 있는 사람에게는 개별적인 배려가 있어야 한다.

1.5 후생 및 안전

관리주체는 후생, 안전, 그리고 접근 가능성에 대한 기관의 기준이 박물관 직원 및 방문객에게 공히 적용되도록 해야 한다.

1.6 재난대비보호

관리주체는 자연재해 및 인재에 대비하여 일반인과 박물관 직원, 소장품, 그밖의 자원을 보호하기 위한 정책을 개발하고 유지해야 한다.

1.7 보안요건

관리주체는 진열, 전시, 작업실 및 수장고 보관, 그리고 이동중에 발생할 수 있는 도난이나 훼손에 대비하여 소장품을 보호할 수 있는 적절한 보안책을 마련해야 한다.

1.8 보험 및 손해보상

소장품을 위해 상업적 보험을 이용하는 경우, 관리주체는 그러한 보험이 적절한지 여부, 이송 또는 대여 중인 소장품과 박물관의 책임 하에 있는 기타 물건까지 포함하고 있는지를 확인해야 한다. 손해보상을 받는 경우, 박물관 소유가 아닌 모든 박물관자료까지도 적절히 보상받을 수 있도록 해야 한다.

재정적 자원

1.9 자금운용

관리주체는 박물관 활동을 수행하고 개발하기 위한 자금이 충분한지를 확인해야 한다. 모든 자금에 대해서는 전문적인 회계처리가 수반되어야 한다.

1.10 수입산출에 대한 정책

관리주체는 본래의 운영활동이나 외부로부터 기인하여 산출된 수입에 대해 명문화된 정책을 갖고 있어야 한다. 자금의 출처와 관계없이 박물관은 수행하고 있는 프로그램, 전시 활동 등의 내용과 총체성에 대한 관리를 유지해야 한다. 수입 산출 활동이 기관이나 공공성에 대한 규범에 위반하여 이루어져서는 안 된다.(6.6 참조)

직원

1.11 고용정책

관리주체는 인사에 관한 모든 활동이 적절하고 합법적인 절차뿐만 아니라. 박물관의 정책에 따라 이루어지고 있음을 확인해야 한다.

1.12 관장 임명

박물관의 관장은 매우 중요한 직책이다. 따라서 관리주체가 관장을 임명할 때에는 해당 역할을 효율적으로 이행하는 데 필요한 지식과 능력을 고려해야 한다. 이와 같은 자질에는 높은 수준의 윤리적 품행이 겸비된 지적 능력과 전문지식이 포함되어야 한다.

1.13 관리주체와의 소통

박물관의 관장은 해당 관리주체와 소통할 수 있는 직접적인 경로를 가지며 직접적인 보고 의무를 지닌다.

1.14 박물관 직원의 자질

모든 책무를 완수하는 데 필요한 전문적 지식을 갖춘 자질 있는 인력을 고용해야 한다.(2.19; 2.24; 8장 참조)

1.15 직원의 훈련

효율적인 업무능력을 유지하기 위하여 모든 박물관 직원의 평생교육과 업무능력 계발을 위한 적절한 기회를 마련해야 한다.

1.16 윤리적 상충

관리주체는 박물관 직원에게 본 윤리강령의 조항, 국내법 또는 기타 전문분야의 윤리강령과 상충될 수 있는 방법으로 업무지시를 내려서는 안 된다.

1.17 박물관 직원과 자원봉사자

관리주체는 자원봉사자와 박물관직 종사자간의 긍정적인 관계를 활성화하는 성문화된 자원봉사 정책을 마련하고 있어야 한다.

1.18 자원봉사자와 윤리

관리주체는 자원봉사자가 박물관 활동 및 개인활동을 할 때 ICOM 박물관 윤리강령과 기타 적용 가능한 강령 및 법령을 충분히 숙지하고 있도록 해야 한다.

2. 소장품을 관리하는 박물관은 사회의 공익과 발전을 위해 이를 보관한다.

원칙 : 박물관은 자연, 문화, 과학 유산 보호에 기여하기 위하여 소장품을 수집, 보존, 장려할 의무가 있다. 소장품은 중요한 공공 유산임과 동시에 법적으로 특별한 지위를 가지며 국제적 법령에 의해 보호받는다. 정당한 소유권, 영속성, 문서 및 정보 관리, 접근성 그리고 책임 있는 처분 등을 포함하는 책무는 이와 같은 공적인 의무에 내재되어 있다.

소장품 취득

2.1 소장품 정책

박물관의 관리주체는 소장품의 취득, 관리, 이용 등을 명시하는 문서화된 소장품 정책을 채택하여 공표해야 한다. 본 정책은 소장품 목록에 수록되지 않거나, 보존 처리 또는 전시되지 않는 박물관 자료의 기준을 명확히 해야 한다.(2.7; 2.8 참조)

2.2 합법적 소유권

박물관이 합법적 소유권을 가진다는 요건이 충족되지 않는 경우, 어떠한 박물관자료도 구입, 기증, 대여, 유증 또는 교류를 통해 수집될 수 없다. 일정한 국가 내에서 법률상 소유자임을 증명하는 자료가 반드시 합법적인 소유권을 의미하는 것은 아니다.

2.3 출처와 주의 의무

박물관자료를 취득하는 경우에는 구입, 기증, 대여, 유증, 교류 등을 목적으로 제공된 해당 자료들이 불법적인 소유에 기인한 것이 아니며, 또는 (박물관소재국을 포함하여) 합법적으로 소유되었던 출처지 국가나 제2의 국가에서 불법적으로 유출되지 않았음을 사전에 확인하기 위한 모든 노력이 기울여져야 한다. 이와 같은 주의의 의무를 통하여 박물관자료의 발굴이나 제작 시점 이후의 모든 내력을 입증해야 한다.

2.4 인가받지 않았거나 비학리적인 현지 조사에서 기인한 박물관자료

박물관은 인가받지 않았거나 비학리적인 현지 조사, 기념물, 고고학 또는 지질학적 유적지, 생물종 또는 자연 서식지에 대한 의도적인 파괴 혹은 훼손이 수반되어 얻어졌다고 믿을 만한 합리적인 이유가 있는 박물관자료를 취득하지 않아야 한다. 이와 마찬가지로, 해당 토지의 소유자 또는 점유자, 적법한 관계당국이나 정부기관에 박물관자료의 발견에 대한 보고가 이행되지 않았다면 그것을 취득할 수 없다.

2.5 문화적으로 민감한 박물관자료

사람의 인골이나 신성한 의미를 지닌 박물관자료는 안전하게 보관되고 삼가 신중하게 관리할 수 있는 경우에만 취득될 수 있다. 이는 전문적인 규범과 함께, 박물관자료가 유래되었다고 알려진 지역 사회, 민족 또는 종교 단체 구성원들의 이해관계와 믿음에 부합하여 이루어져야 한다.(3.7; 4.3 참조)

2.6 보호 대상 생물학적 지질학적 박물관자료

박물관은 야생 동식물 보호나 자연사 보존에 관한 지방, 국가, 지역, 국제적 법령이나 협정을 위반하여 수집, 매매, 또는 양도된 생물학적 지질학적 박물관 자료를 취득해서는 안 된다.

2.7 살아있는 소장품

소장품이 살아 있는 동식물 표본을 포함하는 경우, 야생 동식물 보호나 자연사 보존에 관한 지방, 국가, 지역, 국제적 법령이나 협정뿐만 아니라 표본들이 연유한 자연적 사회적 환경에 대한 특별한 고려가 있어야 한다.

2.8 활용을 위한 소장품

박물관자료가 유형물로서의 기능보다 문화, 과학 또는 기술적 과정의 보전에 중점이 주어지거나, 통상적인 이용 혹은 교육 목적으로 구성된 경우 박물관의 소장품 정책에는 활용을 위한 소장품 유형에 대한 특별한 고려 사항이 포함될 수 있다.

2.9 소장품 정책 범주 이외의 취득

박물관의 문서화된 소장품 정책 이외의 범주에 속하는 박물관자료의 취득은 예외적인 상황 하에서만 허용된다. 관리주체는 이에 대한 전문적인 견해와 모든 이해 당사자들의 의견을 참작해야 한다. 여기에는 문화 및 자연 유산의 맥락을 포함한 박물관자료의 중요성, 다른 박물관이 이러한 박물관자료를 취득하는 것에 대한 특정한 이해관계 등이 고려되어야 한다. 그러나 이러한 조건 하에서도 합법적 소유권을 갖지 않은 박물관자료는 취득되어서는 안 된다.(3.4 참조)

2.10 관리주체 임원 또는 박물관 직원의 제공에 의한 취득

관리주체의 임원, 박물관 직원 혹은 그들의 가족 친지나 동료들이 제공하고자 하는 박물관자료에 대해서는 그것이 판매, 기증 또는 세금수혜와 관련한 기증인지 등에 관계없이, 특별한 주의가 필요하다.

2.11 최후의 보관소

본 윤리강령의 어떠한 조항도 박물관이, 법적 책임 관할지역 내에서 출처가 불분명하거나 부정하게 수집 혹은 발견된 박물관자료에 대한, 인가된 보관소의 역할을 하는 것을 제한할 수 없다.

소장품 처분

2.12 처분에 대한 법적 혹은 기타 권한

박물관이 처분을 허가하는 법적 권한을 가졌거나 혹은 처분 조건에 해당할 수도 있는 박물관자료를 취득하였다면, 이와 관련한 법적 또는 기타 준수 사항과 절차가 완전하게 이행되어야 한다. 박물관자료의 취득이 의무 사항이었거나 다른 규제 사항이 있는 경우, 그러한 규제 사항을 준수하는

것이 불가능하다거나 이러한 준수 행위가 기관에 불리하다는 것이 명백하지 않는 한 그러한 조건들은 지켜져야 한다. 적절한 경우, 법적 절차를 통해 조건 변경을 요청할 수 있다.

2.13 박물관 소장품에서의 처분

박물관 소장품에서 박물관자료를 처분할 때에는 박물관자료의 중요도, 특성(새롭게 구할 수 있는 것인지 아닌지), 법적 지위 그리고 처분 행위로 인해 잃을 수도 있는 공적 신인도 등에 대한 충분한 이해가 반드시 있어야만 처분이 가능하다.

2.14 처분에 대한 책임

관장 및 해당 소장품의 담당 학예직원이 실무를 담당하는 박물관에서의 처분에 관한 결정은 관리 주체의 책임 하에 이루어져야 한다. 활용을 위한 소장품에 대해서는 특별한 절차가 적용될 수 있다.(2.7, 2.8 참조)

2.15 소장품에서 처분된 박물관자료의 처리

각 박물관은 기증, 양도, 교환, 매각, 반환 혹은 훼손 등으로 인해 박물관자료를 영구적으로 처분하기 위한 인가된 방법이 정의된 정책을 마련해야 하며, 수령기관에는 제한없는 소유권을 양도하도록 해야 한다. 박물관은 모든 처분 결정, 관련 박물관자료, 박물관자료의 처분에 대한 일체의 정보를 갖고 있어야 한다. 필수적인 전제로서, 처분된 박물관자료가 우선적으로 다른 박물관에 제공되어야 한다.

2.16 소장품 처분에 따른 수입

박물관 소장품은 공적 위탁 상태에 있으므로 현금 변환이 가능한 자산으로 다루어서는 안 된다. 박물관 소장품에서 처분되는 박물관자료로부터 발생한 현금이나 보상은 전적으로 소장품을 위해 사용되어야 하고 대개 동일한 종류의 소장품 취득에 사용되어야 한다.

2.17 처분된 소장품의 구입

박물관 직원, 관리주체 혹은 그들의 가족 친지나 동료들은 그들이 책임지고 있던 소장품에서 처분한 박물관자료를 구매할 수 없다.

소장품 관리

2.18 소장품의 영속성

박물관은 소장품(영구 및 임시 모두)과 적절히 기록된 관련 정보가 현재 활용이 가능한지 그리고 실제적으로 안전한 조건 하에 현재의 지식과 자원을 고려하여 다음 세대에 물려줄 수 있는지를 확인할 수 있는 정책을 수립하여 실행해야 한다.

2.19 소장품에 대한 책임의 위임

소장품 관리에 관한 직업적 책임은 적절한 지식과 기술을 겸비한 직원 혹은 충분히 지도받은 직원에게 맡겨져야 한다.(8.11참조)

2.20 소장품에 관한 문서 및 정보 관리

박물관 소장품은 인정된 업무 기준에 따라 문서화되어 관리되어야 한다. 작성된 자료에는 박물관 자료의 감정, 설명, 관련 자료, 출처, 상태, 취급방법 및 현재의 위치 등이 포함되어야 한다. 이러한 정보는 안전한 환경에서 보관되어야 하며, 박물관 직원이나 적법한 이용자가 사용할 수 있는 정보 검색 시스템에 의해 지원되어야 한다.

2.21 재난 대비 보호

무력 충돌 및 전쟁, 기타 인재 또는 자연 재해가 발생할 경우 소장품을 보호하기 위한 정책 개발에 세심한 주의를 기울여야 한다.

2.22 소장품 및 관련 정보 자료의 보안

박물관은 소장품 정보 자료가 일반인에게 공개될 경우, 민감한 개인 신상 관련 정보나 기밀 사안들이 노출되는 것을 방지하기 위해 관리 감독권을 행사해야 한다.

2.23 예방 보존

예방 보존은 박물관 정책과 소장품 보호에 있어서 중요한 요소이다. 소장품이 수장고 및 전시실 내에 있거나 운송 중인 경우 보호를 위해 안전한 환경을 조성하고 유지하는 것은 박물관직 종사자의 필수적인 임무이다.

2.24 소장품 보존과 수복

박물관은 박물관자료가 언제 보존·수복 처리 및 보존 전문가·수복 전문가의 작업이 필요한지를 정하기 위해 소장품의 상태를 세심하게 관찰해야 한다. 주된 목적은 박물관자료의 안정화이어야 한다. 모든 보존 처리 절차는 상세히 기록되어야 하며, 처리 절차는 가능한 한 역으로 복원될 수 있어야 한다. 그리고 모든 변경 작업 결과는 원래의 박물관자료와 명백하게 구별 가능하여야 한다.

2.25 살아 있는 동물의 후생

살아있는 동물을 관리하는 박물관은 동물의 보건과 후생에 대해 전적으로 책임을 져야 한다. 동물 뿐만 아니라 직원 및 관람객의 보호를 위하여 수의학 전문가에게 승인받은 안전 수칙을 마련하고 이행해야 한다. 유전자 조작 여부도 명백히 확인 가능해야 한다.

2.26 박물관 소장품의 사적 이용

박물관 직원, 관리주체, 그들의 가족 친지나 동료 및 그 외 사람들은 박물관 소장품을 한시적일지라도 사적인 용도로 도용할 수 없다.

3. 박물관은 지식을 확립하고 증진시키기 위한 주요한 증거들을 보유한다.

원칙 : 박물관은 소장품에 있는 주요한 증거들의 관리, 접근성, 그리고 해석과 관련된 모든 면에 특별한 책임이 있다.

주요한 증거

3.1 주요한 증거로서의 소장품

박물관의 소장품 정책은 주요한 증거로서의 소장품에 대한 중요성을 명백하게 나타내야 한다. 그러나 소장품 정책이 현대의 지적 경향이나 현재 박물관에서의 관행에 의해 결정되어서는 안 된다.

3.2 소장품의 유용성

박물관은 소장품과 모든 관련 정보를 보안과 안전상 일어날 수 있는 문제들을 최소화하면서, 가능한 한 자유롭게 이용될 수 있도록 해야 하는 특별한 책임이 있다.

박물관의 수집 활동과 연구

3.3 현지 수집 활동

현지 수집 활동을 하는 박물관은 학문적 기준과 적용 가능한 국내 및 국제법과 협약에 입각해서 정책을 개발해야 한다. 현지 조사는 문화 및 자연 유산을 개발하기 위한 노력뿐만 아니라 지역사회의 의견, 환경자원, 그리고 그들의 문화적 풍습에 대한 존중과 고려가 있어야만 수행될 수 있다.

3.4 주된 증거의 예외적인 수집 활동

예외적으로, 출처가 불분명한 박물관자료일지라도 학문에 기여하는 바가 본래부터 현저하여 그것을 보존하는 것이 공공의 관심사가 되는 경우가 있다. 이러한 박물관자료를 박물관 소장품으로 수용하는 문제는 국내 혹은 국제적인 편견을 배제하고 관련 분야 전문가들이 결정해야할 사안이다.(2.11 참조)

3.5 연구

박물관 직원이 수행하는 연구는 박물관의 사명과 목적에 부합해야 하고, 기존의 법적, 윤리적, 학술적 관례를 따라야 한다.

3.6 파괴 분석

파괴 분석 기법이 시행되는 경우, 분석된 자료에 대한 모든 기록과 분석 결과, 출판물을 비롯한 연구 결과는 해당 박물관자료에 대한 영구적인 기록물에 포함되어야 한다.

3.7 사람의 인골 및 신성한 의미를 지닌 박물관자료

사람의 인골 및 신성한 의미를 지닌 박물관자료에 대한 연구는 그것이 유래되었다고 알려진 공동 사회, 민족, 또는 종교 단체 구성원들의 이해관계와 믿음을 고려하고 전문적인 규범에 부합하는 방식으로 이루어져야 한다.(2.5; 4.3 참조)

3.8 연구 자료에 대한 권리 보유

박물관 직원이 발표나 현지 조사 기록을 위해 자료를 준비하는 경우, 해당 작업의 모든 권리 사항에 대해 연구지원 박물관의 분명한 동의를 얻어야 한다.

3.9 전문성 공유

박물관직 종사자들은 그들의 지식과 경험을 관련분야의 동료, 학자, 학생들과 공유해야 할 의무가 있다. 후자는 가르침을 준 사람들에 대한 경의와 감사를 표시하고, 다른 사람들에게 도움이 될 수 있는 기술상의 진보와 경험을 지속하여 전달해야 한다.

3.10 박물관과 타 기관 간의 협력

박물관 직원은 유사한 관심과 수집활동을 하는 기관과의 협력 및 자문에 대한 필요성을 인지하고 인정하여야 한다. 이는 특히 고등교육기관 및 장기적인 보안책 없이 중요 소장품들을 양산할 수 있는 연구를 하는 공익사업체와 협력할 때에 더욱 그러하다.

4. 박물관은 자연과 문화 유산에 대한 올바른 인식, 이해, 관리를 위한 기회를 제공한다.

원칙 : 박물관은 교육적 역할을 개발하고 박물관이 이바지하는 지역 사회 혹은 공동체로부터 광범위한 이용자의 관심을 이끌어야 할 중요한 의무가 있다. 지역사회와의 상호작용 및 그들의 유산을 진흥하는 것은 박물관의 교육적 역할에서 매우 중요한 부분이다.

진열 및 전시

4.1 진열, 전시 및 특별 활동

진열과 임시 전시(실물 또는 전자 전시) 등은 명문화된 박물관의 사명, 정책, 목적에 부합해야 하며 소장품의 상태 수준이나 적절한 보호, 보존 등에 저촉되지 않아야 한다.

4.2 전시의 해석

박물관은 진열과 전시에서 전달하는 정보가 사실에 입각하여 정확히 표현되어 있는지, 또한 전시 내용과 관련된 공동체나 신앙에 대한 존중이 적절하게 내포되고 있는지를 확인해야 한다.

4.3 민감한 박물관자료의 전시

사람의 인골 및 신성한 의미를 지닌 박물관자료는 그것이 유래되었다고 알려진 공동사회, 민족 또는 종교단체 구성원들의 이해관계와 믿음을 고려하고 전문적인 규범에 부합하여 전시되어야 한다. 이러한 박물관자료는 모든 인류가 가지고 있는 인간의 존엄성에 대한 배려와 함께 훌륭한 미적 감각을 활용하여 전시되어야 한다. 배려와 함께 훌륭한 미적 감각을 활용하여 전시되어야 한다.

4.4 공개 전시의 철수

사람의 유골 및 신성한 의미를 지닌 박물관자료를 해당 공동체에서 철수하도록 요청 받을 때에는 세심한 주의와 민감성을 가지고 신속하게 처리하여야 한다. 그러한 박물관자료의 반환 요청 역시 유사하게 처리하여야 한다. 박물관의 정책은 이러한 요청에 대응하는 절차를 명백하게 규정하고 있어야 한다.

4.5 출처가 불분명한 박물관자료의 전시

박물관은 출처가 의문스럽거나 출처 파악을 위한 정보가 부족한 박물관자료를 전시하거나 활용하지 않아야 한다. 이러한 전시나 활용은 문화재의 부정한 거래를 묵과하거나 원인을 제공하는 행위로 보일 수 있다.

기타 자원

4.6 출판

매체를 불문하고 박물관이 발간하는 모든 정보는 근거가 충분함과 동시에 정확해야 하며, 관련 학문 분야, 사회, 신앙에 대한 책임 있는 고찰을 해야 한다. 박물관의 출판물은 해당 기관의 기준에 저촉되지 않아야 한다.

4.7 복제

박물관은 소장품 내 박물관자료의 재현품, 모사품 혹은 복제품을 제작할 경우 진품의 총체적 완전성을 중요시해야 한다. 모든 복제품들은 복제본으로 영구히 표시되어야 한다.

5. 박물관은 공공 서비스와 공익을 위한 기회를 제공하는 자원을 보유한다.

원칙 : 박물관은 더욱 널리 응용할 수 있는 전문성, 기술, 그리고 물적 자원 등의 폭넓은 다양함을 활용한다. 이러한 활용은 확대된 개념의 박물관 활동으로서 자원의 공유나 서비스의 제공으로 이어질 수 있으며, 이는 명문화된 박물관의 사명에 저촉되지 않게 운영되어야 한다.

감정 업무

5.1 불법적이거나 부정한 방법으로 취득된 박물관자료의 감정

박물관이 감정 업무를 제공하는 경우 그것을 통해 박물관이 직간접적인 이득을 취한다고 여겨지는 행동을 해서는 안 된다. 불법적이거나 부정하게 취득, 양도, 반입 혹은 반출되었다고 믿어지거나 의심되는 박물관자료의 감정과 진위 여부는 적절한 관계 당국에 보고되기 전까지 공개되어서는 안 된다.

5.2 진위 여부와 감정 평가

감정 평가는 박물관 소장품의 보험가입을 목적으로 할 때 이루어질 수 있다. 그 외 박물관 자료의 금전적 가치에 대한 의견은 다른 박물관, 소관 사법기관, 정부 또는 기타 공공기관의 공식 요구가 있을 때에만 제시할 수 있다. 그러나 박물관이 수혜기관이 되는 경우 박물관자료의 감정 평가는 독립적으로 이루어져야 한다.

6. 박물관은 그들이 봉사하는 지역사회뿐만 아니라, 박물관의 소장품이 유래한 지역사회와도 긴밀히 협력하여 활동한다.

원칙 : 박물관 소장품은 해당 소장품이 유래한 지역사회의 문화 및 자연 유산을 반영한다. 이러한 유산들은 자산으로서의 일반적인 특성을 넘어서 국가, 지역, 지방, 민족, 종교 및 정치적 정체성과 밀접한 관계가 있을 수 있다. 그리하여 박물관의 정책은 그러한 상황에 따라 적절히 대처하는 것이 중요하다.

소장품의 출처지

6.1 협력

박물관은 박물관자료가 유래한 국가와 지역사회의 박물관 및 문화기관과의 지식, 정보, 소장품의 교류 등을 활성화하여야 한다. 또한 중요한 유산 등을 소실한 국가 혹은 지역 내 박물관과의 협력

관계를 발전시킬 수 있는 가능성을 검토하여야 한다.

6.2 문화재의 반환

박물관은 박물관자료가 유래한 국가 또는 민족과 문화재 반환에 관한 대화를 개진할 준비가 되어 있어야 한다. 이는 정부나 정치적 차원의 활동에 앞서, 적용 가능한 해당국의 법령 및 국제적 법령 뿐만 아니라 과학적, 전문적, 인도주의적 원칙에 근거하여 공명정대한 방법으로 이행되어야 한다.

6.3 문화재의 원상 회복

박물관자료가 유래한 국가 또는 민족이, 국제 및 국내 법령을 위반하여 반출 또는 양도된 것으로 확실시 되는 박물관자료의 반환을 요청하고 그것이 실제 요청 국가 또는 민족의 문화적 자연적 유산인 경우, 관련 박물관은 법이 허용하는 한 해당 박물관자료의 반환에 협력하기 위한 신속하고 책임 있는 조치를 취해야 한다.

6.4 피점령국에서 유래한 문화재

박물관은 피점령국 영토에서 유래한 문화재의 구입이나 취득을 금지하고 박물관자료의 반입, 반출 및 양도를 규제하는 모든 법과 협약을 전적으로 준수해야 한다.

지역사회에 대한 존중

6.5 현대의 지역사회

박물관 활동이 현대의 지역사회 혹은 그 유산과 관련하고 있는 경우 박물관자료의 취득은 기존 소유자나 정보제공자에게 철저한 신뢰를 제공하고 충분한 설명과 상호간의 동의에 기반을 두며 이루어져야 한다. 해당 지역사회가 희망하는 바를 존중하는 것은 매우 중요하다.

6.6 지역사회 참여 활동을 위한 자금 운용

박물관이 현대의 지역사회 참여 활동을 위한 자금을 마련하고자 할 때에는 지역사회의 이해관계에 저촉되어서는 안 된다.(1.10 참조)

6.7 현대 지역사회에서 유래한 소장품의 이용

현대 지역사회에서 유래한 소장품을 박물관이 이용하려면 인간의 존엄성과 그 박물관자료를 사용하는 전통과 문화를 존중해야 한다. 이와 같은 소장품은 다양한 사회, 다양한 문화, 다양한 언어적 표현을 지지함으로써 인류의 복지, 사회의 발전, 관용 및 존중을 증진시키기 위하여 활용되어야 한다.(4.3 참조)

6.8 지역사회의 지원 단체

박물관은 지역사회의 지원을 얻기 위한 우호적인 환경을 조성하고(예: 박물관친구들, 기타 지원 단체), 그들의 기여에 감사하며, 지역사회와 박물관 직원들 간의 조화로운 관계를 증진해야 한다.

7. 박물관은 합법적으로 운영되어야 한다.

원칙 : 박물관은 국제, 지역, 국가 그리고 지방의 법령과 조약의 의무 사항을 반드시 준수하여야 한다. 또한 관리주체는 박물관과 소장품, 박물관 운영에 관련하여 법적 구속력이 있는 신탁이나 조건에 따라야 한다.

법적 체계

7.1 국내 법령

박물관은 모든 국내법 및 지방 법령을 준수하고 박물관 운영에 영향을 미칠 수 있는 다른 국가의 법령도 중요시 하여야 한다.

7.2 국제 법령

박물관 정책은 ICOM 박물관 윤리강령을 해석하는 기준으로서 다음의 국제법령을 인정하여야 한다.

·무력 충돌 및 전쟁 시 문화재 보호를 위한 협약 (1954년 "헤이그협약" 제1차 의정서, 1999년 제2차 의정서)

·문화재의 불법 반출입 및 소유권 양도의 금지와 예방 수단에 관한 협약(UNESCO, 1970)

·멸종 위기에 처한 야생 동식물의 국제 거래에 관한 협약(워싱턴, 1973)

·생물 다양성에 관한 협약(UN, 1992)

·도난당했거나 불법적으로 반출된 문화재에 관한 협약(UNIDROIT, 1995)

·수중문화재 보호 협약(UNESCO, 2001)

·무형문화유산 보호 협약(UNESCO, 2003)

8. 박물관은 전문적으로 운영되어야 한다.

원칙 : 박물관직 종사자는 공인된 규범과 법령을 준수해야 하고 해당 직업의 품격과 명예를 유지해야 한다. 또한 불법적이거나 비윤리적인 업무 행위로부터 일반 대중을 보호해야 한다. 박물관의 사회적 기여에 대한 일반인의 이해를 돕기 위해 박물관은 박물관직의 사명, 목적, 포부를 대중에게 교

육시키고 알리는 데 모든 기회를 활용해야 한다.

직업적 품행

8.1 관련 법령의 숙지

모든 박물관직 종사자는 관련 국제법, 국내법, 지방 법령, 그리고 임용 조건 등을 숙지하고 있어야 한다. 그리하여 부적절한 행위로 여기어 질 수 있는 상황을 미연에 방지해야 한다.

8.2 직업적 의무

박물관직 종사자는 그들이 소속된 기관의 정책과 절차를 따라야 할 의무가 있다. 그러나 박물관, 박물관직, 직업윤리 등에 해가 된다고 여겨지는 관행에 대해서는 정당하게 반대할 수 있다.

8.3 직업적 품행

동료 직원과 소속 박물관에 대해 성실한 태도를 갖는 것은 중요한 직업적 의무이다. 이는 직업 전반에 걸쳐 적용될 수 있는 기본적인 윤리 원칙의 준수에 기반을 두어야 한다. 이러한 윤리원칙은 ICOM 박물관 윤리강령의 조항에 위배되지 않아야 하며 박물관 업무와 관련있는 다른 강령이나 정책에 대해서도 인지하고 있어야 한다.

8.4 학술적 과학적 책임

박물관직 종사자는 소장품의 고유 정보에 대한 조사, 보존 그리고 이용을 증진해야 한다. 그러므로 박물관직 종사자는 학술적·과학적 정보 자료의 손실을 초래할 수 있는 활동이나 상황을 멀리하고 삼가야 한다.

8.5 불법 시장

박물관직 종사자는 자연 및 문화 유산의 부정한 거래 혹은 매매를 직간접적으로 옹호해서는 안 된다.

8.6 기밀성

박물관직 종사자는 업무상 취득한 기밀정보를 보호해야 한다. 더욱이 감정을 목적으로 박물관에 들여온 박물관자료의 정보는 기밀이며 소유자의 특별한 허락 없이 다른 기관 및 개인에게 공표되거나 전달되어서는 안 된다.

8.7 박물관 및 소장품 보안

박물관 직원은 박물관 혹은 개인 소장품들의 보안 관련 정보나 업무수행 중 방문한 장소에 대해 철저히 기밀을 유지해야 한다.

8.8 기밀유지 의무의 예외

도난, 부정 획득 혹은 불법 양도의 가능성이 있는 문화재에 대해 조사할 때에는 경찰이나 해당 기관에 협조해야 하는 법적 의무가 기밀 유지에 우선한다.

8.9 개인의 자주성

직업 종사자들이 개인의 자주성에 대한 방편을 마련할 권리가 있지만, 개인적 용무나 직업적인 이해관계가 소속 기관으로부터 전적으로 분리될 수는 없다는 것을 명심해야 한다.

8.10 직업적 관계

박물관직 종사자는 소속된 박물관의 내부 및 외부의 많은 사람들과 업무관계를 형성한다. 그리고 다른 사람들을 위하여 직업으로서의 서비스를 효과적이고 높은 수준으로 제공하여야 한다.

8.11 직업적 자문

바람직한 의사결정을 명확히 내리는 데 필요한 전문성이 박물관 내에서 부족한 경우, 해당 박물관의 내부 혹은 외부의 동료들에게 자문을 구하는 것은 직업적인 의무이다.

이해의 상충

8.12 선물, 후원, 대부 혹은 기타 사적 이익

박물관 직원은 직무 관계상 제공될 수도 있는 선물, 후원, 대부 혹은 기타 사적인 이익을 받아들여서는 안 된다. 가끔 직업적 예의로서 선물을 주고받는 경우가 있지만 이는 반드시 해당 기관의 이름으로 이루어져야 한다.

8.13 외부 고용 또는 업무적 이해관계

박물관직 종사자들은 개인의 자주성에 대한 방편을 마련할 권리가 있지만, 개인적 용무나 직업적인 이해관계가 소속기관으로부터 전적으로 분리될 수는 없다는 것을 명심해야 한다. 그들은 다른 유급 고용직을 맡는다든지 박물관의 이해와 상충되거나 그렇게 보일 수 있는 외부의 임무를 받아들여서는 안 된다.

8.14 자연과 문화 유산의 거래

박물관직 종사자는 직간접적으로 자연과 문화 유산의 거래(영리를 위한 매매)에 관여해서는 안 된다.

8.15 거래 업자와의 상호 관계

박물관직 종사자는 거래업자, 경매인 혹은 타인으로부터, 박물관자료의 구입이나 처분을 유도하거나 공식적인 업무에 영향력을 행사하기 위한 선물, 접대, 기타 어떠한 형태의 보상도 받아서는 안 된다. 더욱이 박물관직 종사자는 특정 거래업자, 경매인 또는 감정인을 일반인에게 소개해서는 안 된다.

8.16 개인적인 수집 활동

박물관직 종사자는 박물관자료를 취득하거나 개인적인 수집 활동을 하는 데 있어서 소속된 기관과 경쟁을 해서는 안 된다. 모든 개인적인 수집 활동에 관련하여 당사자와 관리주체 간의 합의가 공식적으로 이루어져야 하고, 합의사항은 성실히 이행되어야 한다.

8.17 ICOM의 명칭과 로고의 사용

본 기관의 명칭, 약칭 및 로고는 영리를 목적으로 하는 사업이나 상품의 장려 또는 승인에 이용되어서는 안 된다.

8.18 기타 이해의 상충

개인과 박물관 간의 이해가 상충되는 경우, 박물관의 이익이 우선되어야 한다.

* 용어해설

감정 평가(Appraisal)

박물관자료의 진위 여부와 평가. 어떤 국가에서는 기증이 신청된 박물관자료에 대해 세금 수혜액을 산정하기 위한 평가를 의미하는 용어로 사용된다.

이해의 상충(Conflict of Interest)

업무 환경에서 원칙의 충돌을 불러일으킬 수 있는 사적인 이해의 공존을 의미하며 이로 인해 의사 결정의 객관성을 제한하거나 제한할 가능성이 있다.

보존 전문가·수복 전문가(Conservator·Restorer)

문화재의 기술적 조사, 보전, 보존 및 수복 활동을 수행할 자격이 있는 박물관 인력 혹은 개인 인력.(더 자세한 정보는 ICOM News Vol.39 No.1(1986) pp.5-6 참조)

문화 유산(Cultural Heritage)

미학적, 역사적, 과학적 혹은 정신적 중요성이 인정되는 사물이나 개념.

거래(Dealing)

개인 혹은 기관의 이익을 위해 박물관자료를 매매하는 것.

주의 의무(Due Diligence)

일단의 행동을 결정하기 전에 사실을 확립하기 위해 취해지는 모든 노력. 특히, 박물관자료를 취득하거나 취득하기 전, 제공된 박물관자료의 출처와 내력을 확인하는 것.

관리주체(Governing Body)

박물관의 존속, 전략적 발전 및 자금 운용에 대한 의무가 있음이 박물관의 설립법령에 명시되어 있는 사람이나 조직.

수입 산출 활동(Income-generating Activities)

기관의 이익을 위하여 재정적 수입이나 이득을 갖고자 하는 의도로 이루어지는 활동.

법적 소유권(Legal Title)

해당 국가 내의 재산 소유에 대한 법적 권리. 어떤 국가에서는 이것이 부여된 권리인 경우가 있으므로 주의 의무의 요구 사항에 부합하기에는 충분하지 않을 수 있다.

최소한의 규범(Minimum Standard)

모든 박물관과 박물관직 종사자들이 추구하고 있다고 합리적으로 기대할 수 있는 규범. 어떤 국가들은 자체적인 최소한의 규범에 대한 성명서를 가지고 있다.

박물관(Museum)

박물관은 사회와 사회의 발전에 이바지하고, 공중에게 개방되는 비영리의 항구적인 기관으로서, 학습과 교육, 위락을 위하여 인간과 인간의 환경에 대한 유형·무형의 증거를 수집, 보존, 연구, 교류, 전시한다.

cf. 대한민국 법령에서의 박물관 정의: 문화·예술·학문의 발전과 일반공중의 문화 향수 증진에 이바지하기 위하여 역사·고고·인류·민속·예술·동물·식물·광물·과학·기술·산업 등에 관한 자료를 수집·관리·보존·조사·연구·전시하는 시설.

박물관직 종사자(Museum Professional)

박물관직 종사자는 (유급·무급에 관계없이) ICOM 정관 2.1, 2.2항에서 정의한 박물관의 인력으로 구성되며, 이들은 전문적 교육을 받았거나 박물관의 관리와 운영에 관련된 분야에서 동등한 실무 경력을 갖고, ICOM 박물관 윤리강령을 준수하며 ICOM 정관에서 정의된 박물관에서 일하는 개인을 의미한다. 그러나 박물관과 박물관 활동을 위해 필요한 상업적인 물건 및 장비를 판촉하거나 매매하는 사람은 제외한다.

자연 유산(Natural Heritage)

과학적으로 중요하거나 숭고함이 표명되는 자연물, 현상 혹은 개념.

비영리 기관(Non-profit Organisation)

　수입(잉여금 혹은 이익금 포함)이 전적으로 기관과 기관 운영을 위해서만 사용되는, 합법적으로 설립된 법인 혹은 비법인 기관. '비영리 목적(not-for-profit)'이라는 용어도 동일한 의미이다.

출처(Provenance)

　발견되거나 창작된 시점에서부터 현재까지의 박물관자료에 관한 모든 내력 및 소유권 전반을 가리키는 용어로서 진위 여부와 소유권을 결정한다.

합법적 소유권(Valid Title)

　발견되거나 생산된 이후의 출처가 모두 확인되는 박물관자료의 소유에 대한 명백한 권리.

박물관자료(Item; Material; Object; Specimen)

　박물관이 수집·관리·보존·조사·연구·전시하는 역사·고고·인류·민속·예술·동물·식물·광물·과학·기술·산업 등에 관한 인간과 환경의 유형적 증거물로서 학문적·예술적 가치가 있는 자료.

찾기

박물관이란
무엇인가?

이론과 **실제**

지은이 | 김기섭
펴낸이 | 최병식
펴낸날 | 2017년 12월 28일
펴낸곳 | 주류성출판사
주소 | 서울특별시 서초구 강남대로 435(서초동 1305-5) 주류성빌딩 15층
전화 | 02-3481-1024(대표전화) 팩스 | 02-3482-0656
홈페이지 | www.juluesung.co.kr

값 20,000원

ISBN 978-89-6246-331-6 93060